鄂圖曼帝國五百年的和平

跳脫土耳其視角的非伊斯蘭帝國

オスマン帝国500年の平和

林 佳世子（東京外國語大學教授）————著

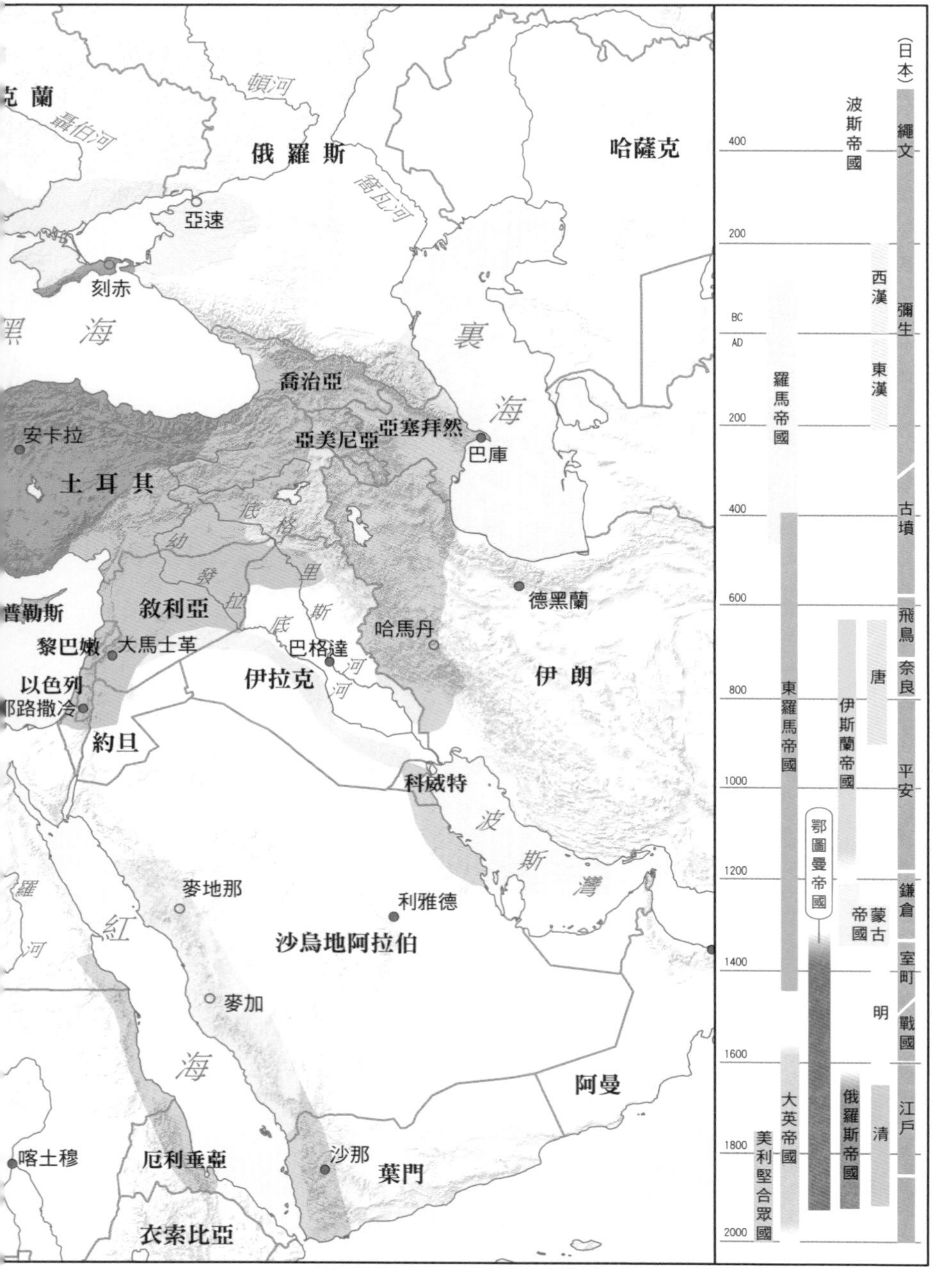
克蘭
聶伯河
頓河
俄羅斯
窩瓦河
哈薩克
亞速
刻赤
海
裏海
喬治亞
亞塞拜然
亞美尼亞
巴庫
安卡拉
土耳其
底格里斯河
幼發拉底河
德黑蘭
普勒斯
敘利亞
黎巴嫩
大馬士革
哈馬丹
巴格達
伊朗
伊拉克
以色列
路撒冷
約旦
科威特
波斯灣
羅河
麥地那
利雅德
紅海
沙烏地阿拉伯
麥加
阿曼
喀土穆
厄利垂亞
沙那
葉門
衣索比亞
(日本)
400
200
BC
AD
200
400
600
800
1000
1200
1400
1600
1800
2000
波斯帝國
西漢
東漢
羅馬帝國
東羅馬帝國
伊斯蘭帝國
唐
鄂圖曼帝國
蒙古帝國
明
俄羅斯帝國
清
大英帝國
美利堅合眾國
繩文
彌生
古墳
飛鳥
奈良
平安
鎌倉
室町
戰國
江戶

鄂圖曼帝國的最大版圖

鄂圖曼帝國的版圖橫跨東西，在十七世紀時達到最大幅員。其轄下的領土分為兩類：其一是以州縣制，受中央政府直接統治的地區；其二是由存續在地方上的勢力統治的地區。其中，受帝國直接統治約五百年的多瑙河至幼發拉底河兩河間流域，為鄂圖曼帝國本土。

目錄

第四章　蘇雷曼一世時期（一五二〇～一五六〇年）

序言

鄂圖曼帝國　謝利姆三世在托卡比皇宮第二庭院的吉兆之門前接見群臣。

◎在土耳其尋找鄂圖曼帝國

造訪現代的土耳其，在伊斯坦堡市區內，隨處可見此地曾為鄂圖曼帝國首都的繁華景象，例如多座壯麗的清真寺、精雕細琢的托卡比皇宮（Topkapi Palace）、熱鬧如昔的市集（bazaar）等。然而，一旦走出伊斯坦堡，前往安那托利亞地區（小亞細亞）旅行，鄂圖曼帝國的氣息便瞬間淡化不少。遺留在安那托利亞中部地區的紀念碑遺跡，大半是早於鄂圖曼帝國的羅姆蘇丹國（Sultanate of Rum）等留存下來的伊朗風格建築。在地中海或愛琴海沿岸，希臘時代、羅馬時代的遺址雖然宏偉，唯獨鄂圖曼帝國的蹤跡極為難尋。這之間的落差究竟從何而來呢？

但若是仔細搜索，還是能在安那托利亞各地

托卡比皇宮的帝王之門

的小鎮裡，發現一、兩個鄂圖曼帝國時期的遺跡，諸如外觀簡樸的清真寺、伊斯蘭經學院（madrasa）、澡堂或市集等。這些建築物至今有不少仍保有日常起居的功能，為一般大眾所用。而且這類相似的鄂圖曼帝國時期的建築，也能在今日匈牙利以南至希臘等歐洲諸國，敘利亞、埃及、北非等阿拉伯諸國的城市中發現。因此，在安那托利亞的城鎮裡，紀念鄂圖曼帝國的建築物其實並沒有特別的多或少。

這個顯而易見的事實指出，安那托利亞——也就是現在的土耳其，並沒有被鄂圖曼帝國當作唯一或固有的領土而另眼看待。由本書的觀點來看，其實鄂圖曼帝國就是一個扎根於巴爾幹的大國，安那托利亞大部分的地區是之後才被征服的領土。所以很難果斷地說，是將安那托利亞視為故土的土耳其人，以安那托利亞為據點而開創了鄂圖曼帝國。

因此，鄂圖曼帝國不應該只被理解成等於現代的土耳其。鄂圖曼帝國底下的土耳其人（突厥人），大多數與巴爾幹及阿拉伯民眾一樣，都是被統治的族群。若要刻意質問統治階層的民族歸屬問題，便只能說鄂圖曼帝國是由一群後天取得「奥斯曼人」之自我認同的成員所統治的國家。「奥斯曼人」的圈子裡，包含了現今的塞爾維亞人、希臘人、保加利亞人、波士尼亞人、阿爾巴尼亞人、馬其頓人、土耳其人、阿拉伯人、庫德人、亞美尼亞人、高加索各民族、克里米亞韃靼人等等，其中也有少數的克羅埃西亞人、匈牙利人。總之，追究帝國是由哪一族人統治，在此不具任何意義。

既然如此，為何現在會演變成只有土耳其人是鄂圖曼帝國的後裔呢？

◎「不屬於任何人」的國家之「後裔」

這個問題或許可以改成：「為何土耳其人以外的國家，不被視為鄂圖曼帝國的後裔？」因為巴爾幹至阿拉伯世界的廣大土地上，自鄂圖曼帝國分裂成立的各國，在歷史的某個階段都曾與帝國敵對，並在與其抗爭中建國。所以，巴爾幹或阿拉伯諸國抵死不承認自己是鄂圖曼帝國的後代子孫。

此外，在十九、二十世紀的歷史中，許多國家將該國所背負的結構性問題，視為「鄂圖曼帝國的負面遺產」，將責任歸咎於過去的鄂圖曼帝國，從結果來看，也就沒有在主觀上將自己定位成帝國的「後裔」。這種片面自稱是受害者的詭辯，在當今巴爾幹及阿拉伯各國的政治中依舊屢見不鮮。逕自將鄂圖曼帝國定義為土耳其人，也能製造目標明確的假想敵，以便團結國民。

實際上，今日的土耳其共和國的情況也一樣。這個國家亟欲掙脫帝國的枷鎖，以「吾等身受其害」的自我認同為核心。外界並不清楚，其實在土耳其共和國成立初期，帶有濃厚土耳其民族主義色彩的歷史教科書中，強調的是該國所連結的，是從中亞突厥的西進、安那托利亞的塞爾柱帝國，以至於土耳其共和國等連貫而成的歷史脈絡，而極度貶抑鄂圖曼帝國的一切。

換言之，建立於十九或二十世紀的各個民族國家，無法將「不屬於任何人」的鄂圖曼帝國視為本國祖先，然而，他們實際上卻又在有形或無形中繼承了帝國的遺產，其中不僅有被點名為負面遺產的「推遲現代化」，舉凡鄂圖曼帝國的官僚制度、政治風氣、生活文化或習慣等，都無意識地傳承了下來，這些都是鄂圖曼帝國共有的財產及遺物，絕非來自「土耳其／突厥的影響」。

長期以來，關於現今巴爾幹及中東地區的民族紛爭，便經常強調是因為鄂圖曼帝國未曾「整頓」其統治下的民族，而在各地遺留下負面的文化遺產所造成。儘管如此，未「整頓」各民族並不是治理上的缺陷，這一點會成為問題是因為二十世紀的國際關係，以及各國的內政發展所致。

◎突厥（土耳其）的鄂圖曼帝國

然而，如下所述，鄂圖曼帝國的歷史橫跨著一座分水嶺，十九世紀以前的「不屬於任何人的國家」——鄂圖曼帝國，於十八世紀末至十九世紀初步入遲暮，其後的百年，則是在現代新世界秩序下發展的「近代鄂圖曼帝國」時期。隨著光陰流轉，各民族紛紛自立國家，最後的殘山剩水則構成了「土耳其人的國家」。若細看這段歷史，土耳其共和國繼承鄂圖曼帝國一事，實則為順水推舟，情勢使然。因為到了最後，它的皈依之處就在土耳其共和國。

不過土耳其共和國的發展依舊歷經波折，這點可以從該國以安卡拉為首都來窺探一二。土耳其共和國成立後，大約有二十年將鄂圖曼

新軍　鄂圖曼帝國的常備軍隊與蘇丹侍衛的統稱。

帝國及伊斯坦堡視為禁忌。但土耳其共和國不僅繼承了伊斯坦堡這個有形的遺跡，奧斯曼家族也流淌著突厥人的血液，而帝國的通用語言為土耳其語更是不爭的事實。說起來，共和國的領導階層多數本來就來自鄂圖曼帝國。隨著土耳其共和國的局勢安定下來，最終禁忌意識漸薄，連乏人問津的「鄂圖曼帝國後裔」的繼承資格，土耳其共和國都要拿來利用。

明明光耀帝國門楣的新軍（Janissaries）中幾乎沒有突厥人，建造點綴伊斯坦堡的大清真寺的建築師團隊中也不見突厥人，所謂的「突厥／土耳其人」也不過是帝國的農民或遊牧民、他們甚至曾屢次群起反抗蘇丹——因為對這些事視而不見，順其勢而發展的結果，便是將鄂圖曼帝國的榮耀轉嫁稱是「土耳其的榮耀」。

在二十世紀，一個國家若不是以民族國家建國即非「國家」，所以一般大眾會有鄂圖曼帝國等於「土耳其人的國家」的認知實也無可厚非。就連同時期的歐洲人，儘管與鄂圖曼帝國比鄰，也無法參透其統治階層的特質，時常以「土耳其人統治的土耳其國家」來統稱鄂圖曼帝國。這樣的偶然，也將鄂圖曼帝國與今日的土耳其聯繫在一起。

站在土耳其共和國的立場，概括承受帝國過去的榮光，是利弊互見的宣傳手法，這一點至今情況不變。隨著禁忌鬆綁，鄂圖曼帝國過去的榮耀，振奮了突厥裔穆斯林的精神；但潛在風險則是必須無條件地背負「從巴爾幹地區至中東一帶紛爭不斷的原因，全是以前突厥／

土耳其人的惡行霸道所致」的輿論。不管如何，如今的現況便是——雖然鄂圖曼帝國非土耳其人所獨有，卻在滅亡之後逐漸被歸附在土耳其的名下。

◎鄂圖曼「土耳其」史下隱藏的事實

以往將鄂圖曼帝國誤判為土耳其人的國家，從而將其歷史視為鄂圖曼土耳其的歷史，會引起兩大問題。

其一，現代土耳其共和國以外的國家，不承認鄂圖曼帝國時代治理的正當性。如前面提過，巴爾幹半島諸國及中東諸國，將鄂圖曼帝國時代視為被突厥／土耳其人統治的黑暗占領期，所以這段近世的「黑暗史」在各地被當作各國鼓吹發展民族主義的道具。

其二，未全盤了解「不屬於任何人」的鄂圖曼帝國的治國體制，更別提忽視了其中所包容的多民族社會，實具有順應變遷、與時俱進的能動力。結果，令歐洲如坐針氈的鄂圖曼帝國在十六世紀被禁錮在「土耳其人的威脅」的形象裡，進而助長了「曾經鼎盛強大的鄂圖曼帝國（或稱伊斯蘭文明）經過長期的凋零，最終敗陣於西歐諸國（或稱西歐文明）」這種以西歐為中心的歷史觀。實際上，十四至十八世紀末這段期間，鄂圖曼帝國不斷蛻化演變，直到十九世紀，近代鄂圖曼帝國仍持續以其占有廣大領土的大國身分，在歐洲政治中占據一席之地。

◎本書界定的「鄂圖曼帝國」

在上述的鄂圖曼帝國歷史中，本書範圍主要涵蓋該國從十四世紀誕生，至十九世紀初的這段期間。該國自稱為「奧斯曼國」，所以正式上可稱為奧斯曼王朝，但要到十五世紀中葉以後，才出現實質的國家體制，故從這時候起稱之為帝國較為恰當。因此，本書中將十四世紀的奧斯曼稱為「奧斯曼公國」，十五世紀中葉至十九世紀初，稱為「鄂圖曼帝國」。也就是其命脈自十四世紀至十八世紀末，存續了約五百年。爾後，鄂圖曼帝國又延續了近百年，直到一九二二年方才落幕。關於近代的百年歷史，本書將僅概略簡述，除了因為篇幅有限，最主要是已超出筆者能力所及，關於這點，容筆者用以下篇幅簡單說明。

首先，十九世紀在本書界定的鄂圖曼帝國版圖上，不只存在著近代鄂圖曼帝國的歷史，因為四分五裂後新生的國家全為鄂圖曼帝國的後代，十九世紀的近代鄂圖曼帝國只是繼任國家中最大的「一個」而已。而且，近代鄂圖曼帝國處於民族主義及殖民主義襲捲的十九世紀，親身經歷了民族主義及殖民主義的洗禮，在各種意義上與前代體制全然不同。

於是，鄂圖曼帝國從開創以來以全部疆域所締造出來的前代體制，可以說已於十八世紀末告終。若說該體制造就了「不屬於任何人」的鄂圖曼帝國霸業，那麼至此帝國已形同滅亡。若僅以奧斯曼氏蘇丹在位為理由、將十四世紀延續至二十世紀的鄂圖曼帝國視為首尾一貫的國家，那麼將會分不清前代與近代鄂圖曼帝國之間的殊異。

本書要追溯的是這當中以獨特的治國機制崛起、運作，最終走向衰頹的前代鄂圖曼帝國的五百年歷史。該機制的特性可稱為「鄂圖曼體制」，獨一無二。如同歐洲蔚成一大體系一般，在名為鄂圖曼帝國的世界裡，曾盛行著其獨特的治國體制，且在十九世紀前的世界各個角落裡，或許都能找到類似體制的蛛絲馬跡。

包含日本在內的亞洲各地，每個國家特有體制的崩潰與前代鄂圖曼帝國的衰微幾乎發生在同一個時期。環視全球，雖然有些時間差，但大抵上都可歸納在一個環環相扣的「寰宇一體」的時代浪潮下。曾經主導世界變遷的歐洲各國，也免不了被捲入這波「寰宇一體」的巨浪，而且在頂著浪頭的情況下向前邁進。對於「寰宇一體」的形成，近代鄂圖曼帝國也扮演了極為重要的角色，然而那部分已是本書後續的歷史故事了。

◎鄂圖曼帝國是伊斯蘭帝國嗎？

如前述，本書是以前近代鄂圖曼帝國為寫作對象。這個持續了五百年的國家，時常被稱為土耳其帝國或伊斯蘭帝國，然而這些都非恰當的名稱。前面已闡述了非突厥／土耳其人大帝國的部分，在此就伊斯蘭帝國一說加以說明。

對於稱鄂圖曼帝國為伊斯蘭帝國的說法，最好採取保留態度，因為這涉及伊斯蘭帝國的定義。我們必須謹慎留意以「伊斯蘭」一語帶過的含混不清，因為如果此處的伊斯蘭帝國代表的是「獻身於伊斯蘭教的擴張，體現伊斯蘭教理念的國家」，那麼答案是否定的。

的確，鄂圖曼帝國懸掛著伊斯蘭的旗幟，但那頂多是他們「向伊斯蘭致敬」，用來宣揚正義或公正等普世價值及戰場上的勝利。同樣的，基督教徒亦曾經打著宗教的旗號四處征戰，雙方的所作所為如出一轍。舉例來說，鄂圖曼帝國與奧地利哈布斯堡家族進行的戰爭，是能帶來收入的領土爭奪戰。在戰爭中，宗教縱然鼓舞了士氣，但這也不過是宗教的「利用方式」之一。若僅此將鄂圖曼帝國與宗教扯上關係，反而會種下誤會的根源。

不過，鄂圖曼帝國確實曾利用伊斯蘭式的統治方式。伊斯蘭的統治手法，具體就是「利用伊斯蘭法行統治之實」。對鄂圖曼帝國而言，利用伊斯蘭法有多重的意義與其優點。

第一，伊斯蘭法是比鄂圖曼帝國更早建立的法制體系，欣然接納具有威信的制度，有助於統治上的安定。第二，伊斯蘭法極具彈性，所以鄂圖曼帝國中與伊斯蘭法毫無關聯的世俗規範，也能被包容在伊斯蘭法的體系底下。第三，伊斯蘭法揭示了如何統治非穆斯林的原則；後面會再談到，鄂圖曼帝國雖是建立在穆斯林人數不多的國家，卻還是從中吸取了「根據伊斯蘭法統治非穆斯林」的原則及正當性。

綜合以上說法，伊斯蘭法對鄂圖曼帝國而言相當重要，若從這個觀點看來，並非不能稱其為伊斯蘭帝國。但是，我們還是不應忽略鄂圖曼帝國是在利用伊斯蘭教及該法制體系的事實。帝國大大小小的決策都是以「伊斯蘭」為名來執行，重點就在於這「大大小小的決策」究竟所謂何事。恐怕，將鄂圖曼帝國稱呼為伊斯蘭帝國，多半意在模糊這些「大大小小的決策」的內涵。

◎鄂圖曼帝國究竟為何？

既非突厥／土耳其人的國家、亦非伊斯蘭帝國的鄂圖曼帝國，到底是什麼樣的國家？又曾經歷過哪些變動？這些都是本書期盼釐清的主題。先從結論來說，鄂圖曼帝國是一個繼承該地——也就是巴爾幹、安那托利亞及阿拉伯地區——昔日傳統，懷柔地融合了各種制度，並有效實踐統治力的中央集權國家，也是一個藉由在帝國邊境對外征伐，因而保住內部安定與和平的國家。

鄂圖曼帝國的體制在十六世紀末發生了變化，據此可分成前後兩個階段來說明。不過，貫通體制基礎架構的，是不變的國家財政特質——也就是中央政府將稅收分配給統治階層，藉此分攤國家應盡的職責。鄂圖曼帝國的實質樣貌，和以分權為宗旨的遊牧民征服王朝國家的形象相去千里，中央集權的性質貫穿並維持了整個時代。經過長時間發展的中央集權體制失能之時，便是鄂圖曼帝國自內部瓦解、終結之際。那麼，在這段期間鄂圖曼帝國的中央集權體制內涵為何？揭開這個國家的內在核心，便是本書的焦點。

順帶一提，在這二、三十年間，說明鄂圖曼帝國真實樣貌的研究快速增長。這縱然是各方條件俱全後的結果，但追根究柢，還是出自於對現代巴爾幹情勢及中東情勢的關心，進一步讓人關注到過往的鄂圖曼帝國。再加上各種史料陸續公開，以及國際性的研究合作等發展，儼然支撐著這些研究逐步邁進。

在這樣的研究發展當中，過去以為理所當然的事情受到質疑，並且不斷提出新的解釋。舉例而言，現今已從多重面向證實，鄂圖曼帝國並非是「十六世紀最為鼎盛，爾後衰退」一。

目前相關的研究依舊蓬勃，十年後，鄂圖曼帝國或許又有更為嶄新的容貌出現。雖然關於鄂圖曼帝國的歷史尚有許多待深入研究之處，但本書如能做到將近年研究成果的一部分介紹給讀者的話，實屬萬幸。

第一章

安那托利亞

（一〇五〇～一三五〇年）

奥斯曼的崛起　奥斯曼號召加齊加入戰鬥。

前史：十一至十三世紀的安那托利亞

◎安那托利亞

安那托利亞三面環海，主要由高山與高原形成，南鄰敘利亞及美索不達米亞平原，向東橫跨伊朗高原銜接中亞。整體來說，安那托利亞為東高西低的階梯狀高原地形，中央為高原，南北側鄰接山脈，少有大型河川。安那托利亞中部地區年降雨量約四百毫米，主要集中在冬季，農作仰賴天然降水，並以秋播小麥為主；人口密度低，農村及耕地四周環繞著遼闊的原野，一直延伸至遠方群山。

自西元前二世紀以來，安那托利亞的大部分區域歸屬於羅馬帝國及分裂後的拜占庭帝國（東羅馬帝國）。十一世紀初，安那托利亞人口多為希臘裔或亞美尼亞裔的基督教徒，受皇帝和教會統治。不過，自從在七世紀歷經「阿拉伯的大征服」之後，安那托利亞的東南地區便歸伊斯蘭王朝掌管。十一世紀之後，這一帶改由塞爾柱帝國統治，雖然居民多為亞美尼亞人、庫德人及阿拉伯人，不過在塞爾柱帝國的治理下，突厥裔遊牧民族也逐漸在此開枝散葉。

十一世紀初，突厥裔遊牧民族開始從東方進入安那托利亞的高原區，當時那裡尚屬拜占庭帝國管轄。各個突厥裔遊牧部族帶著羊群橫越高原、原野及山區，隨著夏季營地與冬季營地之間的移動往來，逐步擴展範圍，拓展遊牧路線。於是，他們漸漸與在此定居的農民發展出一種分棲共存的模式。但因為機動性高的遊牧民可以輕易地變身成山賊，在遊牧周期完全穩定之前，農村及城邦總會經歷多次掠奪是普遍的共識。

一般認為遊牧民的遷徙浪潮持續了約一百年。尤其在一〇七一年——伊朗的塞爾柱帝國軍隊在安那托利亞東部馬拉茲吉特（Malazgirt，當時的曼茲科特〔Manzikert〕）一舉攻破皇帝羅曼努斯四世（Romanus IV）親率的拜占庭帝國軍隊——之後，遷徙的速度瞬間加快。此次遷徙也包含了塞爾柱旁系家族等部分突厥裔遊牧民族中勢力強盛的名門，他們在塞爾柱帝國中屬於反主流勢力，所以前往安那托利亞這片「新天地」尋求生路。

隨著名門子弟的登場，在新加入安那托利亞的突厥裔遊牧民族社會中，產生了一股政治力量。於是，羅姆蘇丹國於一〇七七年自行脫離嫡系的伊朗，獨立建國。由於遊牧民是仰賴部族間的緊密聯繫而團結聚集的民族，所以組織化的進程（國家形成）相當快速。新興的政治結構加快了突厥裔遊牧民族在這之後持續進展的移民潮。

◎羅姆蘇丹國與拜占庭帝國

於安那托利亞中部獨立建國的羅姆蘇丹國，曾將勢力範圍一舉擴張至安那托利亞西方的尼西亞（Nicaea，現伊茲尼克〔Iznik〕）並以此為首都。然而，第一次十字軍於一〇九七年與拜占庭軍隊聯手奪回尼西亞後，羅姆蘇丹國便放棄鄰近愛琴海四周的平原區，撤退至高原地區的科尼亞（Konya）。之後的整個十二世紀，安那托利亞便由羅姆蘇丹國、同樣為突厥部族的達尼什曼德王朝（Danishmend dynasty），以及占領安那托利亞西部的拜占庭帝國三國瓜分。也因為三國勢均力敵，所以十二世紀的局勢得以維持大致平穩的狀態。

拜占庭帝國於十一世紀前半葉締造了帝國全盛期，卻在同世紀後半葉痛失安那托利亞大半版圖。然

12 世紀後半葉的安那托利亞　安那托利亞成三國鼎立之勢，各國相互爭奪霸權，西有拜占庭帝國，高原之上則有羅姆蘇丹國與達尼什曼德王朝。羅姆蘇丹國於 1180 年代擴大了勢力範圍。

而，十二世紀拜占庭在科穆寧公國協助之下恢復力量，與突厥裔二國形成軍事戰略上的同盟關係，保住其勢力。雖然曼紐一世（Manuel I）在其統治後期的一一七六年，在科尼亞西部的密列奧塞法隆（Myriokephalon）慘敗於羅姆蘇丹國，吞下歷史性的大敗仗，但依舊保有安那托利亞沿岸區域的統治權。

然而進入十三世紀後，隨著威尼斯人一手引導的第四次十字軍攻克君士坦丁堡並建立拉丁王國後，事態急轉直下（一二〇四年）。拜占庭皇族被迫逃亡，不得不在尼西亞及翠比松

羅姆蘇丹國時期的文化

上圖：連結科尼亞與阿克沙來主要道路上的商旅驛站。建造於 13 世紀前半葉，由羅姆蘇丹國君主凱庫巴德一世打造。（作者拍攝）

下圖：當時的青銅工藝品，現藏於伊斯坦堡的伊斯蘭博物館。這個時期有許多以人物或動物為主題的石像雕刻及彩色瓷磚拼貼，工法細緻。（作者拍攝）

（Trebizond）另建流亡政權。之後，拜占庭勢力也只能依靠一些微不足道的外交操作，在安那托利亞苟延殘喘，勉強維持其命脈。

另一方面，羅姆蘇丹國殲滅安那托利亞中部及東部的達尼什曼德王朝，掌控安那托利亞全區，並於十三世紀前半葉迎來王國盛世。坐落在主要城邦各地宏偉的伊朗風格建物，都在對後世宣示羅姆蘇丹國當時的榮景。

只是，這等榮景也沒能持續太久。進入十三世紀中葉以後，羅姆蘇丹國便被蒙古軍擊敗而步入衰微。羅姆蘇丹國的式微，使許多突厥裔小國紛紛趁勢崛起，安那托利亞陷入一片混亂。拜占庭帝國雖然於一二六一年收復君士坦丁堡，卻也在慌亂的局勢之中失去安那托利亞西邊大半土地，整個安那托利亞幾乎全數落入突厥裔各方勢力的統治之下。後面會再提到，在安那托利亞西部，一群由奧斯曼領軍的團體便是崛起於這個亂世，最終締造出鄂圖曼帝國的盛世。

◎君士坦丁堡與科尼亞的統治者

研究者想要探討安那托利亞的社會在這場橫跨二百年歷史的政權發展之中，究竟歷經了哪些事件，可惜的是能夠參考的媒介、資料實在不多。所以，單從接二連三的戰事、領土爭奪，以及結果上的既成事實——安那托利亞於的突厥化和伊斯蘭化——等觀點來看，或許有人會認為這片土地曾經發生過某種程度的「族群淨化」。也就是說，從東方入侵的突厥穆斯林，驅逐（或是屠殺）了基督教徒的希臘人，進而統治全區。

但是，實際上的發展似乎與前段描述的情境大相逕庭。就算有一群突厥人入侵了這塊希臘人占多數的土地，光就人數來看，前者本就不可能贏過後者。而且，突厥化和伊斯蘭化是長期淺移默化之下呈現出來的結果。就算這個時代在安那托利亞勢均力敵的羅姆蘇丹國與拜占庭帝國，也不是只有以戰爭的形式相互對峙抗衡。

首先，我們留意到，在羅姆蘇丹國的科尼亞宮廷與拜占庭帝國的君士坦丁堡朝廷之間，曾有往來頻繁的人事交流。透過羅姆蘇丹國的歷史記錄可以發現，在其宮中服侍突厥人君王的官員有不少出自拜占庭。相對地，在拜占庭朝中也有一群突厥人的家臣，就連拜占庭的皇帝，也有人曾為羅姆蘇丹國的官員——從拉丁王國手中奪回君士坦丁堡，並開創帕里奧洛格斯（Palaeologus）王朝的米海爾八世（Michaēl VIII）就是其中一例。

這些人事交流並不侷限在羅姆蘇丹國與拜占庭帝國之間。在當時安那托利亞和巴爾幹的各勢力之間，不時有逃難、人質交換或聯姻等事件發生，這些人事往來即使跨越伊斯蘭區與基督教區的邊境也未曾停歇。為了改善彼此糾結的關係，貴族們毫不遲疑地改變信仰的實例更是不可計數。雖然拜占庭帝國與羅姆蘇丹國各自以希臘語和波斯語執政，不過在突厥裔達尼什曼德朝的貨幣上曾刻有希臘文。

若提到軍隊，雙方軍隊都混合了各色人種。我們已經知道，當時的拜占庭軍隊是由一群傭兵及同盟各國派遣過來的士兵所組成。軍隊當中，佩切涅格人及土庫曼人等突厥裔部隊占有重要地位。羅姆蘇丹國的軍隊也是所謂的部族聯軍，亦有編制一支由俘虜構成的奴隸軍團。從拜占庭的歷史資料可以確認的是：羅姆蘇丹國的軍隊中曾有許多通曉希臘語的混血士兵，也有部分族人受到該國內部的內鬥影響，轉而依附拜占庭、甚至加入拜占庭的軍隊。換言之，拜占庭帝國與羅姆蘇丹國的統治階級，人種相當混雜，而且這並非是什麼特殊情況。

羅姆蘇丹國在與拜占庭帝國交流時，為了學習統治技巧，也會聘用伊朗人作為官員，致力導入伊斯蘭的治理手段及文化。結果，伊朗文化雖然在宮廷文化裡順利開花結果，但在羅姆蘇丹國的統治階層當中，有不少人來自拜占庭帝國的事實也不容忽視。更有甚者，在拜占庭帝國的宮廷裡，伊朗風的文化也蔚為流行。

◎安那托利亞社會重整

另一方面，在農村等地方社會，安那托利亞的農民與新來的突厥裔遊牧民族之間又曾有過哪些接觸與交流呢？這部分大概可以從兩個面向來探討。

首先，作為一般的生產者，因為生活區域不同，所以大致上二者還是曾經有過一段和平共處的時期，農作物與畜牧產品的交換、買賣算是生活常態。有研究顯示，定居的希臘農民與突厥裔遊牧民族曾以標高五百公尺為界，分棲共存。

儘管如此，也無法保證遊牧民不會在下一刻搖身成為兇殘的掠奪者，尤其在政局混亂的情勢之下，掠奪的行為勢必會被合理化而增加猛勢。這類的負面交鋒應該也不少。

在這群橫行掠奪的不肖之徒當中，甚至出現一群以此為生計的團體。他們以無主騎兵之姿專門在政治權力的交界地帶作亂，受到突襲的村落陷入一片混亂，農民逃入建有牆垣壁壘的城鎮之中，而遇到另一個陣營的騎兵前來搭救等等，諸如此類的主題不斷地反覆出現在十二至十三世紀期間風行於安那托利亞的英雄傳說故事裡。這幫人將敵人視為無神論者，對他們強行掠奪，完全不顧後果；不久這群人被稱為「gāzī」（戰士），其所行戰役也被美化成「為伊斯蘭之名而戰」的聖戰。但是無庸置疑的，它的本質就是掠奪。此番掠奪行動造成這個年代的安那托利亞有許多城邦不斷遭受侵擾，以致想要重拾生活卻困難重重。

在和平交流與武力鬥爭不斷交替發展的過程中，安那托利亞的居民以緩慢的步調逐漸改信伊斯蘭教。伊斯蘭在各地的進展，經常是一旦確立了政治上的統治權勢，靠近權力核心的中產階級便率先改變宗教信仰，進而擴展至一般民眾。想必也有人是為了經濟利益或確保自身安全而改變信仰的，但還有一個面向也不容忽視，即如同伊斯蘭吸引原來信奉薩滿教的突厥裔遊牧民族入教的理由一樣——伊斯蘭教信奉聖人的根本思想，相信透過奇蹟，能搭起人與神之間聯繫的神祕主義及土俗風貌的本質，這也同樣觸動了安那托利亞基督教徒們的內心，並為他們所接納。

成為穆斯林的安那托利亞居民，最終與在這片新土地上放棄遊牧而定居的突厥人融合，讓安那托利亞的農村人口大幅成長。經過這些種種轉變，雖說有區域性的差異，但曾有人推算，在十三世紀即將結束之前，整體人口之中約有八成左右是穆斯林，語言方面也是以土耳其語占優勢。

不過，變化是在各種偶然因素經過長期不斷積累後所展現出來的現象，所以從安那托利亞整體區域來看，結果反而形成斑駁不一的模樣。也就是說，約占二成人口數的各派基督教徒與多種語言在伊斯蘭教與土耳其語的優勢之下，此後依舊延續傳承直至二十世紀。

今日的安那托利亞人是在經過這些交流、信仰改變與聯姻混血後所延續下來的後代。而「土耳其人的祖先全部來自中亞」的主張，不過是一種在土耳其民族主義下抱持浪漫主義思想的產物。

奧斯曼登場

◎伊本・巴杜達與阿拉伯世界

經過長達二百年的突厥化與伊斯蘭化的大浪潮後，十四世紀前半葉，有一名阿拉伯裔宗教學者，在突厥裔諸侯群雄割據的安那托利亞周遊列國，他的名字叫伊本・巴杜達（Ibn Battuta）。他的遊記當中雖然有多處錯誤的資訊，但對於了解同時期書面紀錄甚少的安那托利亞來說，價值非凡。因為從遊記之中，可以

伊本・巴杜達

確實地感受到那些十四世紀曾與伊本·巴杜達接觸、並生活在安那托利亞的人們的言行。

伊本·巴杜達在其二十八歲時展開安那托利亞之旅。然而，安那托利亞人迎接這名青年到來的盛大模樣非比尋常。據說，「（在西瓦斯〔Sivas〕）因為我們決定要住宿他們家，所以他們又更加欣喜若狂、歡天喜地得不能自已」（家島彥一譯，《大旅行記3》）。在某個村莊（老底嘉〔Laodicea〕），相爭招待伊本·巴杜達一行人的兩組人馬僵持不下，甚至大動干戈、拔刀相向。說起來，他的隊伍一到各國便深受當地首長的熱烈款待。雖然當中多少帶有些許誇張的成分在，但這究竟是怎麼一回事？

這個問題的答案，就在於因為伊本·巴杜達通曉阿拉伯語，並且是一名已經完成麥加朝聖的宗教學者（ulamā）。對於剛接納伊斯蘭不久的安那托利亞人來說，自阿拉伯世界遠道而來的客人，或許就等於是來自文明世界、世界中心的訪客。歡迎伊本·巴杜達的，是源自安那托利亞人民對於遙遠的麥加與阿拉伯世界的敬畏之心。

◎「亞希」管理的城鎮

伊本·巴杜達旅途上遇見的人們當中，最令人印象深刻的，莫過於安那托利亞各城鎮裡一群被稱為「亞希」（akhī，弟兄之意）的人。他們是一群有著共同信念的地方工匠組織首長，同時也以地方權貴的身分行事。這個以亞希為首的兄弟會，在所屬修道場款待伊本．巴杜達整整三天。他們之間是靠一種被稱為「亞希利奇」（akhīliq，阿拉伯語：futuwwa），模擬弟兄情誼的精神力量結合在一起，時常在工作後集會，在修道場舉行儀式、增進彼此間的情誼交流，並不時舉辦像這樣的歡迎盛宴，迎接旅人貴賓。

譬如在安塔利亞擔任東道主的亞希是一名修鞋工匠，在伊本．巴杜達的眼中，這名亞希看似寒酸，卻是地方上的有力人士，是受到許多工匠吹捧的一號人物。在安那托利亞那些戰亂頻傳甚至有時會失去軍事力量庇護的小城之中，這些兄弟會組織無疑是負責保衛與相互扶持的村民代表團。實際上，許多城鎮中的居民都看過他們身著戎裝的樣子。

不過，由於他們的組織是以職業團體為基礎，同時也是商人、工匠彼此聯繫的管道，所以當鄂圖曼帝國底下的城邦日後發展出工商業者公會（Esnaf）時，其源頭便可追溯到這個兄弟會的種種歷史。事實上，十六世紀以後一部分鄂圖曼帝國的公會組織還保留了部分以往與兄弟會密切相關的傳統，諸如守護聖人和繫帶儀式等。

此外，在伊本．巴杜達的所見所聞中，還包含了以下頗有意思的訊息。首先，他將這個年代還只是一介地方諸侯的奧斯曼公國，評為當地最有威望的國家。文中記載：「這位蘇丹，在突厥遊牧民族諸王之中最有權威，並且具有最強大的財力、最廣大的領土以及龐大的軍事力量。他擁有將近一百座的城寨……。」此外，雖無跡象顯示伊本・巴杜達曾與奧斯曼公國君王直接會面，但他確實曾與其他公國君主會過面，也見習了不少當地的風俗民情，像是安那托利亞君王曾經起用猶太醫師；前後在位的君王身邊總是安置伊斯蘭法官，醉心於導入伊斯蘭的統治手法；或是讓容貌姣好的希臘奴隸當宮廷僮僕，以獲得上好的待遇等諸如此類。由此可知，許多之後在鄂圖曼帝國時代興起的習慣，在安那托利亞的諸公國之間早已行之有年。

◎奧斯曼黨誕生的世界

據說在一三三二年，伊本・巴杜達拜訪安那托利亞時，奧斯曼公國已嶄露頭角，而且早在當時的領袖奧爾汗（Orhan）的父親奧斯曼（Osman）帶領時便已獨立出來。但關於奧斯曼或是據傳為其父親的埃爾圖魯爾（Ertuğrul）那一代的事蹟，並無太多可靠的資料。嚴格來說，唯一能夠相信埃爾圖魯爾之名不只是口耳相傳的理由，就只有

奧斯曼

安那托利亞諸公國與伊本・巴杜達的足跡　伊本・巴杜達於 1332 年左右周遊至群雄割據的安那托利亞。行程節錄自《大旅行記 3》（家島彥一譯，1998 年）。各公國之間的邊界為 14 世紀中葉時的情況，箭頭表示伊本・巴杜達旅行方向。

現今被保存於伊斯坦堡考古學博物館裡，一枚上面刻有「埃爾圖魯爾之子奧斯曼」字樣的銅板（亦有消息指出，尚有一枚為私人收藏）。但是由於出土有限，實在難辨真偽。唯一能夠確認是歷史事實的，是同時出現在鄂圖曼史料及拜占庭史料中的奧斯曼。

如前述，在十三世紀的安那托利亞，前半葉是羅姆蘇丹國綻放光芒並展現文化繁榮的時代。然而，一二四〇年有一群人高舉著土俗風貌的伊斯蘭神祕主義信仰的旗幟，發動叛亂引發內政動盪。與之內外夾擊，造成長期動亂的源頭，則是蒙古勢力西進侵犯西亞的事件。

據悉，來自東方的蒙古軍，首先於一二二〇年攻打花剌子模王國，席捲整個中亞及伊朗的呼羅珊地區。因此，許多此地的突厥裔遊牧部族紛紛向西竄逃，湧入安那托利亞。花剌子模的末代蘇丹札蘭丁（Jalal ad-Din）也逃入安那托利亞，於是緊追在後的部分蒙古軍也順勢進入安那托利亞。蒙古軍在一二四三年的苛色達格戰役中擊潰羅姆蘇丹國之後沒多久，羅姆蘇丹國便臣服於以伊拉克為據點的蒙古伊兒汗國。於是，十三世紀中葉以後羅姆蘇丹國失勢，安那托利亞中部及東部小國林立，這些小國多由以突厥遊牧諸部族血統為傲的君王統治，而此地同時也為伊兒汗國統治下的地區，可謂是進入了戰國時代。此外還南接馬木路克蘇丹國（Mamluk Sultanate），西邊受到拜占庭帝國干預。

受此情勢逼迫，西安那托利亞又陷入了更加慌亂的局面。因為，一些脫離突厥人或蒙古人等有力部族的騎兵團或是神祕主義教團的修道士湧入本地，在各地形成規模遠不及安那托利亞中部公國的小型地痞團體。

奧斯曼所率領的黨團也是由此誕生。雖然也有謠傳他們隸屬於安那托利亞西方的小政權像修巴尼公國（Chobanids）或桑達爾公國（Isfendiyarids）麾下，但奧斯曼黨的來歷不詳，或許頂多是那些無數地痞團體當中的一員。他們脫離以正統血脈自豪的遊牧民部族軍隊的行列，置身在講究實力至上的邊境混沌之中，和安那托利亞中部「名門正派」的國家相比，這些勢力集團的人們顯然是不純正的「雜種」。

◎奧斯曼黨的興起

不僅是奧斯曼的出身，就連他們是如何從為數眾多的地痞團體之中脫穎而出、擴大自己勢力，這些過程今人所知甚少。因為在鄂圖曼帝國建立後的一百至二百年後所留傳下來的文字敘事根本就是傳說故事，幾乎與史實不合。

儘管如此，對當時拜占庭的歷史資料深入研究後，我們還是能找出如下所載的歷史事實。就算是拜占庭帝國的史學家，作夢也不曾料到當時眼前的這群「奧斯曼人」竟然會在日後大展鴻圖，所以能從拜占庭取得的描述只有隻字片語也是可以理解的。

根據拜占庭歷史學家帕奇梅雷斯（Georgius Pachymeres）的記載，奧斯曼所率領的軍隊於一三〇二年（或一三〇一年）開始出沒在馬爾馬拉海南岸的山區與平原之間，並在巴菲烏斯（Bapheus）與拜占庭皇帝所派遣的軍隊對峙。有關巴菲烏斯的位置，在歷史上界定並不明確，有人說在馬爾馬拉海南邊的海倫納堡（現亞洛瓦〔Yalova〕）附近，也有人說在尼科米底亞（現伊茲密特）郊區，但不論在哪，君士坦丁堡都近在咫尺。

至於奧斯曼軍隊的組織結構如何，這部分可透過隸屬拜占庭領土的安那托利亞西北地方（比提尼亞地區）的局勢進行某種程度的解析。同樣根據帕奇梅雷斯的記載，突厥裔遊牧民族於一二五〇年代以後湧入本地山區。趁此機會，拜占庭皇帝米海爾八世為了重新編排軍隊，廢止了駐守本地的拜占庭士兵的免稅特權。因此，置身在戰場最前線的拜占庭士兵士氣大落，屬地裡的各個村落轉而依附突厥部族，而且糧食補給也不如預期。

一般認為，這個結果造成許多原隸屬拜占庭的在地駐軍轉而投靠突厥裔首領的勢力之下，這當中似乎也包含了原為拜占庭傭兵的喬治亞人軍團。此時順勢出面接手的，極有可能便是奧斯曼黨。這個假設若為屬實，奧斯曼黨便是一群由突厥裔騎兵及舊拜占庭士兵所構成的隊伍。而且，奧斯曼還遇上一個大好機會，那就是一三〇二年沙卡里亞河（Sakarya Nehri）的氾濫。氾濫後河川流向大幅改變，一舉瓦解米海爾八世自一二八〇年起精心打造的拜占庭防衛線。奧斯曼勢力的崛起，便是藉助了這種天時、地利得宜的絕妙時機。奧斯曼率領的軍隊一口氣攻進拜占庭領地。誠如前述，他們首先在巴菲烏斯攻破了拜占庭軍，接著沿沙卡里亞河流域逐步擴大勢力。奧斯曼軍隊在此階段尚不具備攻陷城都的力

1300 年左右的安那托利亞西北地區

量，但平原地區的城鎮及村莊確已經常受到他們的侵擾威脅。

◎傳說中的奧斯曼和他的始祖

如前述，一般認為十四世紀初在歷史上嶄露頭角的奧斯曼，是一位不問出身、全憑實力出人頭地的幫派首領。但是，當奧斯曼的後裔於日後搖身一變，成為大帝國的君王時，怎樣都無法稱自己的祖先是個「來歷不明的傢伙」。於是，針對鄂圖曼帝國的創始，開始了一連串打造傳說故事的精心布局。以下，就讓我們岔開正題，看看這些傳說故事。

鄂圖曼帝國的歷史敘事始於一四一〇年代，這時距離奧斯曼登場已超過百年以上，而真正以通史的形制彙整成冊則要等到十五世紀末。換言之從奧斯曼的時代起，已經歷了二百多年的時間。其中，阿許帕夏扎德（Âşıkpaşazāde，音譯）所作的編年史（一四八〇年代作品）是第一本被稱為鄂圖曼通史的著作，相較於後代所編纂的史書，潤色較少，關於他們的始祖大致上記述如下。

根據記載，奧斯曼的出身可以向上可追溯至先知挪亞（Noah），繼承雅弗（Japheth）的支系，一路延續到突厥諸民族的始祖烏古斯和其子哥卡普（Gökalp），並在烏古斯第十三代子孫蘇雷曼・沙阿（Süleyman Şah）那一代移居安那托利亞。蘇雷曼受當時的伊朗王命令：「去吧，去羅姆之地（安那托利亞）[1]打一場聖戰」，而毅然決然覆命前往。

蘇雷曼長年與異教徒奮戰，行經艾朱倫（Erzurum）直抵艾爾金占（Erzincan）。然而，一路地勢險峻，羊群和軍隊早已不堪負荷，疲弊不已，於是蘇雷曼決定返回中亞家鄉。但在行經敘利亞途中，因未能成功橫跨幼發拉底河，因而魂斷於此。蘇雷曼三個兒子中的埃爾圖魯爾，連同四百戶左右的遊牧民留在帕辛平原（Pasin Ovası）。埃爾圖魯爾在此駐留數年，來回往返夏季營地與冬季營地之間。

那時統治安那托利亞的塞爾柱帝國的蘇丹正在屠剿異教徒，埃爾圖魯爾聽聞此事，向眾人宣示：「本王也要加入聖戰。」並偕同兒子三人一路往西。塞爾柱的蘇丹甚感欣慰，遂將安那托利亞西北的色於特（Söğüt）賜予他們當作冬季營地，並另賜兩座山當作夏季營地，其中的索古特是一處四周被基督教徒諸侯包圍的地區。埃爾圖魯爾接下賞賜，途經安卡拉前往所授予的土地，在夏季營地與冬季營地之間安頓下來。

在埃爾圖魯爾的時代雖然未起戰事，但他的冬季營地附近有突厥裔的格爾米揚公國（Germiyanids）及蒙古部族，不時侵擾掠奪四周城鎮。不過，自從埃爾圖魯爾接管以來，該地的異教徒便不再受蒙古人騷擾，得以安然度日。

移居此地數年後，埃爾圖魯爾逝世，由兒子奧斯曼在索古特繼承父位。奧斯曼一開始與鄰近的異教徒和平相處，但自從與格爾米揚公國之間發生紛爭後，該地異教徒便飽受二國糾紛之苦。奧斯曼決意征討敵軍，於是，眾人開始聚其麾下……。再說下去，便是奧斯曼趁勢成為一軍之長，統帥征戰與擴張勢力範圍的故事了。

◎後世的「虛構」

以上，便是十五世紀末史書中所描述的奧斯曼及其祖先的故事。這名始祖的故事雖然有許多版本，但內容大致上都包含下列四項杜撰情節。

第一，將奧斯曼家譜與一神教先知宗譜做連結。伊斯蘭教義與猶太教和基督宗教相同，也認為全人類皆為挪亞後代。在這裡指名道姓，塑造出上從挪亞開始一直傳承到「現在」的譜系，無非是為了將奧斯曼家包裝成「正規的穆斯林」所做的努力。

第二，將奧斯曼家的名號列入源起中亞的突厥裔遊牧民族烏古斯人代代相傳的族譜之上。這大概是為了強調奧斯曼家是流有突厥部族血脈的正統世家。

第三，稱之為「加齊」（聖戰士），強調聖戰。

對於生於十五世紀末的作者阿許帕夏扎德來說，奧斯曼家的始祖是為伊斯蘭奮戰的加齊，他們的戰爭謂之為聖戰，似乎是再天經地義不過的事。然而，這個想法要到十五世紀以後才逐漸固定下來。

阿許帕夏扎德也沒有隱蔽始祖奧斯曼大興干戈的本質。就如歸納中所述，奧斯曼是為了保衛在其領地下的異教徒，而與同是突厥裔穆斯林的格爾米揚公國交戰。由此亦可得知，奧斯曼這些日常的行動並非是針對基督教徒與起的宗教性質的聖戰。

第四，是與羅姆蘇丹國之間關係的表態。實際上，一般認為奧斯曼家與塞爾柱家之間並沒有直接的交流，卻藉由從塞爾柱帝國蘇丹手中受封領地的杜撰故事，來主張奧斯曼公國是塞爾柱帝國的繼承國之一。

如上所述，從這個始祖傳說中找不出一絲歷史事實。因為，這當中已被「始祖應有的形象」包裝得完美無瑕。來歷不詳的奧斯曼，透過層層的包裝，成了出身自突厥裔遊牧民族權勢世家烏古斯、血統正規的穆斯林，手上的王權更是名正言順地繼承自塞爾柱帝國，並在異

刻有奧爾汗之名的貨幣　正面刻有伊斯蘭教曆 727 年（西元 1326 ／ 27 年）的年號。約 1 公克的銀錢。貨幣的鑄造是一國獨立的證據。節錄自 Pamuk〔2000 年〕。

教徒的爭戰之中大放異彩等……，諸如此類的奧斯曼英雄事蹟不斷地被建構出來。

在歷史上，現實世界裡沒有任何一股力量能比得上世代傳承下來的傳說故事更具有說服力。之後鄂圖曼帝國的強勢國力便是強大到足以讓人們相信——至少讓人們口耳相傳——如此冠冕堂皇的說法。

◎奧斯曼公國的獨立——奧爾汗的事蹟

接著，讓我們轉回十四世紀，繼續探索歷史發展。

誠如前述，十四世紀初出現在拜占庭帝國交界處的奧斯曼軍隊，已從沙卡里亞河流域深入到拜占庭的勢力範圍，並以此次掠奪而聲名大噪。隨著奧斯曼的威名高漲，不斷有人從四面八方甚至遠地湧進助長聲勢，以致他們的兵力茁壯到足以圍攻城牆壁壘牢固的城邦。

雖然奧斯曼在攻打本地的中心城市布爾沙（Bursa）的戰役中逝世，其子奧爾汗還是在一三二六年成功奪下布爾沙。善於政治與軍事謀略的奧爾汗在之後的四十年間手握軍權，成為鄂圖曼帝國實質上的奠基者。

在奧爾汗的豐功偉業中，最重要的戰役便是一三二九年的貝勒卡儂戰役（Battle of

Pelekanon）。在這場戰役中，他擊敗了拜占庭的皇家軍隊。經此一役，奧斯曼黨成功擺脫邊境地痞團體之名正式獨立，晉身占領安那托利亞西北的一方諸侯，並緊接著在一三三一年征服尼西亞，一三三七年攻下尼科米底亞。現存的一三二六至一三二七年貨幣上面就刻有奧爾汗之名，從該貨幣可知，在那個年代他的領地內已具備了國家的體制。

然而，當時的安那托利亞正處於各方諸侯群雄割據的時代，奧斯曼公國不過是其中之一。環繞在奧斯曼公國四周的，盡是競爭對手如格爾米揚公國及卡雷西公國（Karasids）等國家。其中，卡雷西公國面臨馬爾馬拉海和愛琴海，據說該國的侵略範圍已橫跨海洋，擴張至歐洲大陸。奧爾汗於一三四五年吞併卡雷西公國，關於雙方交戰的實際情況不詳，一般認為是奧爾汗藉由干預卡雷西公國內政行吞併之實，因而得以保留卡雷西公國的兵力，直接轉為奧斯曼公國所用。

奧爾汗

一般推測，藉此擴充規模的奧爾汗軍隊的主力軍，與其父親奧斯曼時代相同，是由一群突厥人及蒙古人混雜的無主騎兵、蘇非主義教團修道士的武裝部隊、和拜占庭帝國傭兵，或是由拜占庭諸侯名下輾轉投靠奧斯曼的基督教徒士兵等集結而成。不變的是，他們依舊是一群烏合之眾的聯合軍隊。

◎與基督教徒的軍人世家合作

奧爾汗也與邊境上的其他軍武裝集團締結聯盟，共同行動。長期並肩作戰的盟友，是同樣在邊境十分活躍的阿瓦諾斯家（Evrenosoğulları，音譯）、米卡爾家（Mihaloğulları，音譯）、杜拉汗家（Turahanoğulları，音譯）等軍團。這些團體當中，阿瓦諾斯家和米卡爾家的首領雖然於日後改變信仰成為穆斯林，但曾有一段時間為基督教徒的身分卻也是不爭的事實。這兩名基督教徒將士門下的騎兵，大概也與聚集到奧斯曼手下的人們沒有太大的差別。

阿瓦諾斯家及米卡爾家在巴爾幹的征戰中表現尤為出色，在十五世紀後半葉之前，兩家的軍隊都是以獨立軍的姿態在奧斯曼軍中保有勢力。然而隨著「將鄂圖曼帝國的豐功偉業歸功於奧斯曼家一手締造」這種鄂圖曼史觀的發展，許多史書都低估了兩家的貢獻。從各方的證據都明確顯示，兩家在奧斯曼公國草創時期的諸多戰役中，扮演了極為重要的角色。也有人評論，這些軍人世家在一開始的地位，就等同是與奧斯曼家勢均力敵的國家共同開創者。

在奧斯曼公國從眾多競爭對手中脫穎而出的過程當中，這群有力候選人之間的結盟關係發揮了極大的作用。阿瓦諾斯家、米卡爾家、杜拉汗家最後雖然決定投靠在奧斯曼的旗下，但毫無疑問的，一定還有其他無數個在這場霸權爭戰之中被淘汰的對手存在。

綜合上述，十四世紀初在拜占庭帝國的邊界，適逢國家權力的空窗期，許多騎兵及形形色色的人馬趁機投奔身懷軍事才能的領導人門下的情況頻起。這些領導有的是穆斯林，有的是基督教徒。他們都是為了取得戰利品而結盟的朋黨，不但會視情勢反反覆覆地彼此結盟再相互背叛，想必也曾經互喊著聖戰口號藉以提振士氣。在這樣的局勢之下，奧斯曼一黨在沙卡里亞河氾濫後尋得進攻的契機，從而嶄露鋒芒。於是，突然躍進、超越其他團體的奧斯曼底下又聚集了更多的力量。一三二〇年代，他們強大到自稱為奧斯曼公國，進一步在巴爾幹地區擴展勢力範圍，寫下他們英勇的戰績。

1 「羅姆」意指「羅馬」，是穆斯林用來稱呼拜占庭帝國版圖下的安那托利亞地區。

第二章 巴爾幹（一三五〇～一四五〇年）

巴耶濟德一世被帖木兒俘虜

擴展至巴爾幹

◎人稱「巴爾幹」的地方

奧斯曼公國將勢力擴展至歐洲，造就他們從安那托利亞諸公國脫穎而出的機會。奧斯曼公國橫渡達達尼爾海峽三十年後，終於成長為巴爾幹地區的大國，並以這三十年中所累積的實力，一步步戰勝安那托利亞諸公國。那麼，奧斯曼公國在巴爾幹地區成功的理由究竟為何？首先，我們必須先瞭解奧斯曼公國前進巴爾幹之前的當地局勢。

雖然巴爾幹是鄂圖曼帝國的起跑點，但實際上當時並不存在巴爾幹這個地名。會出現這樣的稱呼，是因為一般習慣將曾受鄂圖曼統治的歐洲東南部區域稱為巴爾幹地區，但這個慣用的說法要到二十世紀以後才開始普及。換言之，這塊土地是因為受鄂圖曼帝國管治之後，才被人們以為是一塊整合的區域。其實鄂圖曼帝國一般稱此地為「魯美利」（Rumeli），意指「羅姆（羅馬）之地」，大致是多瑙河及薩瓦河以南地區。

巴爾幹的地理特徵，東有東西向山脈，西有南北縱走的山群，構成山勢險峻的高山地帶，高山縱谷間夾有平原地區，平原地順著河川走向與外界銜接。巴爾幹各地雖然地形複雜，人口遷移卻相當頻繁，被高山阻絕的各地其實包容了多種民族。

多山崎嶇的地形，與隔海對望的亞洲（安那托利亞）十分相似。在社會架構方面也有許多共同點，諸如採行農耕的定居農民和往返山區與平地之間的遊牧民（牧羊民），以及藏匿在山中的盜匪以及散布各地、作為農作集散地的城市等。基本上，他們的農法皆仰賴天然降水來種植。拜占庭帝國及鄂圖曼帝國以君士坦丁堡為中心向外擴展勢力所奪取的亞洲及歐洲地區，在自然環境及受地理侷限所發展出來的生產活動上，為一塊關係緊密難以分割的區域。

◎十四世紀前半葉的巴爾幹半島局勢

巴爾幹在十四世紀歷經拜占庭帝國撤退和斯拉夫諸侯分裂，動盪不穩的激烈程度遠遠超過安那托利亞西部的分裂狀態。十一世紀時，拜占庭帝國雖然藉由馬其頓人之力，收回多瑙河以南地區的統治權，但在十二世紀後半葉，因塞爾維亞、保加利亞王國紛紛獨立，使得拜占庭帝國腹背受敵；同時面臨二國施壓，僅能勉強維持對巴爾幹東南方的色雷斯（Thracia）地區及馬其頓的控制權。十三世紀雖然透過巧妙的外交手腕及奢華的外交禮節保住權威，但實質上已淪落為地方政權。誠如前章所言，十三世紀後半葉，安那托利亞有許多突厥裔及蒙古裔公國紛紛獨立，各自瓜分了拜占庭帝國的舊領土。儘管拜占庭帝國對外面臨如此艱辛的局勢，但它最大的憂患不是對外關係，而是本土的權位爭奪。為了在這場權力鬥爭贏得勝利，拜占庭各路人馬用盡種種謀略，甚至不惜締結敵友關係不明的盟友。這場權位爭奪不只蔓延安那托利亞各地，也波及巴爾幹。

十四世紀，巴爾幹最有權勢的國家非塞爾維亞王國莫屬。十二世紀時，尼曼雅王朝（Nemanjic Dynasty）幾乎統治塞爾維亞全區，成為一股足以抗衡拜占庭帝國及保加利亞王國的勢力。一三三一年繼位的史蒂芬・杜山（Stefan Dušan）進一步吞併阿爾巴尼

14 世紀前半葉的巴爾幹　西邊南北向山脈縱走，東邊則多東西向山脈。本圖是塞爾維亞王國擴大領土時期的版圖。

亞及馬其頓，迫使保加利亞國王稱臣，統治巴爾幹三分之二的地區。史蒂芬·杜山命塞爾維亞教會脫離君士坦丁堡正教會獨立並修訂法典，創立著名的《杜山法典》。此外他還統領眾封建領主，落實集權體系。史蒂芬·杜山採取的策略是尊重各地傳統，尤其重視領主權益、避免發生過大變動，同時藉由法律的明文化，打造出統一的局面。

許多史書都提到史蒂芬·杜山所領導的塞爾維亞王國發展迅猛，只差一步便可推翻拜占庭帝國。雖然他策劃攻打君士坦丁堡，卻不幸暴斃，剩下悲劇式的英雄傳說流傳後世。然而在杜山於一三五五年以四十七歲的壯年去世時，似乎尚未表現出任何稱得上圍攻君士坦丁堡的具體行動。史蒂芬·杜山的驟逝，令塞爾維亞王國頓失向心力，陷入分裂的狀態。

巴爾幹或它周邊的地區域曾短暫受到塞爾維亞直接統治，各地的狀況和塞爾維亞因故分裂的情況相差無幾。在保加利亞、阿爾巴尼亞、波士尼亞、拜占庭統治下的色雷斯等地，諸侯及王族割據，陷入龍爭虎鬥的狀態。各方勢力中，不僅有在地諸侯，還有外來的軍隊和團體，像是從黑海北岸進入的突厥裔諾蓋人（Nogais），從安那托利亞動員當作傭兵前來此處的艾登公國等突厥裔騎兵隊，或是加泰隆尼亞士兵等來自歐洲的傭兵軍團，以及從威尼斯或匈牙利出兵的派遣隊伍等。這些軍隊勢力的存在，令巴爾幹上的軍事制衡變得更為複雜。奧爾汗軍隊便是在這般紛亂的情勢之中加入戰局。

◎橫渡達達尼爾海峽——奧斯曼公國前進巴爾幹

奧斯曼公國進入巴爾幹，並不是遊牧民遷徙浪潮的延長，而是因為受雇為傭兵軍團。拜占庭帝國採取的戰術，是與敵人的對手結盟，透過盟友關係取得巧妙的平衡，並在其中發揮關鍵要角的存在感。奧斯曼公國便是趁此時機搭上拜占庭帝國的結盟順風車，尋得加入巴爾幹爭奪拜占庭帝國繼承者的政治機會，最終在一百年後取得拜占庭帝國實質繼承人的地位。

據傳，拜占庭皇帝是在一三三三年第一次與奧斯曼公國君主奧爾汗會面。此時，奧爾汗雖已征服尼西亞並包圍尼科米底亞，但他依舊親訪拜占庭皇帝安德洛尼卡三世（Andronicus III），並同意繳納貢金。對拜占庭帝國而言，此刻亞洲最大的威脅，是橫跨海洋、在色雷斯地區興風作浪的卡雷西公國。拜占庭帝國與奧斯曼公國結盟，極有可能是為了牽制卡雷西公國。

安德洛尼卡三世卒於一三四一年之後，君士坦丁堡宮廷因繼承人之爭而陷入內鬨的狀態，此時與奧爾汗的同盟顯得更為重要。奧爾汗與輔佐安德洛尼卡之子（約翰五世）的約翰・坎塔庫澤努斯（John VI Kantakouzenos；即之後的約翰六世）之女狄奧多拉結婚（一三四六年），成為拜占庭爭奪黨派之一的同盟者。在此之前，約翰・坎塔庫澤努斯已將另一名女兒嫁予安那托利亞艾登公國的君主烏穆爾（Umur），由此可知，宗教對拜占庭帝國貴族間的同盟戰略不構成任何阻礙。

誠如前文，奧爾汗於一三四五年左右吞併卡雷西公國，取得卡雷西公國的海軍戰力，確保橫渡海峽的手段。這樣的奧斯曼公國，當時是公認的安那托利亞西部最強國。另一方面，據傳坎塔庫澤努斯的對手——約翰五世一黨則與塞爾汗公國結盟。日後編纂的鄂圖曼帝國史中，雖然對這段奧爾汗與拜占庭帝國聯盟一事隻字不提，不過在坎塔庫澤努斯親筆編寫的編年史中，多處可見奧爾汗經常派遣長子蘇雷曼及旗下軍隊，替坎塔庫澤努斯派兵往阿德里安堡（Adrianople，今：愛第尼〔Edirne〕）近郊發進。

奧斯曼公國透過這些戰役成功獲得許多領地，一躍成為巴爾幹諸公國一員。奧斯曼以達達尼爾海峽的歐洲堡壘——加利波利（Gallipoli）為起點，首先於一三五二年拿下加利波利鄰近的城寨，接著，利用不久後發生的地震時機，在局勢混亂中一舉攻下包括加利波利的海峽沿岸地區。據說，與約翰五世同登皇位的約翰六世坎塔庫澤努斯曾多次要求奧爾汗歸還這些城邦堡壘，但每次都讓奧爾汗含糊其辭地帶過，沒能獲得正面回應。

有別於其他安那托利亞諸公國，巴爾幹地區的拜占庭帝國和塞爾維亞王國等，無不對取得了領土的奧斯曼公國嚴加戒備。然而唯一稱得上實力雄厚的塞爾維亞王國君主史蒂芬・杜山於一三五五年驟逝後，讓局面瞬時變得對奧斯曼公國有利。日後獨自稱帝的約翰五世亦欲拉攏奧爾汗，為了加強彼此的聯盟關係，甚至將女兒許配給奧爾汗之子哈利勒（Halil）。然而在一三六二年奧爾汗死後，於王位爭奪中勝出的是穆拉德一世（Murad I）而非哈利勒，約翰五世的計劃宣告失敗。

◎穆拉德一世的征服

雖然在細節上缺乏史料紀載，但在奧爾汗死後，諸王子們之間發生過奪權鬥爭幾乎是可論定的事實。與巴爾幹諸國及安那托利亞土耳其各公國一樣，對當時的奧斯曼公國而言，君主的交替直接關係到國家解體與崩潰的危機。估計這場繼承爭奪戰也是耗日費時，最後才由穆拉德一世在一三六〇年代後期取得勝利，此後奧斯曼公國大舉向安那托利亞高原及巴爾幹半島兩地進攻。

穆拉德一世

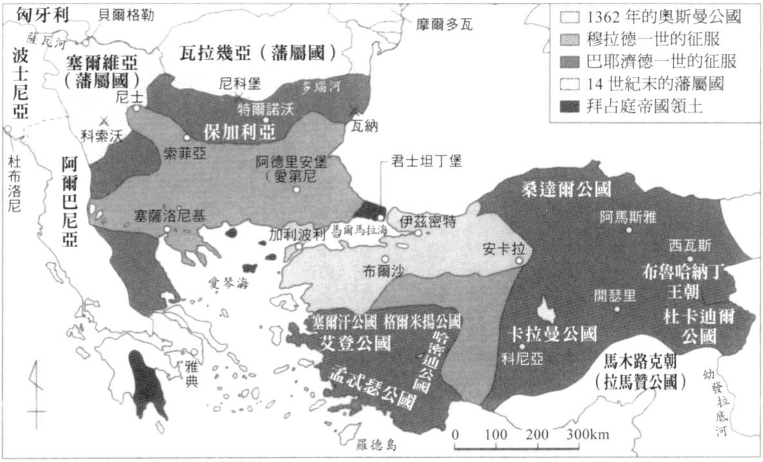

奧斯曼公國的擴張　14 世紀後半葉，奧斯曼公國的領土從多瑙河擴大到幼發拉底河流域。此時，中央集權體制雖然已見雛型，但整體來說依舊偏向各地舊領導層的聯合體系。

首先，穆拉德一世於一三六二年左右奪得拜占庭帝國的主要城市阿德里安堡（今：愛第尼）後，將此地定為首都，作為進軍巴爾幹各地的基地。接著在一三七一年時以迅雷不及掩耳之勢攻破了保加利亞及塞爾維亞等部分諸侯，逼迫他們俯首稱臣。投降的巴爾幹舊諸侯及王族接著帶領軍隊成為奧斯曼軍的一支，參加接下來的遠征。奧斯曼公國的軍隊便是以這種如滾雪球般的方式迅速壯大。

同時，穆拉德一世亦著手強化奧斯曼家君主的統治權。一般認為，奧爾汗時代曾將軍隊及統治區委任各王子，實行分權體制，而穆拉德一世則執行更直接的管制，在統治的區域內實行一元的管理方式。一三八七年，在歷經四年的圍攻戰後，奧斯曼終於取得馬其頓的中心城市塞薩洛尼基（Thessaloniki）。迫於奧斯曼軍隊盛氣凌人的威勢，愈來愈多的諸侯屈服於奧斯曼。自一三八一年起，奧斯曼吞併安那托利亞的格爾米揚公國及哈密迪公國（Hamidids），拜占庭皇帝約翰五世亦以接受奧斯曼公國援助為條件，答應成為奧斯曼的附庸。

穆拉德一世進一步揮軍波士尼亞，征戰過程中，於一三八九年在科索沃一役中擊敗塞爾維亞與波士尼亞的聯軍。然而在這場戰役中卻發生穆拉德一世戰死的突發事件，使得其子巴耶濟德一世（Bayezid I）不得不倉促繼位。

◎統合藩屬——巴耶濟德一世的進攻

穆拉德一世死後，許多舊領主開始蠢動引發叛

科索沃之戰

變，各地局勢動盪不安，但都被巴耶濟德一世一一平定。一三九〇年，巴耶濟德一世更率領奧斯曼軍和已經臣服的拜占庭、塞爾維亞、保加利亞、阿爾巴尼亞等巴爾幹軍隊，遠征安那托利亞地區，並先後征服了塞爾汗（Saruhanoğulları）、艾登（Aydınoğulları）、孟忒瑟（Menteşe）等公國。此次遠征，拜占庭皇帝曼紐二世亦以奧斯曼家族的「家臣」身分從軍。這裡，我們看到奧斯曼公國以君臨巴爾幹之姿，劍指安那托利亞。

當時，奧斯曼公國已設有後述的直屬常備軍且日益茁壯。不過，那時他們依舊與其他巴爾幹國家一樣，尚未脫離各家勢力聯合的體系。許多舊領主雖已降服稱臣，但不時窺伺反叛的機會，會按兵不動不過是受制於奧斯曼君主及其常備軍力量，和受到各種戰略制肘而難以動彈。要將一個新的統治力量滲透到歷史背景迴異的巴爾幹各地，勢必會是一場長期的拉鋸戰。

巴耶濟德一世

奧斯曼公國成功的原因，以階段性加重統治力道這一點尤為重要。奧斯曼公國根據對手與當下的局勢，巧妙地對巴爾幹諸國個別實施：

①與之結盟、②要求其成為入貢的藩屬、以及③直接治理等三種方式。

塞爾維亞在科索沃戰敗後，於一三九二年成為奧斯曼公國的附庸。早先成為藩屬的保加利亞君主伊凡·希什曼（Ivan Shishman），與匈牙利串通舉兵造反，卻反遭鎮壓，奧斯曼軍於一三九三年攻陷其首都特爾諾沃（Turnovo），巴耶濟德一世更進一步遠征瓦拉幾亞（今：羅馬尼亞），並於回程途中處死伊凡·希什曼，廢黜王室。保加利亞全域於一三九六年受到奧斯曼公國直接統治，並於之後的五百年裡成為鄂圖曼的重要領地。

在加強統治的過程中，政治婚姻是各國經常採取的手段之一。誠如前文所述，歷代拜占庭皇帝之女皆和奧斯曼家族聯姻。不僅如此，穆拉德一世還迎娶保加利亞王伊凡·希什曼的其中一個姊妹。之後的巴耶濟德一世在登基前，也與安那托利亞格爾米揚公國的國王之女結婚，登基後又與塞爾維亞王史蒂芬·拉扎列維奇（Stefan Lazarevi）的胞妹聯姻。但是，聯姻並不保證附庸國就能順利延長國祚，格爾米揚及保加利亞便是最好的見證。

◎突如其來的崩潰——安卡拉之戰

下定決心加強對巴爾幹之掌控權的巴耶濟德一世，從一三九四年開始包圍君士坦丁堡，將拜占庭皇帝逼入窮途末路，此次圍攻加深了威尼斯及匈牙利的危機意識，促使各方相互結盟，派遣十字軍的計劃終於付諸行動，讓拜占庭皇帝終於盼到西歐援軍。

此次的十字軍由匈牙利王西格斯蒙德（Sigismund）率領，陣中有來自法國的勃艮第公爵及英格蘭、蘇格蘭、瑞士等國家的騎士參戰。一三九六年奧斯曼與十字軍在多瑙河畔的尼科堡（Nicopolis）對峙時，奧斯曼陣裡還有來自藩屬塞爾維亞的史蒂芬・拉扎列維奇軍隊。戰爭結果以奧斯曼軍取得壓倒性勝利收場，奧斯曼公國守住多瑙河以南的統治權。巴耶濟德一世靠著軍力優勢對安那托利亞施壓，除了吞併卡拉曼公國（Karamanids），還殲滅了以西瓦斯為據點的布魯哈納丁（Kadi Burhan al-Din）王朝。

然而，從中亞長途跋涉遠征而來的帖木兒軍隊擊潰了巴耶濟德一世率領的奧斯曼軍。帖木兒軍對上奧斯曼軍的這場戰役揭示了一個事實，就是在是如此大規模的東西橫向擴展中，只要君主一死，領地內便會瞬間陷入四分五裂、

尼科堡之役

岌岌可危的狀態。一四〇二年的安卡拉之戰，奧斯曼軍從圍攻君士坦丁堡的陣營倉促搬兵前來支援，並在準備不足的情況下臨軍對陣，結果在戰場上全軍潰散，士兵棄甲拋戈，遭到自家軍隊叛離的巴耶濟德一世成為帖木兒的俘虜，並死於囚禁期間。

◎重建統一之路

關於安卡拉之戰，通說認為奧斯曼敗北的主因在於，巴耶濟德一世的軍隊未能及時謀劃對策，來應付帖木兒巧妙的戰術運用。帖木兒命那些曾經因奧斯曼在安那托利亞擴展勢力而遭受驅逐的諸國君主在前線迎戰，動搖奧斯曼的軍心。據說在奧斯曼軍隊中參與戰爭的士兵中，有許多來自安那托利亞的騎兵發現曾經服侍過的主人加入帖木兒的陣營，因而在士氣上受到干擾。常備軍也因為連續遠征巴爾幹及安那托利亞兩地而疲憊不堪，導致士氣低落。於是，軍隊人數凌駕在奧斯曼之上的帖木兒軍隊，就這麼輕易瓦解了奧斯曼軍，奧斯曼公國應

安卡拉之役

聲潰敗，分崩離析。

　　戰後帖木兒為了繼續東征而撤軍，隨之上演的是巴耶濟德一世的王子們在巴爾幹和安那托利亞各地，爭奪繼承者頭銜的鬥爭。此後奧斯曼家族經歷了二十年的分裂，以巴爾幹與安那托利亞為舞台，不斷上演內部鬥爭的戲碼。此時，拜占庭皇帝曼紐二世（Manuel II）剛赴西歐請求援助回國沒多久，卻突然見到情勢好轉，想必他在驚喜之餘，一定也曾感謝上帝垂聽了他的禱告。因為曾受巴耶濟德一世圍城，危在旦夕的拜占庭帝國獲得了苟延殘的機會，不過帝國的壽命頂多就再延長五十年而已。

梅赫梅德一世

　　與父親巴耶濟德一世一同被帖木兒俘虜的穆薩（Musa）與穆斯塔法（Mustafa）獲得釋放後，便與從安卡拉之戰脫身的蘇雷曼（Suleiman）、梅赫梅德（Mehmed，又譯「麥何密」）、伊薩（Isa）等兄弟展開王位爭奪戰。據說兄弟中的優素夫（Yusuf）逃往拜占庭宮廷並改信基督教。一開始，兄弟之中屬蘇雷曼最有實力，他也幾乎就要完成重建與統一奧斯曼的大業了。但因拜占庭帝國及塞爾

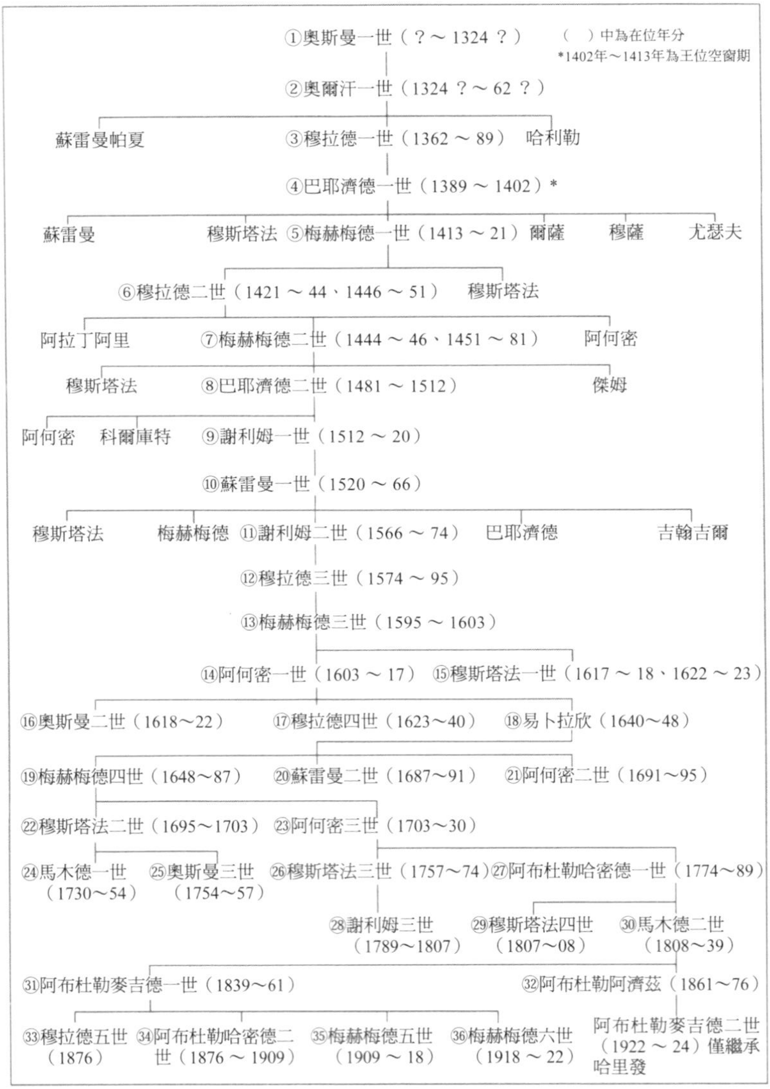
①奧斯曼一世（？～ 1324 ？）
（　）中為在位年分
*1402年～1413年為王位空窗期
②奧爾汗一世（1324 ？～ 62 ？）
蘇雷曼帕夏
③穆拉德一世（1362 ～ 89）
哈利勒
④巴耶濟德一世（1389 ～ 1402）*
蘇雷曼
穆斯塔法
⑤梅赫梅德一世（1413 ～ 21）
爾薩
穆薩
尤瑟夫
⑥穆拉德二世（1421 ～ 44、1446 ～ 51）
穆斯塔法
阿拉丁阿里
⑦梅赫梅德二世（1444 ～ 46、1451 ～ 81）
阿何密
穆斯塔法
⑧巴耶濟德二世（1481 ～ 1512）
傑姆
阿何密
科爾庫特
⑨謝利姆一世（1512 ～ 20）
⑩蘇雷曼一世（1520 ～ 66）
穆斯塔法
梅赫梅德
⑪謝利姆二世（1566 ～ 74）
巴耶濟德
吉翰吉爾
⑫穆拉德三世（1574 ～ 95）
⑬梅赫梅德三世（1595 ～ 1603）
⑭阿何密一世（1603 ～ 17）
⑮穆斯塔法一世（1617 ～ 18、1622 ～ 23）
⑯奧斯曼二世（1618～22）
⑰穆拉德四世（1623～40）
⑱易卜拉欣（1640～48）
⑲梅赫梅德四世（1648～87）
⑳蘇雷曼二世（1687～91）
㉑阿何密二世（1691～95）
㉒穆斯塔法二世（1695～1703）
㉓阿何密三世（1703～30）
㉔馬木德一世（1730～54）
㉕奧斯曼三世（1754～57）
㉖穆斯塔法三世（1757～74）
㉗阿布杜勒哈密德一世（1774～89）
㉘謝利姆三世（1789～1807）
㉙穆斯塔法四世（1807～08）
㉚馬木德二世（1808～39）
㉛阿布杜勒麥吉德一世（1839～61）
㉜阿布杜勒阿濟茲（1861～76）
㉝穆拉德五世（1876）
㉞阿布杜勒哈密德二世（1876 ～ 1909）
㉟梅赫梅德五世（1909 ～ 18）
㊱梅赫梅德六世（1918 ～ 22）
阿布杜勒麥吉德二世（1922 ～ 24）僅繼承哈里發

奧斯曼家族譜

維亞、艾登公國等各方勢力聲援較為弱小的人選，拉長了兄弟鬩牆的時間，為奧斯曼的統一之路寫下了一套迂迴曲折的劇本。結果，穆薩與梅赫梅德以競爭對手之姿強勢抬頭，最終由梅赫梅德（一世）完成奧斯曼家族的重建大業（一四一三年）。

透過聯姻與穆薩聯手的瓦拉幾亞王，以及在安那托利亞東南方最具影響力的開羅馬木路克朝等國，亦涉及這場王位爭奪。這場繼位鬥爭便在備受國際情勢關注之下發展，意外的是，未曾出現奧斯曼家族以外的勢力意圖統合這塊土地。就如各國預期，這場爭奪陷入長期拉鋸，只是當兄弟王位爭奪結束，奧斯曼公國再次甦醒後，又成為各國無法漠視的巨大威脅。

從奧斯曼公國的角度來看，重建統一之路與過往經歷並無二致。奧斯曼家族在諸國紛亂之中再度興起，擴大了勢力範圍。這表示他們早在安卡拉戰役以前，軍事、行政方面便已達到了一定的高度，遠遠超越其他敵手。兩次統合的過程，實際上提高了奧斯曼家族的權威，他們也善用這段因政治空窗而衍生出來的時間，韜光養晦，依序著手完成耗時的社會統整。兩次的統合經驗促使奧斯曼的統治體制得以在此地充分落實扎根，算是一個意外發揮正向的推力效果。

◎穆拉德二世時代

然而，奧斯曼再次完成穩定的統一還要等到一四二一年，穆拉德二世（Murad II）繼梅赫梅德一世之後即位，真正結束鬩牆之患，收拾殘局以後才算畢竟其功。穆拉德二世在戰場上逐一收拾了叔父穆斯塔法與兄弟等餘黨後，將他們處以極刑，才獲得了穩定的朝政。拜占庭皇帝雖然扇動繼承爭奪，企圖削弱奧斯曼公國的力量，卻也不得不承認自己面對的情勢愈發緊張。一四二四年，拜占庭帝國再次對奧斯曼公國稱臣納貢，甚至割讓了部分土地。

在巴爾幹的安卡拉一役後，穆拉德二世於一四三〇年收回被拜占庭帝國奪去、又轉割讓給威尼斯的塞薩洛尼基，力挫威尼斯的威風；在一四二五年安那托利亞的遠征中，逐一併吞受到帖木兒慫恿而復甦的安那托利亞西部諸公國。結果在安那托利亞中，只剩下中部的卡拉曼公國充當穆拉德二世與馬木路克朝之間的緩衝國而得以倖存。

穆拉德二世

巴爾幹的戰爭焦點集中在塞爾維亞與阿爾巴尼亞。塞爾維亞王國同時受匈牙利與奧斯曼雙方夾攻，於一四二八年再度成為奧斯曼公國的附庸。然而，穆拉德二世為了落實更直接的統治權，於一四三八年遠征塞爾維亞，攻打首都斯美德勒伏（Smederevo）等城市，並數次遠征阿爾巴尼亞，逐步擴張統轄的範圍。

透過南征北討，穆拉德二世收復了多瑙河至安那托利亞中部之間的版圖，此時國土所涵蓋的範圍，幾乎與祖父巴耶濟德一世時統治的領域不相上下了。為了確保這塊對奧斯曼國而言屬於「真正領土」地區的穩定統治權，穆拉德二世進一步跨越多瑙河、薩瓦河的界線，出兵北塞爾維亞及外西凡尼亞，直接和匈牙利硬碰硬。

但是，事情發展並非一帆風順。奧斯曼軍在攻打匈牙利統治的多瑙河要衝貝爾格勒（Belgrade）一役中吞了敗仗（一四四〇年）。其後大軍還遭匈牙利外西凡尼亞的匈雅提・亞諾什（Hunyadi Janos）阻擾，無法前進（一四四一年至四二年）。在諸方受阻的情況下，匈牙利又與威尼斯聯手編制新十字軍，安那托利亞的卡拉曼公國也順勢加盟，一起對抗奧斯曼。

一四四三年，匈雅提・亞諾什率領的十字軍橫越塞爾維亞，前進至索菲亞，之後與奧斯曼締結短暫和平。穆拉德二世藉由此次和議，將王位讓予十二歲的梅赫梅德（二世）。

然而，十字軍視奧斯曼的新王登基為大好機會，打破和平，再次出兵奧斯曼領地保加利亞，結果在瀕臨黑海的瓦納（Varna）敗給復職、親率大軍的穆拉德二世（一四四四年）。

之後，穆拉德二世正式於一四四六年重登王位，一四四八年在科索沃擊敗再次入侵奧斯曼領地的匈雅提・亞諾什軍隊。一四四九年於阿爾巴尼亞打敗斯坎德培（Skanderbeg），為梅赫梅德二世的第二次登基做足準備工作。穆拉德二世於一四五一年逝世前，強勢鎮壓在其領地周圍與在山區活動的反抗者。在確保了國土安定的前提下，讓梅赫梅德二世繼承了橫跨多瑙河直抵安那托利亞中部的大片土地。一四五一年，十九歲的梅赫梅德二世二度登上王位。

瓦納之役

穆拉德二世將蘇丹之位暫時讓予十二歲的梅赫梅德二世的理由已不可考，但從結果來看，第一次讓位的前例讓梅赫梅德二世得以順利繼承因穆拉德二世駕崩而空出的蘇丹權位。梅赫梅德二世登基後，下令屠殺所有兄弟，杜絕內亂的因子。於是，從梅赫梅德二世以後，新即位的蘇丹「誅殺手足」成為鄂圖曼帝國的常規，即使沒有繼位鬥爭之患，也必定會屠殺兄弟作為預防的措施。

統合巴爾幹的方法——奧斯曼化

◎評斷奧斯曼公國的「征服巴爾幹」

誠如前章所述，十四世紀至十五世紀的百年可謂是奧斯曼公國在巴爾幹擴張勢力的一個世紀。那麼奧斯曼何以能夠成功控制巴爾幹呢？

如前文所提，向巴爾幹地區展開勢力的奧斯曼公國，在一國之君為穆斯林這一點上就和其他勢力有著顯著的不同。不過在軍事及外交上，奧斯曼公國採取的行動，與當地的諸勢力並無二致。換言之，奧斯曼是在遵循當地的「遊戲規則」下擴展勢力的。所謂當地的「遊戲規則」，有同盟、政治婚姻、訂立貢金協定以及戰場上的「正面對決」等。在巴爾幹，奧斯曼公國絕不是個異類。

但從十九世紀以後，巴爾幹研究者將奧斯曼勢力的發展認定為異族侵略的看法早已根深蒂固。這種看法反映了近代巴爾幹諸國突破重重困難才得以獨立，以及謀求民族意識高揚的情勢，所以作為巴爾幹諸民族假想敵的「突厥人」有其存在之必要，這便是人稱的「巴爾幹的悲劇」——透過徹底的掠奪與殺戮，強制改變宗教信仰，令巴爾幹飽受蹂躪——的說法。

相對於此，另一方說詞則主張突厥福音說，聲稱奧斯曼勢力的滲入是在和平中進行，巴爾幹人民藉此才得以從封建諸侯手中解脫，勇敢的突厥人前進巴爾幹，在亂世中克服種種混亂，帶來穩定的統治。

不論是哪一種看法，本質上都強調奧斯曼公國統治者的外來性與異質性。在二十世紀以後的政治局勢，也就是在分裂成屬於土耳其人國家的土耳其共和國與屬於巴爾幹諸民族的巴爾幹諸國的政治情況下，這樣的說詞與理解再自然不過，也一直為大眾所接受。

但是，相對於上述陳舊的解釋，當代研究中，研究人員普遍認同下述兩點：第一，奧斯曼統治成功的關鍵，在於他們所實施治理的合理性，因而能獲得成功，帶來巴爾幹長期的安定。第二，許多巴爾幹當地出身的重要人士加入奧斯曼高層，而且他們絕非突厥統治集團中的配角而已，人數之多甚至超過研究者原本預估的數量。

鄂圖曼帝國的中期之前，是由來自安那托利亞的突厥裔軍人與出自巴爾幹舊領導階級的依附者這兩個集團為主導，支撐著國家的運作。雙方結合後造就了奧斯曼的統治高層。新的統治層圍繞在奧斯曼家族領導人身邊，採用合理的統治方法，在巴爾幹創造出新的秩序。當然，這並不能稱為「穆斯林對基督教世界的征服」。

◎組織性的掠奪

那麼，「合理的統治手法」指的究竟是什麼？它指的是奧斯曼公國依照侵略（akin）、同盟、臣服、直轄的順序，階段性地加深統治力道，最後再以直轄地施行分封制（Timar）的手法。以下，依序詳細解說各階段的內容。

於巴爾幹展開勢力的奧斯曼，最先採取的行動是計劃性的進行掠奪及攻擊它們想征服的目標。以小隊機動性出擊的方式，徹底進行掠奪侵襲城鎮或村落，是奧斯曼在安那托利亞邊境地帶所培養出來的本領。比起安那托利亞，巴爾幹地形更適合駕馭馬匹，在機動性變高這一點上，讓他們在進行侵略時更加有恃無恐。就這樣奧斯曼軍隊在短時間內便橫掃了巴爾幹各地，並讓受到襲擊的地區陷入一片恐慌之中。這個階段的目的在於搶奪物資、金錢與奴隸。

執行掠奪戰的是一群稱為「Akyndji」的輕騎兵隊。他們是自願參戰的騎兵，行搶所得的戰利品便是他們的收入來源。儘管奧斯曼公國也有將這群輕騎兵登記在冊加以管理，但是他們沒有服役的義務。Akyndji 有時受前章所提的阿瓦諾斯家、米卡爾家、杜拉汗家等軍事世家統率，有時則是隻身加入遠征隊伍。奧斯曼公國時期他們立下了汗馬功勞，據傳在十五世紀時，Akyndji 的人數竟高達近五萬人。

有一則歷史記錄中提到輕騎兵，內容相當耐人尋味。根據希斯．羅瑞（Heath W. Lowry）介紹的一道發於一四七二年的詔令文獻中指出，奧斯曼向巴爾幹地方各郡募集參與安那托利亞突襲的騎兵，詔令寫道：「招募基督教徒的騎兵，唯若無人自願，則招募穆斯林的騎兵。」於是回應此次募集的基督教徒騎兵，成為加入奧斯曼公國組織性掠奪戰的輕騎兵。

一般認為，奧斯曼公國無時無刻都在進行類似的募集，不斷從巴爾幹及安那托利亞地區徵召騎兵。於是，原為巴爾幹舊領導層手下的中下階級騎兵，透過應徵得以加入奧斯曼軍隊。進攻安那托利亞的輕騎兵主要來自巴爾幹，攻打巴爾幹的輕騎兵則主要來自安那托利亞。然而，十六世紀以後，輕騎兵之名逐漸從軍隊編制的名單中消失。據推測，這是因為鄂圖曼政府將後文講述的分封授予多數的Akyndji，將之正式併入鄂圖曼騎兵所致。

從上可知，輕騎兵的掠奪並非一時興起的貿然行動，而是國家性的組織行為。因此，參加掠奪戰的成員全數記名造冊，並從掠奪取得的戰利品徵收五分之一的稅金納入國庫，用於軍隊及國家整體。同時代的歷史資料將這種掠奪戰稱作「聖戰」。但就如希斯．羅瑞所言，聖戰所指的本是掠奪戰，而非穆斯林對抗基督教徒的宗教戰爭。

◎從藩屬變直轄地

經過多次掠奪後，奧斯曼公國終於開始以「國家」的立場對掠奪地區下達各項命令，此為第二階段。由步兵和騎兵組成的奧斯曼軍主力部隊赫然現身，逼迫巴爾幹諸侯服從。一開始要求以藩屬的身分對奧斯曼納貢稱臣，並規定該國軍隊必須以奧斯曼軍的一支參與遠征隊伍。然而在成為附庸國不久後，奧斯曼便執行第三階段，伺機廢黜藩屬主權，流放該國王族等權貴，將土地編入奧斯曼直接管轄、設立縣（sancağı）等行政單位，並在此階段將原歸屬藩屬統治的中下階軍人，以「奴隸」等形式編制到奧斯曼軍隊之下，給予他們日後被錄用為奧斯曼騎軍團兵的機會。

在穆拉德二世的年代，將塞爾維亞畫分成由舊王公貴族所支配的藩屬地區，及奧斯曼的直接管轄地，並逐步蠶食鯨吞，擴大直接管轄的範圍。不過，一旦引起爭端，也有從直接管轄地回到藩屬地的例子。這樣的調整，無非是因為穆拉德二世不想採取過度強硬的態度，清楚明辨與舊統治者之間的關係變化，從中逐一展開他的統合之路。奧斯曼公國的統治者對於將藩屬地變成直轄地的轉換過程，始終抱持謹慎的態度。

但穆拉德二世也明白，最後若是不將藩屬地收編作為直轄地，施行分封制，就無法落實完整且穩定的統治，甚至可能繼安卡拉戰之後，再度面臨分裂的困境。所以他嚴格監控藩屬地人們的行動，伺機推行直接統治。

◎分封制——軍事制度面向

由奧斯曼公國直接統的地區，指的是施行分封制的區域。分封制是授予騎兵從村落徵收稅金的課稅權，以換取履行軍事義務的制度，兼具掌控農村及軍隊的兩個面向。

奧斯曼公國開始實施分封制的確切時間尚待查證，但如後述，在十五世紀前半葉時，分封已是一項體制完善的全國性制度。分封制的起源或許可追溯到拜占庭帝國曾經在奧斯曼公國的封地實施所謂的封地制度（Pronoia），這項制度主要是拜占庭帝國授與巴爾幹與安那托利亞西部領主徵收農村賦稅的課稅權。羅姆蘇丹國以前所實施的分封制度（Iqta）也是相同的制度。

分封制的名稱由來，源自課稅權當中稅額低於二萬銀幣的低額課稅權——分封。分封的上面，還有較高額的課稅權——札米特（zeamet）及哈斯（has）兩種。因此，這項制度應該用三者的總稱「迪立克」（Dirlik）來稱呼方為恰當，但由於分封的受封數量遠超過其他二者，因此習慣以分封概稱。由此可知，分封制的根本在於賦予金額明確的課稅權。

授有一定課稅權的西帕希騎兵（Sipahi）雖非正規的國家軍人，但有義務在地方上級軍官的指揮下，參與集中在夏季的兵役任務。服役時，必須根據所受封的分封稅額，備妥馬匹或武器、軍帳、侍從等，到指定場所集合。

以此方式編制而成的，便是一批人稱西帕希騎兵隊的部隊，受州軍政官指揮。一五二七年，據說巴爾幹地區有西帕希騎兵一萬六百八十八人，安那托利亞西部則有七千五百三十六人（其他，安那托利亞東部與阿拉伯領地合計全體約二萬八千人）。其中，巴爾幹的西帕希騎兵集結而成的軍隊，加上隨行侍從，總計有四萬四千人的兵力。

分封會視士兵在戰場上的表現而有所增減。逃兵或是根本沒出現在集合場所，理當會被沒收分封，受到相應的制裁。相反地，如有軍功，也會進一步提高分封。準確執行「俸給管理」，是政府在統帥騎兵時非常重要的一項任務。因此，在奧斯曼軍的戰場上會有書記同行，四處巡邏記錄每個人的軍功，發行軍功證書。因應軍功授予恰當的分封，是提振騎兵士氣的保證。

西帕希騎兵在戰場上必須遵從設有分封的縣或州內的上級軍官指揮。在十四世紀、十五世紀的階段，這些上級軍官亦有能力干預對下屬騎兵的分封授予，這或許是因為他們負責編制地方西帕希騎兵部隊所被賦予的權力。然而，隨著鄂圖曼帝國中央集權化的進展，授予分封的權限逐漸回歸到中央政府手中，到了十六世紀，只有政府——也就是只有蘇丹之名——有權授予分封。

◎分封制——掌控農村的手法

平日，西帕希騎兵是可行使徵稅權的課稅官之一。透過分封所授予的職權，大半是從農村徵收賦稅的課稅權，所以他們可從農民身上收取稅金，並在徵收稅賦相關的經濟活動上管理農民。

在此必須留意，騎兵的權限僅限於課稅，不包含對土地或人民的所有權或支配權在內。因此，騎士不得要求農民在自己的農地耕種或是審判、處罰農民。司法權歸屬地方法官（Qadi），警察權歸屬郡長（Subaşı），至於上級軍官則負責監督下屬騎兵，以免他們對農民濫用職權。

只是，我們不應忽視這項制度與時俱進、漸進完善的一面。雖然分封制自十四世紀以來便有跡可循，不過要等到十五世紀後半葉巴耶濟德二世時期，才備妥完善的執行手冊，以法令形式公告天下。據悉自此時起，西帕希騎兵的權利與義務開始配合各地風土習慣及實際情況，以縣為整合單位，用地方法令的型態頒布。

因此，在分封制度下，農民得以保有土地，藉由繳納各地制定的土地稅和十分之一的稅金，確保土地的用益物權。身為村落的課稅人，西帕希騎兵多住在鄰近村落的地方城市，以方便巡視農村，並在春秋固定的日期向農民徵稅。雖然多處的地方法令集之中列有一條「騎兵具有一次借宿村中三日，接受村人款待的權利」的法令，但這僅屬於地方條款，並非全國性實施。

◎稅收調查及分封授予

實施分封有一個大前提，那便是有權授予分封的主管機關必須掌握各地可承擔繳納的稅額。譬如，在授予一萬銀幣的分封時，授予單位必須清楚哪些村落的稅金加總能達到一萬銀幣。所以，奧斯曼公國會對征服地實施稅源調查，稱為稅收帳本（tahrir defterleri），以便充分理解課稅額。稅收帳本受到妥善保管，每當蘇丹交替或有重大變動發生時，政府便會重新展開徹查，致力維持當下手邊資料的精確度。分封的授予便是根據這項調查結果而執行。

以下介紹一件一四三一年時，在阿爾巴尼亞縣授予分封的實例。阿爾巴尼亞縣位在現今橫垮阿爾巴尼亞與希臘兩地之間的地區。

阿爾巴尼亞縣受封有分封的人究竟是哪些人呢？根據英納魯克（Halil İnalcık）所校正刊行整理出來的名錄顯示出，在阿爾巴尼亞縣總計三百三十五名分封受封者之中，從安那托利亞各地轉入的突厥裔騎兵占了百分之三十，百分之十二身分不明，剩餘百分之五十八的受封者則是來自巴爾幹的基督教徒或剛信仰伊斯蘭教不久的穆斯林。在這百分之五十八的人數之中，又有百分之二十是歸上級軍官管理的「奴隸」兵，百分之二十為蘇丹的「奴隸」兵，百分之十八則是以基督教徒身分加入奧斯曼公國的阿爾巴尼亞人騎兵。

此處的「奴隸」意指以戰俘身分暫時被分派到蘇丹或其他將領之下的舊領導層軍官，他們受封分封，被當成足以「獨當一面」的騎兵而登錄在冊。這些軍官當中，有許多人自己取了伊斯蘭風格的名字，但父親卻是具有基督教徒之名的伊斯蘭新教徒。在阿爾巴尼亞縣，這些人在分封持有者之中占了百分之四十。

另外，維持自由之身而非以奴隸姿態服侍奧斯曼公國的基督教徒騎士，多達百分之十八，這些人應該是原本隸屬阿爾巴尼亞舊領主門下的騎兵。推測他們是在戰爭過程中投靠奧斯曼或志願加入掠奪戰，成為衝鋒陷陣的掠奪兵，然後爬上奧斯曼體系中的高層。

在阿爾巴尼亞縣境內，受封分封的軍人當中，至少有百分之五十八的人曾經是巴爾幹舊領主身邊的權貴顯要。如此看來，新奧斯曼統治層的性質便一目瞭然了。阿爾巴尼亞縣的情況雖然無法全然反映在巴爾幹整體上，但可視為一個方向指標。

如上所述，奧斯曼的統治在巴爾幹透過分封制，大量吸收了當地的中間統治階層，藉此獲得實質的擴大，並穩定發展。他們與遠從安那托利亞移民而來的突厥裔騎兵融合，形成巴爾幹在地的新統治層。在阿爾巴尼亞縣，巴爾幹人多於安那托利亞人，不過很遺憾的是，當時巴爾幹整體的人種比率依舊不詳。

「蘇丹僕人」的養成

◎設置新軍

奧斯曼公國自十四世紀中葉起開始擴充常備軍，其中有許多人力來自巴爾幹，而他們的首要職責是保護「蘇丹」的安全。擔任常備軍中樞的新軍，據說是十四世紀後半葉，由穆拉德一世親手創設的。普遍認為常備軍一開始是從蘇丹應得的戰俘配額當中編制而成，之後才藉由少年充軍（devşirme）——也就是少年徵兵的丁稅制度——來填補。史料上能夠確認的少年充軍事例，為一三九五年時由巴耶濟德一世所實施。

據傳，穆拉德一世時期的新軍人數約二千人左右，到了十五世紀前半葉的穆拉德二世時則來到三千人左右。就如數字所示，新軍實為少數的精銳禁衛軍。新軍為有給職，守護在蘇丹身邊，享有一人之下的特權地位。

他們的特權從「蘇丹僕人」（Kapıkulu）一詞表露無遺。土耳其語「Kapıkulu」直譯是「看門的僕人」，門指的便是蘇丹之家，這表示他們被視為蘇丹的「所有物」，屬於蘇丹的家產僕人。雖然他們的身分在伊斯蘭法上被定義為奴隸，但這絕大部分只是表面形式。「蘇丹僕人」指的是對蘇丹而言的奴隸，而且只要在宮廷及軍中領有職位，就不會獲得釋放。他們既然是蘇丹的「所有物」，生死大權自然掌握在蘇丹手中，但與此同時，在蘇丹以外的地方，他們極可能是手握大權的一員。

新軍的數量在下一章講述鄂圖曼帝國擴大時期中，人數不斷穩定成長。在梅赫梅德二世時，從五千人增加到一萬人左右。到了蘇雷曼一世時，來到一萬二千至一萬三千人之眾。鄂圖曼帝國於十五世紀後半葉開始，於常備軍導入槍炮火藥武器，到了十六世紀，這群配有當時最新槍彈火力的新軍步兵及砲兵隊，成為帝國攻城掠地的主力。

◎少年充軍

誠如前文，少年充軍是為了募集「蘇丹僕人」，是主要在巴爾幹各地實施的少年徵兵制。該制度視情況會不定期舉辦，主要從農村徵召八歲至十五歲的少年入伍。雖然定有許多限制，像每戶人家僅招收一人、不徵猶太教徒、城市商工業者及已婚人士免役等，但實際上隨時有例外出現。負責單位確認徵召的少年會被登記在冊，集體送往伊斯坦堡，並有一段時間暫時以收費實習的方式，出借給農村，以利他們學習奧斯曼語。然後在屆滿後回歸行伍，再依序分配至預備軍，一步步踏上新軍之路。不過在徵召的少年之中，有些會被安排到宮中，這群少年日後將步上與一般士兵迥然不同的菁英之途。

下圖所示的細密畫（miniature）——少年充軍徵召圖，被認為是十六世紀中葉，出自巴爾幹的宮廷畫師所手。宮廷畫師也是從宮中的「蘇丹僕人」，該畫師本人大概也是透過少年充軍進宮。在這幅畫中，有一群身穿紅色衣服的少年，因收到召令而前來註冊，前方有位書記官，一臉淡然地抄寫少年的名冊，另外還有一位正神采奕奕地收取現金的軍官，一群前來抗議少年被徵召的母親，以及從中安撫協調的主教等。畫師以看似教會中庭的巴爾幹景致為背景，用平鋪直敘的筆觸畫出人物圖像。

少年充軍的執行過程　1558 年作品。托卡比王宮博物館館藏。

或許，畫師藉由這幅畫留下記憶中少年時代最後所見的故鄉與母親的影像。當然，這樣的詮釋可能只是筆者的過度想像。這幅細密畫中的人物整體面無表情，不過身穿紅色衣服的少年看似不安，卻也貌似期待，就好像畫師的親身體驗。少年充軍是對未知世界的啟程，更多時候也是邁向穩定生活及出人頭地的起點。眾多資料顯示，「蘇丹僕人」之中有不少人才能力出眾，就如這名畫師一般，開闢了自己的職涯生活。這群少年多數成為步兵，有些在戰場上迎來生命的終點，他們的人生是在與故鄉離別之後才真正開始的。

◎宮中培訓的「蘇丹僕人」

經由少年充軍徵召的少年，經過選拔，部分人選會被分配入宮。不過，這樣的選拔要到十六世紀以後才逐漸成為常態。十五世紀以前，「蘇丹僕人」多半是透過其他管道送入宮中。「其他管道」指的是從鄂圖曼統治的巴爾幹及安那托利亞的舊王宮貴族子弟之中，挑選適當人材成為「蘇丹僕人」。他們以內侍的身分在奧斯曼宮廷接受教育訓練後，多數會在日後成為鄂圖曼帝國的軍人政治家，活躍於政界。乍看之下，他們看似為人質，但入宮成為蘇丹僕人也可以說是一種透過加入鄂圖曼統治圈以保全自己與家族存續的手段。

其中，阿爾巴尼亞人斯坎德培（Skanderbeg；土耳其語為「iskender Bey」）的例子較為特殊。斯坎德培本名為喬治．卡斯特里奧蒂，乃阿爾巴尼亞地方貴族之子。在其父臣服於奧斯曼公國後，九歲被送入愛第尼宮中，以內侍之身在宮中長大成人。斯坎德培成年後出宮，任職出身地阿爾巴尼亞的地方首長，並授有分封（前文頁七八所引述的阿爾巴尼亞縣帳本中亦可查得其名）封號。然而，不久後斯坎德培因對就任地和長官心生不滿而舉旗造反，與當地勢力及威尼斯結盟，對抗穆拉德二世與梅赫梅德二世。阿爾巴尼亞最後雖被鄂圖曼帝國所征服，但斯坎德培因長期抗爭，阻撓帝國發展的事蹟，直到現代依然被當作阿爾巴尼亞的民族英雄來看待。

但如果斯坎德培沒有造反，而是在政治上平步青雲地往上爬的話，勢必是以一名通曉阿爾巴尼亞情勢的軍官姿態，活躍在帝國高層。實際上有許多政治人物的出身是「人質」，但他們最終都成為金字塔頂端的主要構成人物，活躍於帝國政壇上。

例如若查看十五世紀後半葉在梅赫梅德二世時期，擔任大宰相（Grand Vizier）職位的人物背景，就有六人來自巴爾幹。當中四人確認是從巴爾幹舊領導層拔擢任用的人材，而且四人之中有三人推估是拜占庭貴族子弟。他們在一手促成拜占庭帝國滅亡的鄂圖曼帝國底下，步步高升至最高職位的大宰相。以人質身分進入宮廷的人們，與經由少年充軍徵召入宮的眾人同樣都是「蘇丹僕人」，但是此處所謂的「奴隸」，不外乎是直屬蘇丹底下的特權。

這種人質教養，在巴爾幹及安那托利亞是早在鄂圖曼帝國開國以前便存在的傳統。在王族與統治者之間，根據權力關係的消長，毫無窒礙地彼此交換人材。沿襲拜占庭帝國宮廷的作法，鄂圖曼帝國也在每次征服其他國家或接受其他國家臣服的過程之中，從該國舊領導層挑選適齡子弟，送入宮中自行教育，培育成鄂圖曼帝國軍人。雖然偶爾也會發生像斯坎德培那樣的特殊案例，但大部分的人終其一生多以鄂圖曼軍人的身分，和帝國休戚與共。

本章中，大致追溯了一三五〇年至一四五〇年之間，奧斯曼公國以巴爾幹為舞台擴張成鄂圖曼帝國的發展過程。在這段過程當中，奧斯曼公國積極錄用安那托利亞出身的突厥裔穆斯林，以及出身巴爾幹的基督教徒，結果造就了內含二者的帝國統治層。輕騎兵、西帕希騎兵軍隊中的騎兵、人稱「蘇丹僕人」的新軍或宮廷出身的菁英軍人之中，都有來自巴爾幹的人民。如前所述，也有人維持基督教徒的身分升上高層。

但在接下來的十六世紀，鄂圖曼的統治階層中幾乎不見基督教徒的身影。與其說是基督教徒被剔除在鄂圖曼統治高層以外，不如說是因為他們改變了信仰、而讓基督徒銷聲匿跡來得恰當——因為進入十六世紀後，帝國統治階層還必須是穆斯林不可。

但這樣的要求基本上只針對個人，當時的社會並沒有要求在位者的祖先必須原本就是穆斯林，也沒有要求祖父、父親或是生於同世代的兄弟親戚必須為穆斯林，所以對於改信宗教的「蘇丹僕人」而言，沒有任何不利因素。

十六世紀末以前，「蘇丹僕人」主要從巴爾幹社會不斷注入新血。就是靠著這群人的攜手開創，鄂圖曼帝國得以實現下一個百年盛世的軍事成就。

第三章

蘇丹的軍旗下（一四五〇～一五二〇年）

梅赫梅德二世攻陷君士坦丁堡

奪得君士坦丁堡與梅赫梅德二世的征服

◎蘇丹執政時代的開始

自一四五一年梅赫梅德二世即位開始，先後歷經巴耶濟德二世、謝利姆一世、蘇雷曼一世統治，長達百年。在這百年之間，鄂圖曼帝國創下前所未有的巨大戰功，領土的擴張遠遠超過全面施行分封制的「本土」。本書將在第三章和第四章，介紹這四位蘇丹的時代。

四名蘇丹雖然個性截然不同，但都具備獨特的領導能力，在各自在位的年代獨領風騷。支撐四名蘇丹成功背後的力量，是早從一百五十年以前便不間斷培育累積下來、鄂圖曼帝國特有的征服與統治體制。前頭有西帕希騎兵隊與「蘇丹僕人」構成的常備軍擔任軍事的先鋒部隊活躍沙場，後勤有漸趨完善的行政司法制度。於是，鄂圖曼帝國利用在統合巴爾幹過程中所磨練出來的治理技巧，成功地將勢力擴大到涵蓋安那托利亞中部與東部的廣大土地。

四名蘇丹的治理體系朝向中央集權的方向前進，並不斷提高集權統治操作上的精度。統治手法採成文法，頒布法令，形成規範，延續後世。國力的提升成為戰場上勝利的保證，戰利品及稅收的增加充實國庫營收，給予蘇丹足夠的財政餘力，替下一場征服投注糧餉資金。

鄂圖曼帝國的特徵，就在於這個以不斷征戰四方的蘇丹為核心的中央集權體制。

然而，中央集權卻也伴隨著各種副作用，而且在安那托利亞尤為顯著。前章描述的百年之中，多瑙河至巴爾幹地區大抵上都被統合在鄂圖曼體制底下。然而，安那托利亞的整合作業，卻是到十五世紀中葉以後才開始。鄂圖曼帝國常被世人誤認是「突厥／土耳其人」的國家，但是十六世紀最讓帝國焦頭爛額的問題之一，便是安那托利亞的突厥裔遊牧民。蘇丹的盛世是由華麗的戰功交織而成，同時也是與安那托利亞「突厥人」纏鬥不休的年代。

◎圍攻君士坦丁堡

驍勇善戰的蘇丹時代，以征服君士坦丁堡這件歷史重大事件揭開序幕。如前所述，拜占庭皇帝的勢力衰弱，當時他能統治的範圍僅限於一座城市的君士坦丁堡。然而，千年之都的光輝，總讓拜占庭人民期待著奇蹟發生，同時也能對入侵的敵人產生無形的心理壓力。最後，打破僵局的是剛即位不久的青年梅赫梅德二世。

一四五一年二度登基的梅赫梅德二世首先打點好周邊國家，在整頓好體制後，於博斯普魯斯海峽最狹窄的地方築城，準備圍攻君士坦丁堡。新要塞的對岸，是以前巴耶濟德一世包

梅赫梅德二世

圍君士坦丁堡時，花了八年的時間所建立的堡壘（安那托利城堡〔Anadoluhisarı〕），藉此從兩邊夾擊威尼斯來自黑海沿岸殖民城市的援軍，創造對自己有利的形勢。威尼斯人是拜占庭帝國的最大的靠山，對梅赫梅德二世而言，威尼斯人的援軍是這場戰役最大的不確定因素。拜占庭帝國本身只有五千人左右的舊制軍隊，其防衛全仰賴威尼斯及熱內亞派遣的援軍、少許的傭兵以及市民的協力合作。

這是繼巴耶濟德一世、穆拉德二世之後，鄂圖曼勢力第三次圍攻君士坦丁堡。以往巴耶濟德一世採取鬆散的圍城戰術，原來預計以杜絕糧餉的策略進攻，卻出乎意料形成拉鋸戰，終告失敗。巴耶濟德一世沒有料到，君士坦丁堡腹地遼闊，足以負擔長期戒嚴的守城防衛，而且正因其規模龐大，很難從外圍滴水不漏地長期封鎖整座城市。

梅赫梅德二世記取前人教訓，決定速戰速決，擬出短期內拿下該城的作戰計劃。他特別聘用匈牙利技師製造大砲，以巨型大砲及其他最新兵器集中火力攻打陸地上的城牆，再配合十萬（也有人說是十六萬）對上至多八、九千的兵力優勢，兩者實力的差距有如雲泥。

開戰後不久，梅赫梅德二世發現自己的海軍戰力遠不及威尼斯，於是立刻放棄海戰，將海軍部隊拉上陸地，想出了橫越後方丘陵將船隻藏入金角灣內的奇計。當時金角灣的入口處早已加上鎖鏈，用來防止外敵進入灣內。這場征服戰，鄂圖曼帝國從陸海包夾，可說是一場不惜人力財力，勞師動眾的總體戰。梅赫梅德二世的親信之中有不少人持反對意見，因為一旦失敗，極有可能讓蘇丹的權威顏面盡失。但是對於擔任作戰總指揮的梅赫梅德二世而言，這是一場攸關生死的世紀決戰。

◎君士坦丁堡淪陷之日

正因如此，這場戰役的勝利對梅赫梅德二世來說，可謂意義非凡。圍城的第五十天，一四五三年五月二十九日，鄂圖曼軍於黎明前發動最後一次攻擊，軍隊蜂擁入城，拜占庭帝國亦在同一天迎來了末日。據傳，

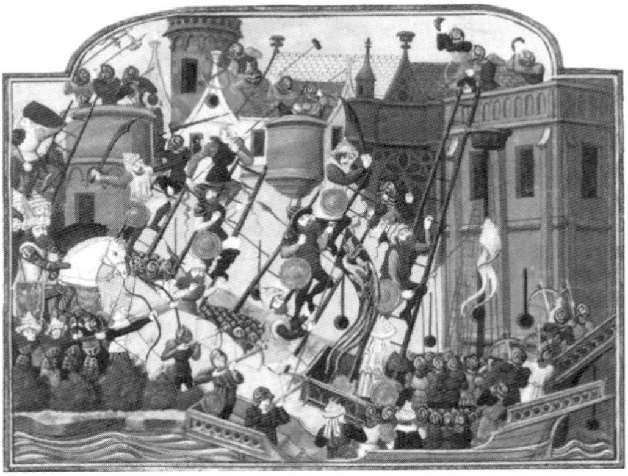

攻陷君士坦丁堡

拜占庭皇帝雖然戰死，但始終找無屍首。從此以後，梅赫梅德二世被冠上「征服之父」的稱號，這場戰役的功績，成為日後梅赫梅德二世日後實行集權統治的權力基礎。

有不少義大利及拜占庭文人、鄂圖曼人士參與圍城戰，並記錄戰事發展，因此我們才能熟知關於圍城戰的細節。儘管如此，過程中還是有諸多不明之處，譬如城內街道所受的損壞程度情況不詳，關於攻陷後遭受鄂圖曼士兵肆虐行搶的天數，各種史料記載也互有出入。伊斯蘭法雖然容許士兵有權在三日內於攻陷的城內大肆搜刮掠奪，但據筆者合理的推斷，搶奪應該在一日之內就草草結束。畢竟，雖然史料記載有些地方情況慘烈，但還是有許多建築物毫無損傷，免於遭到拘捕的居民人數也不少，不過那是因為他們投靠在鄂圖曼帝國的保護傘下。另外，諸多歷史資料也都提及梅赫梅德二世不願城內遭到破壞，希望能將受損程度壓至最低。據悉，梅赫梅德二世厚待屬於他（蘇丹）的俘虜，尤其是那些拜占庭的貴族，他甚至還自掏腰包，幫受俘的貴族們支付贖金，還其自由之身。

梅赫梅德二世攻入城內後不久，隨即巡視聖索菲亞教堂，將此地改為清真寺。此外在征服後，梅赫梅德二世立刻將城內重要的教會及修道院改為穆斯林所用，作為復興整建的核心據點。這當中包括遺留至今的卡朗德哈等舊教堂，另外還有一些像阿里斯特醫院這種只能從征服後的鄂圖曼歷史資料中尋得其名的設施。仔細想想，幅員遼闊的君士坦丁堡，不會因為一日的掠奪就被摧殘殆盡，哪怕算進征服之前就已荒廢閒置的區域，鄂圖曼帝國所接手的，應是一座內部大致都還堪用的城市，這種看法應該是比較正確的。

君士坦丁堡淪陷三天後，星期五的禮拜在聖索菲亞清真寺舉行，導師由當時蘇丹的宗教近臣阿克瞻斯丁（Akşemsettin）出任。阿克瞻斯丁來自大馬士革，在圍城戰最激烈時刻「發現」先知穆罕默德的門徒阿尤布（Ayyub；土耳其語讀作「Eyup」）之墓，從而鼓舞了戰士。這個事蹟相當有名，使得鄂圖曼帝國奪得君士坦丁堡的戰果被大肆宣傳為伊斯蘭的勝利，阿克瞻斯丁寫下的勝戰捷報詞藻華麗，甚至流傳到開羅的馬木路克朝宮廷。

聖索非亞清真寺

◎建設新都

根據帝國的史書記載，梅赫梅德二世在攻打君士坦丁堡時曾宣示：「本王寶座將設在伊斯坦堡[1]」，昭告天下以後將以此地做為帝國首都，並連番提出具體的復興政策。

首先，梅赫梅德二世向避免淪為戰俘之身或是繳納贖金而獲得釋放的希臘居民，保障他們的安全，承諾他們可以維持舊有的「傳統與宗教信仰」。另外，對於僑居在伊斯坦堡的加拉達（Galata）地區的熱內亞商人，也擔保他們的人身安全與買賣通行自由。

另一方面，梅赫梅德二世為了振興城市，將市內建築物賜予直接參加征戰及有所貢獻之人——包含軍人、宗教學者、蘇非教團團員等——作為生活起居使用。查看各家記錄可以發現，在取得伊斯坦堡市內不動產作為軍功獎賞的名單中，可見對征戰貢獻良多的巨砲製作家——匈牙利人烏爾班（Orban），以及第一章中所介紹的編年史作者——阿許帕夏扎德等人名。另外，梅赫梅德二世還派遣使者到帝國各地，招募願意遷居到首都的自願民眾。

然而招募移居的效果不彰，梅赫梅德二世見狀，從帝國統治下的各城邦或爾後戰勝的征服地，挑選富裕的商人及工匠，強制遣送伊斯坦堡。然而這項政策在各地卻引發了相當大的混亂。至於復興首都建築的部分，戰爭後的第一件事，便是即刻整修城牆及興建新堡壘（耶迪庫勒〔Yedikule〕堡）以加強防備，預防十字軍的來襲。然而十字軍未曾現身，堅固的堡壘在此之後也無用武之地。

梅赫梅德二世於一四五七年左右，開始親自操持首都大型市集及驛站的建設，讓移居至此的商人及工匠得以在城內經商買賣；並根據伊斯蘭世界的商業習慣，將這些商辦承租給商人或工匠。由於梅赫梅德二世已事先將這些商業設施以宗教捐獻的名義贈與聖索菲亞清真寺，所以商人工匠所繳納的租金成了維持宗教設施的管理經費，此項措舉稱為宗教基金管理（vakıf）制度。

梅赫梅德二世更在其統治的後半期，拆除已成廢墟的拜占庭帝國聖使徒教堂，興建一座宏偉的清真寺——即著名的法提赫清真寺（Fatih Mosque）。聖使徒教堂為拜占庭歷代皇帝陵寢所在，梅赫梅德二世在象徵拜占庭王權之地建造象徵鄂圖曼王室權力的「征服者清真寺」——法

法提赫清真寺

提赫清真寺絕非偶然，想必這些行為產生的效果，早就經過他縝密的計算了。

梅赫梅德二世不僅親自下令建造清真寺，更命令手下親信軍官按照自己的財力，於都內要衝興建清真寺等建築。這些新建的清真寺地點不若法提赫清真寺顯眼，規模也比法提赫清真寺小一圈。以蘇丹為首，君臨天下的權力層級特性也同樣反映在建築上。

據悉，透過這些由蘇丹主導的建設及前述的人口政策，使君士坦丁堡（伊斯坦堡）在易主之後三十年內，人口恢復至約十萬人，其中約有四成是希臘正教徒、亞美尼亞教徒、猶太教徒。雖然換個角度來看，可以說「被征服以前幾乎不見蹤影的穆斯林人口迅速攀升至六成」，但在新的住民之中，還是有許多為非穆斯林。由此可知，鄂圖曼帝國統治後的復興，是以不問宗教並積極接納富商、工匠的形式來進行。自此之後，伊斯坦堡內穆斯林占六成，非穆斯林占四成的人口這樣的比例，直到進入二十世紀為止沒有太大的變動。

◎「被詛咒的伊斯坦堡」

雖然，若是從鄂圖曼帝國版圖橫跨巴爾幹及安那托利亞地區的角度來看，以伊斯坦堡為首都的決定看似順理成章。然而這在當時，似乎並非那麼理所當然。

因為在帝國裡有著一群不願在首都安居樂業的人們，這些人大多是以輕騎兵之姿在國界一帶活動的自由騎士。雖然他們名列在編入西帕希騎兵受封的名單上，但比起「蘇丹僕人」所構成的常備軍士兵或蘇丹親信團，他們更希望維持自己的獨立性，並且衷心期盼屬於他們舞台的戰爭得以持續進行下去。他們在伊斯蘭信仰中屬於異端分子，並鼓吹「聖戰」的輕騎兵精神，引起許多西帕希騎兵的共鳴。他們在征服君士坦丁堡的過程中付出心血，也共同歡慶征服的勝利和喜悅。但這些人殷殷盼望的，不是蘇丹在這場征服之後停下腳步安於現況，而是以舊都愛第尼為據點，不斷向西進軍。這種「反伊斯坦堡」情感的背後，普遍帶有不願就此承認鄂圖曼已經成為一大「帝國」，以及蘇丹仗著巨大的權威，束縛了他們的一種反抗情緒。

在這群與首都水火不容的人們之間，梅赫梅德二世的三名王子中，傑姆（Cem）最受歡迎。傑姆下令編纂的英雄傳說《薩勒圖革（Saltuq）之書》裡，反覆出現鄂圖曼帝國之都應為愛第尼，以及伊斯坦堡是不祥之都的論調。甚至在梅赫梅德二世時期便廣為流傳的「伊斯坦堡與聖索菲亞的傳說」中還指出，這座城市存在著災難的循環，並被日後多種鄂圖曼編年史引用。這個傳說中還暗中批判了梅赫梅德二世欲成就帝國霸業的野心，藉由羅馬王儲遭遇不幸的故事，描述人民對於滯留此地的不安，文中說到「伊斯坦堡是一座不斷被征服的不祥之都」，指出梅赫梅德二世為了重建首都只是濫用公帑，並以失敗為由處死替他監工建造清真寺的建築師等事實，作為不祥之兆。

對於今日親眼見證了伊斯坦堡榮景的人來說，這樣的反應想必令人感到難以理解吧。不過，就像蘇丹在伊斯坦堡打造的新宮殿一樣，對當時的人們來說，新時代的到來，總讓人有格格不入之感。後世稱為托卡比皇宮的新宮殿四周被高聳的城牆包圍，開放給民眾入內禮拜的空間僅有一小部分，至高無上的蘇丹可不是任何人想見就能見到的。然而，成為君士坦丁堡征服者的梅赫梅德二世，以高壓手段壓制這些騎士的不滿，任命新軍等「蘇丹僕人」擔任軍隊的骨幹，在之後的三十年間，隨其東征西討。

◎梅赫梅德二世的三十年征戰

梅赫梅德二世奪得君士坦丁堡後的三十年間，多在馬背上度過，他親自率領的遠征次數就達十八次之多。從征戰次數可以推測，多在夏季舉行的遠征，已經成為每年的例行公事。

梅赫梅德二世的目標，多半鎖定在從伊斯坦堡出發、可在一場夏季遠征抵達的範圍內。統治前期，帝國三番兩次遠征巴爾幹的塞爾維亞及希臘（色雷斯、愛琴海、伯羅奔尼薩半島）、波士尼亞等地，安那托利亞方面則主攻翠比松王國、卡拉曼公國。到了統治後期，主要面臨烏尊哈桑（Uzun Ḥasan）率領的白羊王朝和威尼斯的攻防戰。威尼斯、匈牙利與白羊王朝之間締結盟約，共同對抗鄂圖曼，因此鄂圖曼在各地的征戰都得透過充分評估國際情勢，步步為營才行。梅赫梅德二世無疑是一名兼具戰略家的才能及果敢判斷力的優秀指揮官。

儘管如此，戰爭不可能永遠百戰百勝。匈牙利軍的統領匈雅提・亞諾什手中的貝爾格勒難以攻陷，梅赫梅德二世始終未能拿下它。另外，梅赫梅德二世雖然征服翠比松王國，但是這場安那托利亞的遠征卻困難重重，最後還是靠給予新軍部屬特別的獎勵金，才勉強提振軍心返回首都。至於瓦拉幾亞（今：羅馬尼亞）的弗拉德大公（Vlad）與占據阿爾巴尼亞山區的斯坎德培，最終雖然都遭到梅赫梅德二世的驅逐，但由於他們的激烈抵抗，導致梅赫梅德二世對這兩地至多只能做到間接支配而已。此外，鄂圖曼的海軍戰力依舊不敵威尼斯等歐洲國家，這也是造成鄂圖曼與威尼斯之間演變成拉鋸戰，且未能從聖若翰騎士團手中奪得羅德島（Rhodes）的失敗主因。

但在經過三十年的征戰後，多瑙河至幼發拉底河中間這一大片區域，除了島嶼以外，幾乎全數納入了鄂圖曼帝國的版圖。梅赫梅德二世征服活動的本質，在於強勢肅清及整治這片廣大土地上零星散布的半獨立藩屬國，以及義大利諸邦的統治區，並將多數地區劃為直轄地，主動進攻、牽制那些隱身在小國背後的反抗勢力，藉以鞏固鄂圖曼帝國的「本土」區域。之後逐一在新征服地進行稅收調查，實施分封制。梅赫梅德二世直接統治的地區在十九世紀以前，大部分依舊歸屬在鄂圖曼帝國之下。

在海上，鄂圖曼也開拓出屬於自己的海域。梅赫梅德二世派遣艦隊直驅黑海北岸，將熱內亞及威尼斯的勢力逐出克里米亞半島及其鄰近海域，同時趁著克里米亞汗國發生王位爭奪的時機，逼迫其承認鄂圖曼帝國的宗主權。如此一來，黑海成為對鄂圖曼帝國而言相對安全的內海。

在這場三十年征服的過程中，塞爾維亞、波士尼亞、安那托利亞中屬於拜占庭皇室一派的翠比松王國，以及長年敵對的卡拉曼公國等國家相繼滅亡。隨著這些緩衝國的消逝，鄂圖曼帝國面臨與匈牙利背後的哈布斯堡家族，以

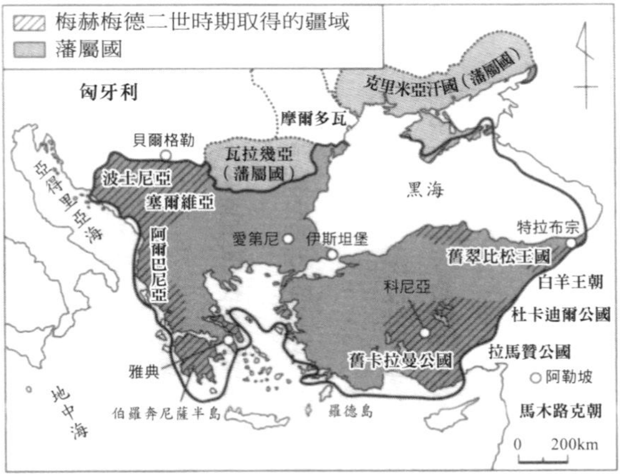

1480 年左右的鄂圖曼帝國　梅赫梅德二世時期帝國朝東西向擴展，圖中粗黑線範圍內的地區，多半為直接統治，黑海儼然成為鄂圖曼帝國的專屬內海。

及在埃及和敘利亞的馬木路克朝直接對峙的局面。於此同時，梅赫梅德更將遠征的目標指向伊朗及伊拉克。於是帝國與實力曾和帖木兒汗國不相上下的白羊王朝之間的抗爭，最終演變成鄂圖曼與白羊王朝的繼承國——薩法維朝——之間的敵對關係而延續下去。

◎繼承亞歷山大大帝的權杖

梅赫梅德二世後期的版圖，與十一世紀成功中興的拜占庭帝國疆域大致重疊，都是以伊斯坦堡為圓規的中心，畫出掌控政治與經濟的範圍。鄂圖曼帝國與拜占庭帝國一樣，藉由占據君士坦丁堡（伊斯坦堡），來掌控連繫草原地區至黑海的北方交易路線，以及印度、伊朗至地中海絕大多數的商旅通道，藉此取得優良的產品輸入國內，同時對通關物資徵收關稅。梅赫梅德二世對軍隊的強化及接連不斷的遠征，早已使得國庫吃緊，負荷沉重，在其統治期間時常陷入財政危機，不過從長期來看，征戰同時也替帝國帶來龐大的經濟效益。

支配如此廣大領土的君主，自然會自詡為東地中海霸主，這並不足為奇。不過，梅赫梅德二世在他自己對宗教捐獻的文書中，主張他所建立的國家是繼羅馬——即拜占庭帝國——之後興起的國家，並自稱繼承了亞歷山大大帝的權杖。這讓人不禁懷疑，在梅赫梅德二世的想法裡，是否有身為塞爾柱帝國等傳統突厥遊牧君主傳人的自覺，或是否有追溯到更古老的阿拔斯朝等「伊斯蘭帝國」繼承人的自我定位。梅赫梅德二世的世界觀，比較像是以「在地」君主的身分，繼承了異教徒的亞歷山大大帝或基督教徒的羅馬君王們的王座，以體現伊斯蘭的時代。

根據穆斯林的解釋，時間始於創世紀，歷經猶太教時代、基督教時代及伊斯蘭教時代後，流向末日。基督教時代已成過去，本地的歷史正在進入下一個階段，即伊斯蘭時代。這樣的世界觀，不為蘇丹一人獨享，想必巴爾幹舊領導層中剛皈依伊斯蘭教的人們也抱持著共同的理念。所以他們才得以在這塊祖先世代相傳的土地上，成為新的統治高層中的一員，作為蘇丹近侍以大顯身手。以「蘇丹僕人」身分進入宮廷的內侍，同樣是受到相同的世界觀所養成。

◎二張書記座像

梅赫梅德二世重用阿克瞻斯丁等人，尊重伊斯蘭的文化傳統，同時他也關心希臘古典文化，對同時期的義大利藝術展現高度的興趣。一四七九年一月，梅赫梅德二世結束與威尼斯的對抗後，便立刻於同年八月，要求威尼斯元老院派遣優秀的畫師到伊斯坦堡。

作為回應，威尼斯挑選聲名遠播的詹提勒・貝里尼（Gentile Bellini）外派到伊斯坦堡。貝里尼在伊斯坦堡住了一年半。有人說梅赫梅德二世主要是命貝里尼繪製自己的肖像，也有人說貝里尼被要求協助描繪還在興建的新宮殿裡的裝飾畫。總之，貝里尼深得蘇丹喜愛，留下許多作品，今日展示在倫敦國家美術館的梅赫梅德二世肖像（本書頁九〇）便是其中之一。據說，貝里尼在歸國前，蘇丹贈與他以蘇丹花押（tuğra）雕刻而成的金牌及各種賞賜。在貝里尼最後的作品〈聖馬克在亞歷山大傳道〉（St. Mark Preaching in Alexandria）一畫中，出現貝里尼配戴著這面金牌得意洋洋的姿態，這部分出自他的胞弟喬凡尼・貝里尼（Giovanni Bellini）手筆，貝里尼委託他完成這幅畫。

值得一提的是，關於貝里尼在鄂圖曼宮中繪製的畫作之一〈書記座像〉，有一段有趣的小插曲。據悉伊朗或印度的畫師曾多次臨摹這幅畫，其中一件作品上面簽有活動範圍主要在中亞及伊朗的名家貝赫扎德（Behzard）的署名，儘管一般認為這個署名是偽造，但可以確定的是，這名偽造貝赫扎德簽名的畫師，肯定是看著貝里尼的〈書記座像〉描繪的。

詹提勒・貝里尼

那麼，貝里尼的這幅〈書記座像〉為何會成為臨摹對象？這幅畫原本收藏在托卡比皇宮所藏的畫冊之中，畫冊為薩法維朝宮廷所作，現由波士頓美術館館藏。根據推測，這是早先伊斯坦堡的梅赫梅德二世（或是其子巴耶濟德二世），將數件包含〈書記座像〉在內的貝里尼畫作贈與白羊王朝，之後由薩法維朝宮廷繼承，填上波斯語題字，和歐洲與中國具象畫等多樣作品收藏在同一畫冊之中。這本畫冊在鄂圖曼軍隊遠征大布里士（Tabriz）時，被當作戰利品帶回伊斯坦堡。

這幅畫保存在伊朗的期間常被臨摹，只因為對伊斯蘭文化圈的畫師們來說，來自威尼斯的西洋畫師的作品幾乎等同教科

兩幅書記座像

右圖：詹提勒．貝里尼 1479 ～ 80 年作品，現藏於波士頓伊莎貝拉嘉納藝術美術館。

左圖：為 1500 年左右薩法維朝畫師的臨摹，現藏於華盛頓弗瑞爾藝廊。

書。但事實上，這幅畫只不過是貝里尼仿效鄂圖曼宮廷的細密畫所繪製，背景的花朵便是最佳證據。

雖然，現已無從可知貝里尼究竟對畫中膝上放著紙張專心作畫的青年賦予了什麼樣的寄託，仿畫的畫師又是抱著何等心思臨摹作畫，但這幅畫卻也無形中證實了東西方世界並非完全閉鎖的事實，而且普遍認為在伊斯蘭屬違禁品的人物畫，其實曾經廣布流通過。

巴耶濟德二世時期

◎王位爭奪與王子傑姆

一四八一年一月，貝里尼返回威尼斯國內，同年夏天，梅赫梅德二世召集軍隊，在未告知部屬目的地的情況下，從安那托利亞出發。或許梅赫梅德二世打著令敵人措不及防的主意，所以眾人對於去向有諸多猜測。但就在出發不久後，梅赫梅德二世便因病去世了，他的暴斃讓鄂圖曼帝國再度陷入王位爭奪的混亂之中。

梅赫梅德二世有三位王子，其中最有能力的穆斯塔法死於一四七四年。根據史塔萊迪（T. Stavrides）的審判書研究指出，穆斯塔法的死與當時的大宰相馬木德．帕夏（Mahmut Paşa）有關，傳聞穆斯塔法與馬木德．帕夏之妻過從甚密，因此這實際上是馬木德．帕夏主導的暗殺事件。另外兩名王子為巴耶濟德與傑姆，其中巴耶濟德獲得新軍常備軍的支持，傑姆則獲得土耳其名門子弟的大宰相卡拉曼勒．梅何美特．帕夏（Karamanlı Mehmet Paşa）擁戴。雖然大宰相籌劃主張先讓傑姆入主伊斯坦堡，但新軍刺殺大宰相，不久巴耶濟德二世便登上王位。傑姆雖以布爾沙為據點，以反叛軍的身分持續抗戰，最終還是敗下陣來，只能偕同妻子與原為梅赫梅德二世妃子的母親逃亡到馬木路克朝的首都開羅。

這是新軍常備軍首次在王位爭奪的過程中展現出他們對蘇丹繼位有著重要影響力的實例。這在下一任蘇丹謝利姆一世（又譯「塞利姆一世」）即位時還會上演。即位後，巴耶濟德二世不得不以重金回報新軍，賜予他們各種特權。

巴耶濟德二世的時代於混亂中開始。和上一代相比，他減少戰爭的次數，僅執行經過深思熟慮的作戰策略。雖然當時東西方的局勢無法保證全面和平，但從巴耶濟德二世的應對舉措來看，可以知道他極力避免輕啟干戈。正因如此，在巴耶濟德二世執政的三十年，鄂圖曼帝國得以修復梅赫梅德二世統治末期早已疲弊不堪負荷的國力。因為避開戰爭，巴耶濟德二世得以傾注全力汰換更新海陸兩軍的武器，這項成果促成鄂圖曼帝國於十六世紀全新擴張。

財政上，巴耶濟德二世剛繼承蘇丹之位時，國家的收支吃緊，財政陷入困境。於是，他下令廢除當時已引發社會種種不滿、由梅赫梅德二世所導入的各種新稅制度，避免支出，重建國家財政，這是巴耶濟德二世繼承蘇丹後的使命。

至於外交方面，巴耶濟德二世之弟傑姆離開開羅，行經安那托利亞，輾轉到聖若翰騎士團勢力範圍的愛琴海羅德島，此後十三年，傑姆便在仰賴歐洲各國的援助下為人所利用。這種異常的情況，對巴耶濟德二世的外交政策帶來巨大的影響。傑姆被羅馬教皇等人當作用來對抗鄂圖曼的棋子，任由歐洲各國擺布，並於一四九五年客死拿坡里。他的遺體同樣被當作交易的工具，經過四年協商，最後葬於布爾沙，與其兄穆斯塔法長眠在一起。傑姆的母后及妻子、女兒雖受巴耶濟德二世庇護，但男性子孫除了一名留在羅德島、並於日後改信天主教的男子以外，全數被巴耶濟德二世下令絞殺。

巴耶濟德二世

◎巴耶濟德二世的對外關係

如前所述，因傑姆流亡歐洲期間被當成各國籌碼，使得巴耶濟德二世在對抗威尼斯或匈牙利的戰略中均陷入膠著狀態。不過，巴耶濟德二世在周圍地區還是取得了少數的重要進展。首先，他遠征多瑙河以北，攻陷黑海西岸的阿克曼（Akkerman）及多瑙河河口地帶的諸多城市，擊敗摩爾多瓦（Moldova），納其為藩屬（一四九二年），藉此確保黑海西岸的交通路線，得以在日後鄂圖曼帝國的征戰中，動用藩屬國克里米亞汗國的騎兵隊。

另一方面，鄂圖曼帝國與馬木路克朝之間雖然夾著突厥裔杜卡迪爾公國，但二國的紛爭卻愈演愈烈。馬木路克朝對那些分布在與敘利亞平原銜接的安那托利亞南部的突厥裔遊牧民具有極大的影響力，主動出擊的馬木路克朝曾一度逼近安那托利亞中部的開瑟里，帶給鄂圖曼帝國巨大的威脅。之後，馬木路克朝於一四九一年與鄂圖曼帝國達成和議，確保其對阿達納地區（Adana）的影響力。在敘利亞平原與安那托利亞高原的邊境，拉馬贊公國（Ramadanids）與杜卡迪爾公國成為兩大勢力的緩衝區。

一四九五年，傑姆的過世成為巴耶濟德二世積極投入對抗威尼斯與匈牙利的契機。這一年，巴耶濟德二世派遣克里米亞汗國騎兵與鄂圖曼軍隊的輕騎兵前進波蘭，挫敗波蘭進攻黑海的野心。

至於威尼斯方面，雙方在伯羅奔尼薩半島（Peloponnese Peninsula）南岸、西岸及亞得里亞海沿岸諸城的爭奪戰中僵持不下，之後於一五〇三年締結和平。威尼斯依然保有海戰的優勢，但因鄂圖曼帝國從陸海夾攻所逼，逐漸失去陸上的據點。

為對抗威尼斯，巴耶濟德二世大幅提升了鄂圖曼的海軍戰力，這是他在位期間的一大進步。十五世紀末，大西洋進入大航海時代，葡萄牙及西班牙的大型船艦開始航向遠洋。在地中海，單層甲板大帆船也獲得改良，可以隨船搭載大砲等火器。這個時期，鄂圖曼帝國海軍亦不落人後，緊追著當時歐洲諸國海軍，不時革新技術，在對抗威尼斯的戰爭中，不斷派出最新戰艦，因此也才有了戰勝威尼斯的可能。

鄂圖曼帝國的成功來自他們在這個戰爭技術革新期的時代中，積極地從義大利及其他歐洲各地招募技師為其所用。在這些技師裡，包含曾在「收復失地運動」（Reconquista）後的混亂中被迫離開西班牙的猶太教徒。這群精通西班牙語的猶太教徒於一四九〇年代成為伊斯坦堡的新住民，五百年後的今日，他們的後代依舊在當地生活著。同樣在地中海一帶出沒的海賊，有些加入鄂圖曼的海軍並獲得重用。對於原本就具有多種「民族」結構的鄂圖曼帝國來說，只要是有利國家發展的人才，國門隨時敞開迎接，不會因戒備而拒人於門外。對於那些居無定所而四處謀生的技師及軍人來說，前往鄂圖曼帝國無疑是個扭轉人生的好機會。

◎安那托利亞東部情勢與薩法維朝

巴耶濟德二世時期的另一個特徵是，伊斯蘭教的文化傳統開始在高層之間逐步滲透。在安那托利亞的阿馬斯雅（Amasya）度過王儲時期的巴耶濟德二世十分傾慕伊朗或中亞等地洗鍊的伊斯蘭傳統，宮廷上下愛好伊斯蘭神祕主義思想、韻文詩以及從伊朗傳入的史書和文學作品。有別於其父梅赫梅德二世，巴耶濟德二世的宮廷有著更濃厚的東方風格。

同一時期，東方的薩法維朝正逐漸崛起。薩法維朝提倡什葉派信仰，正面挑戰鄂圖曼帝國對安那托利亞的統治權。鄂圖曼帝國雖然鞏固了大半巴爾幹的統治權，並強化海軍戰力、航向西方擴展海洋勢力，但原屬突厥裔遊牧民世界的安那托利亞中部的直接管理，是在梅赫梅德二世時才達成，至於安那托利亞的東部及南部則依舊在鄂圖曼統治範圍之外，或只能間接統治。

與馬木路克朝抗爭時，鄂圖曼帝國不時暴露其對安那托利亞支配上的弱點。在巴爾幹茁壯成長並逐步統整集權體制的鄂圖曼帝國，對安那托利亞遊牧部族來說，是一個外來的統治者。遊牧部族騎士原隸屬於剛被滅國不久的舊突厥裔諸公國，雖然為鄂圖曼帝國所任用，賜予分封，但他們只要一有機可乘，無不欲擺脫帝國的約束，尋找更自由的立足之地。於是，這群人成為薩法維朝宣傳教義的對象。傳教行動想必打動了逃亡騎士們，但與其說他們是受到什葉派教義的感化，不如說是因為那份遊牧民族相近的價值觀，以及對部族血統與部族成員之間的平等，更加觸動了騎士們的內心深處。追根究柢，他們純粹就是對伊斯坦堡中央集權的態度心生「反感」。

薩法維教團興起於裏海南岸的阿爾達比勒（Ardabil），遷居安那托利亞東部以後，積極向安那托利亞及伊朗地區的遊牧民傳教，主張極端的什葉派教義。成為薩法維當家的伊斯邁爾（Ismail），自稱是先知穆罕默德女婿、什葉派的第一代伊瑪目（imam）阿里（Ali）再世，有時甚至自稱阿拉真主。伊斯邁爾於一五〇一年殲滅白羊王朝奪下大布里士後，在很短的時間內掌控了伊朗高原，爾後更進一步攻打伊拉克，於一五〇八年奪下巴格達。追隨伊斯邁爾的薩法維教團員遊牧民因頭戴紅色毯帽、外圍纏繞著白色頭巾，而被稱為紅帽軍（Qizilbash），土耳其語意指「紅頭巾」。

伊斯邁爾自稱真主，讚頌為神而戰，充滿神祕主義和情感飽滿的詩歌，這些詩歌在安那托利亞遊牧民之間傳播，替伊斯邁爾招募了眾多的擁護者。紅帽軍多數來自安那托利亞，如今他們儼然成為伊朗的統治者。安那托利亞的遊牧民不可能對眼前的騷動無動於衷。當時在特拉布宗（Trabzon）任職的謝利姆王子，對於眼前的情況便焦躁不安，但其父巴耶濟德二世卻沒有及時做出有效的對策，反而靜觀其變。巴耶濟德二世的態度，或許是因為上了年紀所致，也可能是他也對神祕主義心生嚮往之故。然而在一五一一年時，伊斯邁爾的擁護者在安那托利亞西部特克（Teke）發起叛亂，事態嚴峻。

◎謝利姆王子的政變與掌權

在安那托利亞西部發動叛亂的主謀，是安那托利亞小規模的在地神祕主義教團首長，人稱「沙庫魯」（Şahkulu）的人物。沙庫魯意指波斯王（沙阿）伊斯邁爾的僕人。他在紀念伊瑪目阿里之子胡賽因（Hussein）殉難的阿舒拉節（Ashura）當天發動叛變，北上從庫塔雅逼近布爾沙，來勢洶洶。對現況心懷不滿的人紛紛加入叛亂隊伍，他們的行為雖然像是一群暴徒，卻大破科爾庫特（Korkut）王子的軍隊，令帝國陷入一片混亂。直到巴耶濟德二世另外派遣阿何密（Ahmed，又譯「艾哈邁德」）王子帶兵前往支援後，才終於鎮壓沙庫魯之亂，但在鎮壓過程中大宰相戰死，鄂圖曼付出的代價頗大。在這次叛亂的期間，爭奪王位的科爾庫特與阿何密都失去了新軍的信賴，這反而造成另一名王子謝利姆的人氣水漲船高。

如前文提及，鄂圖曼蘇丹即位後誅殺兄弟已成慣例，會成為慣例是因為每位王子都致力以縣的軍政官身分，積極累積行政與指揮軍事的經驗，為爭取王位做足準備，並在這個過程中，爭先恐後地建立軍功展現才能，並竭盡所能在伊斯坦堡的政治權勢中尋求支持者。身為人父的蘇丹，可將自己意屬的繼任候選人任命為伊斯坦堡近郊的縣軍政官，對外展現王子在繼承王位上的候補優先順序。最先進入伊斯坦堡的王子將繼承王位。但這些都是蘇丹駕崩以後的事，最終只有在伊斯坦堡獲得廣大支持的候位王子才有即位的機會。於是新軍等首都的常備軍勢力，便在蘇丹王位爭奪中發揮重要的作用。

時值其他二位王子正忙於應對沙庫魯叛亂之際，三位王子中最年幼的謝利姆在這個時間點繼位的機會最為渺茫，所以他決定放手一搏，離開偏遠的任職地點特拉布宗，公開反抗父親的命令，要求調任至鄰近伊斯坦堡的巴爾幹地區。然而，這次政變以失敗告終，謝利姆暫時撤退至克里米亞半島的卡法（Kaffa；現為費奧多西亞〔Feodosia〕）。其父巴耶濟德二世表態支持阿何密。但在阿何密鎮壓沙庫魯叛亂之後，反而率軍直朝伊斯坦堡前進，逼迫巴耶濟德二世讓位，卻遭新軍阻擋在城外，甚至無法橫渡博斯普魯斯海峽，只得退回安那托利亞。盤據克里米亞的謝利姆再次脅迫巴耶濟德二世讓位，並於一五一二年四月十九日登上蘇丹寶座。謝利姆一世得以確立登基，應是受到新軍擁護之故。

不久之後，巴耶濟德二世駕崩（六月十日），有傳聞是遭謝利姆一世毒殺，但沒有確鑿的證據。即位後的謝利姆一世於翌年帶兵擊潰兩位兄長，將他倆處以絞刑。兩位兄長的孩子，凡是留在鄂圖曼境內者無一倖免。這種誅殺手足的習慣，使鄂圖曼帝國在王位爭奪戰中喪失了許多的皇族血脈。

謝利姆一世的大征服

◎發兵薩法維朝

謝利姆一世在這混亂與滿是血腥的情況下即位，也因為如此，讓謝利姆一世日後被冠上「亞武茲」（Yavus；冷酷者）的封號。但若是我們冷靜分析後不難發現，謝利姆一世決斷的舉措雖

謝利姆一世

然殘酷，但從結果來看，卻有效地阻止了鄂圖曼帝國分裂的可能。

謝利姆一世登基後，首要採取的行動是舉兵攻打薩法維朝。這並不是為了擴大版圖的對外遠征，而是為了解決安那托利亞這塊已是鄂圖曼領土的國內問題所採取的行動。在與謝利姆鬥爭中處於劣勢的阿何密向伊斯邁爾求助，於是薩法維朝的部隊於一五一二年三月襲擊安那托利亞中部的托卡特（Tokat）。阿何密雖於一五一三年被殺，但其子穆拉德以紅帽軍身分加入伊斯邁爾陣營。誠如沙庫魯之亂中所見，對伊斯邁爾的支持已經廣泛滲透至安那托利亞的突厥裔遊牧民之間，這股力量一旦與鄂圖曼皇族結合，即可能導致帝國分裂，更別提安那托利亞十分有可能被薩法維占領。

曾任東部特拉布宗縣軍政官的謝利姆一世自然深知箇中危險，估計他在登基前便已決定要斷絕薩法維朝的影響力。於是，謝利姆一世即位後，首先與匈牙利各國握手言和，避免背後遭遇突襲的危險，然後命安那托利亞各地展開調查，呈報伊斯邁爾的擁護者，遭舉報人士多數被拘禁囹圄或受處刑，更有傳聞遇害人數高達四萬人之多。這項調查之所以成功，想必是因為這群極有可能加入紅帽軍的伊斯邁爾擁護者不曾去遮掩他們的身分。

謝利姆一世以強硬手段排除眼前的危機後開始向東遠征。出征前，謝利姆一世先向伊斯蘭教指導高層取得「撻伐異端紅帽軍是為聖戰」的合法裁決，對外展現穆斯林彼此交戰的正當性。雖然截至那時為止，鄂圖曼帝國早已在安那托利亞與穆斯林諸國對戰多次，但是面對積極傳教的薩法維朝，為了與之抗衡，也必須以遜尼派伊斯蘭國家的姿態據理而爭。但事實上，當時鄂圖曼帝國才剛接受伊斯蘭教正統遜尼派不久，卻因為伊斯邁爾的挑釁而促使遜尼派在帝國中站穩腳步。

◎查爾德蘭之戰

一五一四年春天，謝利姆一世軍隊從伊斯坦堡出發，向東行進。據悉他們所經的道路早已被杜卡迪爾公國破壞殆盡。路況難行加上糧草不足，新軍們怨聲載道，但蘇丹展現強硬態度，處決了帶頭反抗的人。

然而在鄂圖曼軍隊深入薩法維朝的領地後，敵人的軍隊卻不見蹤跡，伊斯邁爾想藉此拖垮鄂圖曼的戰力。最終於八月二十三日，雙方各率約十萬大

查爾德蘭戰役

軍，在鄰近凡湖的查爾德蘭平原展開對決。鄂圖曼軍隊面對攻勢猛烈的紅帽軍騎兵，先假裝撤兵，誘敵深入，再以大砲狙擊。鄂圖曼軍的作戰手法雖然在右翼大獲成功，左翼卻出現混亂而敗退，死傷慘重。兩軍軍隊都有許多突厥騎兵，鄂圖曼西帕希騎兵隊裡的騎兵，更是極有可能隨時倒戈投靠薩法維朝的牆頭草。此等不利的情勢若持續下去，難保鄂圖曼不會重蹈安卡拉戰役的覆轍。

然而，這場戰役的勝敗關鍵，最終取決於鄂圖曼帝國的火器威力。新軍的彈藥部隊一投入戰局後，形勢瞬間倒向鄂圖曼一方。伊斯邁爾本人也因負傷而撤退，薩法維朝軍隊戰敗。

據說，火器中以能夠移動且可以輕鬆切換攻擊方向的榴彈砲發揮了巨大威力。儘管行軍距離長達二千五百公里，深知榴彈砲功效的謝利姆一世，仍然隨軍搬運多台大砲出征。更別提新軍的步槍遠遠勝過薩法維軍中騎兵們的刀、箭了。

謝利姆一世的軍隊緊追在竄逃的薩法維軍之後，於九月進入大布里士，在那裡停留九天，掠奪了無數伊朗的寶物作為戰利品，並將優秀的工匠帶回伊斯坦堡。

原本，謝利姆一世預計隨軍在亞塞拜然過冬，待春天繼續追捕伊斯邁爾，估計他是想就此終結薩法維朝的氣脈。但鄂圖曼帝國的征戰，基本上是春季集結隊伍，夏季出征，並於秋季歸來，軍隊本營從未帶著如此龐大的人數在敵對陣地紮營過冬。因此新軍極力反對在亞塞拜然駐營的決定，甚至不惜群起造反。最後謝利姆一世不敵軍隊中的反對意見，只得班師返回阿馬斯雅。這次撤軍使得亞塞拜然及安那托利亞東部依舊落在薩法維朝的掌控之下。

◎攻占安那托利亞東南方

鄂圖曼軍隊在查爾德蘭戰役的勝利，對於薩法維朝前不久剛從白羊汗國手中奪得安那托利亞東南地區的歸屬，有著深遠影響。翌年一五一五年，謝利姆一世再度從阿馬斯雅出發，三月攻下鄰近艾爾金占的克馬城（Kemah），撤除薩法維朝的據點後，整隊向安那托利亞東南前進，直搗當地的要衝阿米德（Amed；迪雅巴克〔Diyarbakır〕的舊稱），並於一五一五年九月征服該地。

安那托利亞東南地區至伊拉克北部的山岳地帶，為庫德族部落族長的勢力範圍。雖然他們歷來臣服於白羊王朝或薩法維朝，但鄂圖曼帝國利用熟知本地情勢的舊白羊王朝官僚伊德里斯・比特里西（Idris Bitlisi）等人，向庫德族施以懷柔手段。於是，大多數的庫德族部落族長在維持世襲權力的條件下，向鄂圖曼帝國稱臣，協助其對抗薩法維朝的戰爭。

謝利姆一世的下一個目標指向安那托利亞南方。當時，杜卡迪爾公國及拉馬贊公國是該地僅存、投靠馬木路克朝的國家。拉馬贊公國很快就投降於謝利姆一世，杜卡迪爾公國則起身反擊。杜卡迪爾的君主阿拉烏道拉（Alaüddevle）在輩分上為謝利姆一世母親家系那邊的祖父輩，曾拒絕參加前年的薩法維朝遠征。謝利姆一世最大的隱憂便是薩法維朝與馬木路克朝聯手合作，而且雙方實際上也確實朝這個方向展開行動。杜卡迪爾公國占領從托魯斯山脈（Toros Daglari）到丘克羅瓦（Çukurova）平原一帶，為重要的交通幹道。

謝利姆一世攻打杜卡迪爾公國，並在一五一五年六月擊潰阿拉烏道拉，安那托利亞最後的公國杜卡迪爾公國終告滅亡。據傳，阿拉烏道拉的頭顱曾被送到馬木路克朝蘇丹跟前，此點透露出謝利姆一世會出兵攻打杜卡迪爾公國，完全是出自對馬木路克朝的警戒之心。

阿拉烏道拉的姪子阿里臣服於鄂圖曼，被任命為舊杜卡迪爾公國地方的軍政官。此項安排顯示出，鄂圖曼正階段性地將安那托利亞南方的新征服地納入管制下。對於安那托利亞東

謝利姆一世的征服

南地區庫德族部族族長諸侯的領地，鄂圖曼也以同樣的手法，先讓既有的當地勢力臣服在自己的掌控下，再慢慢發展為直接統治。

◎征戰馬木路克朝

在短暫回到伊斯坦堡後，謝利姆一世於一五一六年再次發兵遠征。他這次出兵攻擊的目標，是原本就設定為馬木路克朝，抑或是原欲征討薩法維朝的伊斯邁爾、卻在行軍途中改變想法轉向南行，已不可考。不過可以肯定的是，攻打馬木路克朝，將有利於鄂圖曼在對抗薩法維朝戰況中的發展。討伐馬木路克朝，不僅可以阻絕馬、薩兩國的同盟關係，更能有效打擊薩法維朝的經濟。

謝利姆一世曾採取經濟制裁，作為對抗薩法維朝的戰略之一，他的實際行動是中斷伊朗主要輸出產品的絹絲交易。伊朗產的生絲通常會集中到布爾沙，直接以生絲或加工成絲織品，透過義大利商人輸出至歐洲大陸。伊朗生絲的質地優異，可以賣出好價錢，為伊朗帶來莫大的經濟利益。為了阻擾絹絲買賣，謝利姆一世將布爾沙城內的伊朗商人全數監禁，並焚燒伊朗產絹絲，下令嚴禁與伊朗商人通商。

但在布爾沙被迫禁止絹絲買賣時，伊朗生絲卻開始流向阿勒坡，因為當時大布里士與阿勒坡之間還留有一條貿易通路。想來謝利姆一世於一五一六年春天，從伊斯坦堡出發時，早已萌生搶奪馬木路克朝統治下的阿勒坡，以斷絕他們與伊朗貿易管道的想法。

「協助異端，同屬異端；與異端之戰，謂為聖戰。」這是謝利姆一世出兵征討馬木路克朝之前，從伊斯蘭教指導高層取得的合法裁決。和身為麥加、麥地那的守護者，又同為遜尼派的馬木路克朝作戰，必須比和薩法維交戰更加謹慎，需要能提出正當的出兵依據。於是，謝利姆一世藉由出示手中的合法裁決，據以發兵敘利亞。

一五一六年八月，謝利姆一世與馬木路克軍在阿勒坡近郊首次交戰，經過一小時激烈的戰鬥後，鄂圖曼軍隊取得壓倒性獲勝。埃及編年史雖然嚴厲批判鄂圖曼軍隊「極為卑鄙地」使用大砲與步槍等兵器，但兩國的軍事實力確實不可同日而語。馬木路克朝的阿勒坡太守海爾・貝伊（Hayır Bey）倒戈投向鄂圖曼（據說早有暗中勾結），不久後任職阿勒坡的縣軍政官。馬木路克的老蘇丹坎蘇・高里（Kansu Gavri）雖然親自出征，卻在兵敗後死於逃亡途中。謝利姆一世軍隊進一步挺進大馬士革，在未受到太大的反抗下，便收服了整座城市。在烏瑪雅清真寺（Umayyad Mosque），謝利姆一世之名以君主之尊昭示天下，敘利亞地區終究成為了鄂圖曼帝國的領地。

秋天悄然到來，這一年的遠征季節已然結束，但謝利姆一世仍執意繼續遠征，進逼開羅。抵達開羅近郊的鄂圖曼軍隊在北部的里達尼亞（Ridaniya）攻克馬木路克朝新登基的末代蘇丹圖曼貝（Tumanbay II）親率的軍隊，並於一五一七年一月攻進開羅城。但鄂圖曼耗費了二個月才算完全平定開羅，因馬木路克人在此發揮地主優勢，堅決進行抗戰。鄂圖曼軍在三月底（亦有人稱四月中旬）捕獲蘇丹圖曼貝，並隨即處死他。馬木路克朝至此滅亡，鄂圖曼帝國成為埃及、敘利亞以及早先受馬木路克朝保護的麥加、麥地那的統治者。

◎征服埃及的影響

戰勝後，謝利姆一世駐留開羅數月。雖然從對抗薩法維朝的遠征開始，新軍將士便無一刻不想早日歸鄉，但此時他們卻未吐半句怨言，選擇與謝利姆一世一同駐守埃及。這段期間，謝利姆一世要求下屬檢視阿拉伯的社會架構，思考如何在此地推行鄂圖曼帝國的各項施政方針。和其他地區一樣，謝利姆一世在敘利亞與埃及啟

謝利姆一世遠征埃及

用了許多舊馬木路克朝的統治高層，在當地擔任帝國的管理成員。原阿勒坡太守海爾・貝伊也被調至埃及，成為第一任州軍政官。

總是馳騁沙場的蘇丹破例長期居留開羅一事，著實讓人印象深刻。綜觀埃及歷史，他們對外來統治者向來極具包容，而且最終都能促使他們融入埃及社會（埃及化）；從這點來看，征服者謝利姆一世應該也不例外地深受當地文化傳統所吸引吧！

鄂圖曼帝國在這場征服中，成為包括埃及在內的阿拉伯世界的統治者，與此同時，從那一天起也必須長期背負治理埃及和伊斯蘭聖地的重擔。鄂圖曼帝國雖然成為伊斯蘭世界的「守護者」，至於它是否有確切貫徹其使命，則必須由受宗教學者引導的民眾來評判。這種伊斯蘭社會獨有的「正義」感，自此以後也流傳到鄂圖曼帝國內。征服埃及成為以巴爾幹國家身分起家的鄂圖曼帝國，正是加深其「伊斯蘭化」的重大轉機。

1 此時首都之名多沿用舊名「君士坦丁堡」。本書為方便讀者理解，在鄂圖曼帝國攻克君士坦丁堡之後，便改稱為伊斯坦堡。

第四章 蘇雷曼一世時期（一五二〇～一五六〇年）

蘇雷曼一世的雕版畫肖像　畫中的蘇雷曼一世頭戴從威尼斯獲得的頭盔，頭盔上有四重皇冠，比羅馬教皇的三重冕還要多一重，象徵著他的權勢超群。

「蘇雷曼大帝」盛世的開始

◎鄂圖曼帝國史上的蘇雷曼

謝利姆一世在位八年，他以排山倒海之勢開拓疆土，使帝國面積擴大了一倍，繼承其位的蘇雷曼一世於一五二〇年登基，成為鄂圖曼史上鼎鼎大名的蘇丹。

鄂圖曼史之所以將蘇雷曼一世做為代表，一是他親率鄂圖曼大軍圍攻維也納的戰績讓人印象深刻，也因此蘇雷曼在歐洲享有大帝（the Magnificent）的名聲。其次大概是因為他的愛妃——許蕾姆（Hürrem）以「羅莎蘭」（Roxolana）之名在歐洲聲名遠播所致。

面對鄂圖曼帝國的威脅，蘇雷曼大帝之名令歐洲人聞風喪膽，無不懼怕他的寶劍會突然刺穿自己的咽喉。另一方面，謠傳他受基督教徒女奴羅莎蘭所操縱。於是，蘇雷曼一世的豐功偉業，加上後宮豔史的傳聞，讓歐洲人忍不住對蘇雷曼時代泛起天馬行空的幻想也是人之常情。

蘇雷曼一世

蘇雷曼一世所締造的雄圖大業象徵著帝國的盛世，而他與王妃許蕾姆的宮闈祕聞，則象徵帝國開始走向沒落。蘇雷曼時代在登峰造極之時，也勢必要面臨在登頂之後，如影隨形的漫長下行坡道。這種看法，多半出自蘇雷曼一世留給世人的形象所致。

的確，蘇雷曼一世之治在鄂圖曼帝國史上為一個劃時代的新紀元，但言下之意，並不是指昌盛與衰退之間的交替轉換，而是指蘇雷曼一世立下了實際上從軍事國家轉型成為官僚國家的里程碑。換言之，蘇雷曼時代，從原本藉由軍人的奉獻而不斷擴大茁壯的軍事國家，成為停止擴大版圖，在有限的土地上藉由帝國統治階層的治理轉型為官僚國家。另外，帝國的治理特色在該國歷史的前半段為跨越宗教界線的統合，後半段則為全面推行伊斯蘭教的統治。我們無法就此斷言此乃前半段國勢興盛、後半段國力江河日下之因。將蘇雷曼時代視為鄂圖曼帝國鼎盛時期的理解，不過是從「對歐洲的威脅程度」的衡量標準，所得到的評價之一。

蘇雷曼一世得以開創新紀元，是因為他即位當下恰巧齊備下述二大條件。其一，蘇雷曼一世從謝利姆一世手中繼承的帝國，已是東西疆土幅員遼闊的大帝國，欲求進一步的擴張，有著實質上的難度。其次，蘇雷曼一世是麥加、麥地那守護者之中首位登上帝王殿堂的君主。這兩項客觀事實，在蘇雷曼一世的四十六年執政期間，慢慢展現出其中所具備的意義，並帶領蘇雷曼一世以後的帝國迎向「新時代」。

◎任用伊柏拉罕

蘇雷曼一世的父親謝利姆一世在位八年，大半在遠征東方中度過，伊斯坦堡的王座上經常空蕩無主。這段期間，蘇雷曼雖然任職馬尼薩（Manisa）的縣軍政官，卻是眾人一致認同的儲君人選，為了防備西方世界趁蘇丹遠征而伺機發動攻擊，時常視情況所需，往返伊斯坦堡與愛第尼，以防萬一。謝利姆一世是否有其他王子詳情未明，但在歷史記錄上僅見蘇雷曼之名，所以一五二〇年謝利姆一世猝死時，並未引起太大混亂。

但蘇雷曼一世所處的內外局勢卻不若預期平穩。謝利姆一世猝死的前一年，安那托利亞中部親薩法維朝派的紅帽軍再次發動叛亂，餘波未平。同時，原為舊馬木路克朝軍人、但於日後受帝國啟用的大馬士革縣軍政官為了讓敘利亞脫離鄂圖曼的屬地，利用蘇丹交替的大好時機起兵造反。這場叛亂雖然不久後即被平定，但年輕蘇丹當時的地位還稱不上穩固。

在如此動盪不安的情勢下，蘇雷曼一世將王子時期在馬尼薩任職時即十分寵信的寵臣伊柏拉罕（Pargalı İbrahim Paşa）帶入宮中，任命為宮廷內侍長，並於一五二二年的羅德島征服之後提拔為大宰相，當時伊柏拉罕年僅三十歲左右。自此數十年間，只要是蘇雷曼一世成功的背後，必定有伊柏拉罕的身影存在。伊柏拉罕之妻為蘇雷曼一世胞妹，即謝利姆一世之女哈提潔（Hatice Sultan）。

然而，伊柏拉罕並非只是幕後推手，而是以極為傑出的大宰相身分，光明正大地站在政治的幕前，揮舞著指揮棒。就如當時伊柏拉罕的綽號——馬可孛（Makbul；「摯愛」之意）所明示，他與蘇雷曼一世之間存有戀愛關係應是無庸置疑的事實。關於同性戀情的部分容後再述，不過，在鄂圖曼帝國高層之間，這種同性間的戀愛情誼與關係十分尋常，稱不上特別。特別的是，曾為寵臣的伊柏拉罕才華出眾，在政治舞台上表現出色，終致引來旁人眼紅，許多的忌妒與猜忌最終將其導向失勢甚至被殺害的結局。

◎宮廷內侍——從前朝權貴轉為少年充軍

伊柏拉罕的來歷不明，有人說他是亞得里亞海沿岸帕爾加（Parga）城裡威尼斯人的僑民後代，也有人說他生於克里米亞。而伊柏拉罕成為蘇雷曼內侍的過程也像一團迷霧，有的說他是透過少年充軍入宮，有的說他是遭海盜綁架而被賣入宮。總之，能夠肯定的事實只有兩件：一是伊柏拉罕是不具任何特殊身分的基督教徒之子；二是他在內侍時期即受蘇雷曼一世提拔，成為政治中心舉足輕重的重要人物。

誠如前述，自十五世紀以來，鄂圖曼帝國宮中有不少大宰相出自宮廷內侍。在梅赫梅德二世及巴耶濟德二世的宮殿裡，內侍多半為巴爾幹前朝的權貴子弟。但到了十六世紀，採用前朝權貴子弟的過程已告一段落，宮中內侍的出身來歷變得更加多元。所以理論上，牧羊人之子也有機會透過少年充軍進入宮廷，於日後登上權力頂峰。

哈布斯堡家族駐鄂圖曼大使的布斯貝克（Ogier Ghiselin de Busbecq）在一封書信中寫道（一五五五年）：

> 在鄂圖曼，所有人都可以透過自身的努力，實現與生俱有的天職，體現人生的幸福。放牧人或牧人之子，也有可能成為蘇丹身邊一人之下的最高權貴。他們不以出身為恥，反而引以為傲。他們從祖先或家世門第所繼承下來的東西愈少，愈是對自己的成就感到自豪。

布斯貝克本身為貴族庶出，故也是飽經風霜。對照下，他不禁感嘆鄂圖曼帝國的子民是何其幸福。

但隨著王公貴族的身分（或是進宮前所受的教育）對受宮廷教育的內侍而言不具任何保障意義以後，他們的提拔和晉升基準愈發趨向「以人為本」。雖然這種以人為本的提拔方式，可以激發這群未來菁英發揮長才的動力，但同時也強烈地反映出蘇丹不時按個人意見恣意妄為的結果。

雖然人人常以寬容公正稱讚蘇雷曼一世的人品美德，但他在破例提拔伊柏拉罕這件事上，卻又展現出異樣的執著愛戀。蘇雷曼一世的愛情，在執政的前半段傾注在寵臣伊柏拉罕身上，後半段則獻給愛妃許蕾姆。蘇雷曼一世對愛情的偏執程度，已經超乎世俗的習慣與常識。

有別於事事自己做主，不找人商量的父親謝利姆一世，蘇雷曼一世時常聽取身邊人的意見，並在他們的影響下行動。這既是一項美德，但同時也是他的弱點。雖然，身為鄂圖曼帝國一代明君的他不斷受後世讚揚、美化，但那充滿人性七情六慾的一面卻是自生前便時而受萬民擁戴，時而備受輿論批判。

◎伊柏拉罕與埃及

伊柏拉罕晉升大宰相後的第一項成就，是促使埃及統治漸入佳境。埃及自一五二二年海爾．貝伊死後，緊接著發生舊馬木路克朝軍人的叛變，混亂的局勢持續了好一陣子。此外，鄂圖曼帝國為了平息叛亂，派遣極具威望的將領阿何密（Hain Ahmed Paşa）以州軍政官身分帶兵前往，然而阿何密卻在當地兵變，於一五二四年逕自宣告脫離伊斯坦堡獨立。若非半路殺出伊柏拉罕這個程咬金，身為高階軍人政治家的阿何密，會是大宰相的第一人選。從阿何密自願任職埃及州軍政官一事來看，或許是一開始便預謀造反。不過，這場兵變在短時間內便遭鎮壓。

翌年，伊柏拉罕奉命前往埃及收拾殘局。伊柏拉罕重啟調查馬木路克朝的國家政務，編訂新制的地方法令，再次施展鄂圖曼帝國的統治手法（一五二五年）。伊柏拉罕透過卓越的行政能力，重整埃及，撥亂興治，鄂圖曼帝國對埃及的治理終於步上軌道。

爾後，伊柏拉罕相繼於一五二六、一五二七年平定安那托利亞南部的暴動，再次立下汗馬功勞。這些叛亂雖如以往一樣，是親薩法維朝派的紅帽軍帶頭策劃，然而其中亦有不少舊杜卡迪爾公國軍人參與其中，這是因為前年鄂圖曼廢除對舊杜卡迪爾公國君主的間接支配，將安那托利亞南部劃入直接管轄所引起的反彈。伊柏拉罕採取懷柔手段，賦予後者——也就是那些舊杜卡迪爾公國軍人中的抗議分子——分封，順利平定了這場叛亂。

對鄂圖曼帝國這個已經邁進國家結構複雜的大帝國而言，超凡的行政能力逐漸成為領導高層的必備資質。尤其是地方首長，若是只懂得在戰場上發號司令，早已無法勝任。伊柏拉罕可說是具備了符合當時代所需才智的軍人政治家。

與歐洲諸國的海陸爭霸戰

◎攻占貝爾格勒與羅德島

蘇雷曼一世執政的前半期構思了各種征討歐洲的積極戰略。拜其父謝利姆一世所賜，鄂圖曼帝國的疆域已經遠遠超出多瑙河至幼發拉底河的帝國「本土」，擴大至阿拉伯地區，但在歐洲方面仍遺留下一些待解決的課題。由於原位在緩衝地帶的國家勢力幾乎已遭鄂圖曼帝國驅逐掃蕩，因此鄂圖曼帝國接下來的搏鬥，便是直接與這些勢力背後的匈牙利對決，更進一步是對上當時歐洲的主要勢力——哈布斯堡家族。

決戰的時機很快就來造訪。匈牙利雅蓋隆（Jagiellonian）王家對鄂圖曼帝國納貢一事，遠從巴耶濟德二世開始一直持續到謝利姆一世已歷兩代，但是一五一六年即位的拉約什二世

羅德島之役

（II. Lajos）拒絕更新和約，改變態度對抗鄂圖曼帝國。或許他將年輕蘇雷曼的登基，視為不容錯失的良機。登基大典之上，晉見過蘇丹的威尼斯使節將蘇雷曼一世描述成個性十分溫和之人。不久，這些陳述立即傳遍四周諸國。

對於匈牙利的反抗，蘇雷曼一世沒有放任不管，並將第一次遠征指向匈牙利王國，目標鎖定匈牙利邊防軍駐守的貝爾格勒。經過兩個月的圍攻，一五二一年八月二十九日，蘇雷曼一世攻陷以易守難攻著稱的多瑙河要衝貝爾格勒，並以多瑙河以北那片廣大的匈牙利領土為下一個目標。

但在翌年一五二二年的夏季，蘇雷曼一世卻將遠征目標轉向聖若翰騎士團的羅德島，而非匈牙利。自巴耶濟德二世以來投入心血增強海軍戰力的成果，讓蘇雷曼一世得以在這場戰役中動員二百三十五艘艦隊，實施大規模的海上攻防。羅德島鄰近安那托利亞沿岸，聖若翰騎士團以此為基地，在東地中海四處騷擾掠奪，更不時突襲前往麥加朝聖的隊伍船隻。這種行為，身為麥加與麥地那統治者的蘇丹不可能置之不理。歷經五個月激戰，終於制伏騎士團，同年十二月羅德島淪陷，騎士團於翌年一月撤離島上。

貝爾格勒與羅德島都是人稱「征服之父」的曾祖父梅赫梅德二世生前未能攻破的要塞。正因如此，對剛繼位不久的蘇雷曼一世來說，接連取得攻克兩地的成就，大大助長了他的威名。據說，這兩場戰役的安排都是出自伊柏拉罕的提議。

◎匈牙利的攻防——圍攻維也納

奪得貝爾格勒後，蘇雷曼一世在一五二六年以此為據點，揮兵匈牙利。橫越多瑙河中部流域的濕地時，在莫哈赤（Mohács）平原與匈牙利軍對峙。這場戰役的結果對日後的局勢影響甚大，戰鬥本身歷時極短，鄂圖曼軍取得壓倒性勝利，拉約什二世戰死。蘇雷曼一世進一步向匈牙利的首都布達（Buda）發動攻擊。

後繼無人的拉約什二世突然戰死，令匈牙利當局陷入一片混亂。此時，與拉約什二世胞妹結婚的哈布斯堡

莫哈赤之役

家族奧地利王費迪南（Ferdinand），主張對匈牙利行使主權。於此同時，匈牙利貴族推舉薩普雅・亞諾什（Szapolyai János）繼承王位，並獲得鄂圖曼帝國的暗中支持。

費迪南為神聖羅馬皇帝查理五世（Charles V）的胞弟。在爭奪匈牙利王位的對立中，鄂圖曼帝國終於與哈布斯堡家族正面對峙。這場對立促使蘇雷曼一世日後與查理五世的另一名強勁敵手——法王弗朗索瓦一世（François I）結盟，發展出鄂圖曼帝國與法軍聯手在海陸共同作戰的新局面。面對十六世紀歐洲國家間的霸權爭奪，鄂圖曼帝國以強而有力的行動者姿態加入戰局。

想要在瞬息萬變的歐洲政局中有所作為，資訊掌控與對外交涉的重要性自不待言。伊柏拉罕在鄂圖曼帝國外交上的表現也是可圈可點。據曾與伊柏拉罕會面的歐洲使節描述，他對歐洲情勢的掌握十分透徹。

為了穩定帝國在匈牙利親鄂的薩普雅・亞諾什政權，一五二九年蘇雷曼一世再次遠征匈牙利。首先奪回被費迪南侵占的布達，接

著挺進費迪南統治下的奧地利首都維也納，進行圍攻。然而這場圍城失敗，鄂圖曼軍於十月十四日放棄包圍戰，班師撤回伊斯坦堡。

一五三二年，因為費迪南仍不放棄主張他對全匈牙利王位的權力，蘇雷曼一世再度將遠征目標直指維也納。第二次的遠征同樣也只攻下距離維也納八十公里遠的南方城鎮，便停滯不前，未能奪得維也納。然而，鄂圖曼軍如

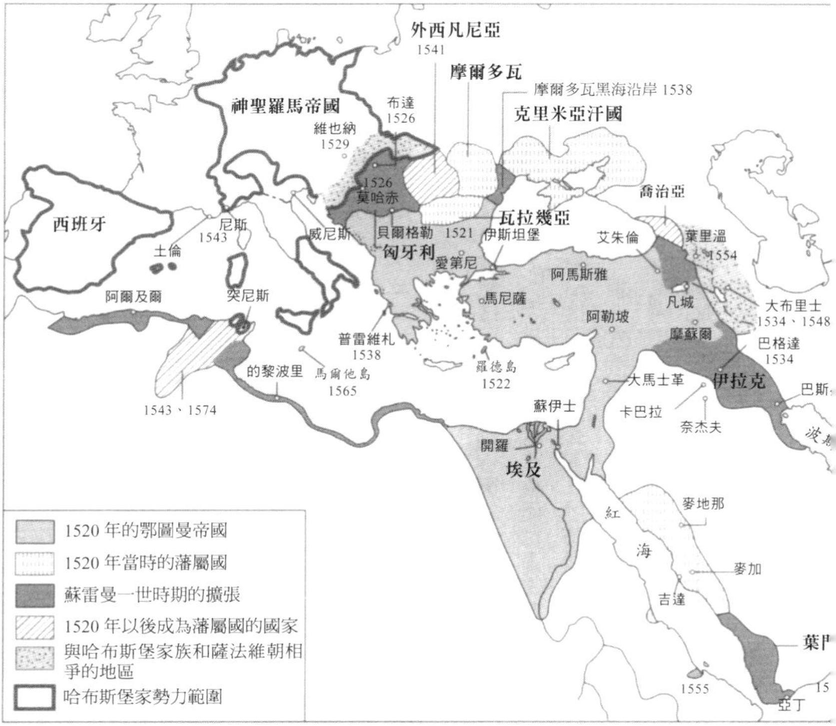

蘇雷曼一世時期的鄂圖曼帝國　城市名一旁的年號表示蘇雷曼一世遠征年分。

此大陣仗地數次進軍歐洲中心地帶，力挫哈布斯堡家族企圖影響巴爾幹的野心，並開啟了締結和約之路。一五三三年，鄂圖曼帝國與哈布斯堡家族簽訂和約，以費迪南占領匈牙利北部與西部、薩普雅．亞諾什占據中部與南部的條件達成協議，且雙方政權必須分別對鄂圖曼帝國上繳貢金，匈牙利自此一分為二。

◎直接統治匈牙利

雖然巴爾幹的情勢是以匈牙利為軸心開始轉動，不過，位於匈牙利東方的附庸國摩爾多瓦的舉動，也是帝國關切的目標。一五三八年，蘇雷曼一世懷疑摩爾多瓦與哈布斯堡家族簽訂祕密協定，因此遠征摩爾多瓦。除了凱旋而歸，還將其黑海沿岸地區直接劃入直轄地。從此，摩爾多瓦的支配權只限內陸。從鄂圖曼的角度來看，此舉解除了帝國與克里米亞汗國之間陸上往來交通的威脅。誠如前述，藩屬克里米亞汗國的騎兵軍在鄂圖曼帝國於巴爾幹的戰役中已變得不可或缺。

一五四一年，薩普雅．亞諾什一死，哈布斯堡家族與鄂圖曼帝國於一五三三年締結的和約便告破裂，事端的源起是由於薩普雅之子尚未出生（其妻懷孕中），費迪南主張繼承而攻占布達。蘇雷曼一世決意遠征匈牙利，並再次征服此地，併外西凡尼亞為藩屬，將匈牙利南部設為布汀州（Budin），劃為帝國直轄地。布汀州不久便展開稅收調查，制定地方法令集，實施分封制。自此，在之後的一百五十年間，匈牙利的主要地區都隸屬於鄂圖曼帝國直接統治。

在這之後，哈布斯堡與鄂圖曼帝國之間的海陸衝突不斷，直到一五四七年簽訂五年和約，費迪南每年進貢三萬金幣的貢金後，雙方才相互承認彼此在匈牙利上的統治權。

然而，統治匈牙利卻也使鄂圖曼帝國付出沉重的經濟代價。鄂圖曼帝國當初將此地界定為繳納貢金的藩屬國，執行間接統治，自有其道理。緩衝國的消失，亦加劇了對抗奧地利防衛的支出。原本，前進哈布斯堡家族領地的遠征，平時光從軍隊集結地點的愛第尼出發抵達國界，就必須耗上五十二天，而著名的一五二九年的圍攻維也納，更因為惡劣氣候不斷，鄂圖曼軍從伊斯坦堡出發，前後耗時了四個月之久才抵達布達。

而且，對版圖不斷擴張的鄂圖曼帝國來說，蘇丹每年領軍從首都出發的夏季遠征支出龐大，已重創帝國財政。於是，自從一五四〇年代於布汀州設置州軍政官以後，帝國與哈布斯堡家族之間的紛爭，多半是由布汀州軍政官指揮邊防軍與州內西帕希騎兵隊鎮壓牽制。如此，蘇雷曼一世後期的作戰手法也應時改變。

◎海雷丁和普雷維札海戰

就像前人稱霸巴爾幹半島一樣，蘇雷曼一世策劃的作戰目標是取得東地中海地區的霸權。為此，蘇雷曼採取的手段之一是命海盜海雷丁（Barbarossa Hayreddin）擔當鄂圖曼海軍提督，強化海軍戰力。海雷丁是有名的海盜頭子，以阿爾及爾（Algiers）為據點，於謝利姆一世時臣服於鄂圖曼帝國。

海雷丁出生於愛琴海的列斯伏斯（Lesvos；土耳其語為Midilli）島，與其兄奧魯奇（Oruç Reis）同為著名的海盜，橫行地中海，一五一六年以後成為阿爾及利亞領主。在面臨西班牙等大國艦隊進出地中海的那個年代，海雷丁選擇投靠鄂圖曼帝國，於一五一九年決定成為鄂圖曼帝國的附庸，謝利姆一世贈與二千兵力作為海雷丁的投誠回禮。

一五三四年，海雷丁擔任鄂圖曼海軍總督兼愛琴海諸島嶼的州軍政官，致力翻新鄂圖曼艦隊裝備，並親自掌握艦隊的指揮棒。最先攻下的突尼斯（Tunis）翌年被查理五世奪去（一五三五年），之後基於法國與鄂圖曼帝國的同盟關係，海雷丁帶領鄂圖曼艦隊攻打義大利本土，並藉機一步步征服威尼斯手中所剩的愛琴海諸島。威尼斯對海雷丁的猛烈攻勢倍感威脅，於是與哈布斯堡家族結盟，在安德烈亞．多里亞（Andrea Doria）的領導下，編制威尼斯西班牙聯合艦隊。一五三八年九月，這批聯軍於亞得里亞海沿岸的普雷維札（Preveza）海上，與鄂圖曼艦隊正面衝突。鄂圖曼海軍在這場海戰獲得壓倒性勝利，威尼斯不得不在一五四〇年與鄂圖曼帝國和談。

如此，鄂圖曼帝國奠定了其在愛琴海至亞得里亞海、並遠抵阿爾及利亞的地中海海域的優勢地位。尤其在東地中海域中不受鄂圖曼支配的，僅剩賽普勒斯島（Cyprus）、克里特島（Crete）、希俄斯島（Chios）這三座島嶼而已。此後，多年來本土為鄂圖曼領地、島嶼為威尼斯領地的二分法已然成為過去。

◎向西地中海擴展

鄂圖曼雖與威尼斯和談，但與哈布斯堡家族間的對立，仍圍繞著對匈牙利的爭奪，以往海上發展的形勢繼續上演。一五四三年，法國與鄂圖曼帝國的聯合作戰轉由海陸雙向包夾。

普雷維札海戰

海雷丁率領鄂圖曼艦隊攻打投靠哈布斯堡的尼斯。同年冬天，海雷丁的艦隊停泊法國土倫（Toulon）港並在此過冬。然而，鄂圖曼軍踏上法國本土的事實到底讓法王弗朗索瓦一世不安，進而與查理五世議和。因此，鄂圖曼海軍未對尼斯發動第二次攻擊，並於翌年春天班師回朝。於是，尼斯成為鄂圖曼軍攻進歐洲以來最西端的城市。

藉由海雷丁追隨鄂圖曼等機會，鄂圖曼帝國的支配緩慢地從埃及沿北非海岸線綿延至現在的阿爾及利亞等地區。神聖羅馬帝國皇帝查理五世繼推動「收復失地運動」，將穆斯林逐出伊比利半島後，不斷宣導「前進北非乃宗教使命」的口號，為了與之抗衡，當地勢力無不期待東方鄂圖曼帝國的救援。一五三五年襲擊突尼斯以及在一五四一年攻打阿爾及爾（後因暴風雨而失敗）等事件，都展現出查理五世攻占北非的野心。然而，這個時期，鄂圖曼帝國尚未將地中海南岸劃入「版圖」管制，僅主張宗主權，操控支配當地實際領導人的在地海盜集團——就任海軍總督之前的海雷丁即為其中一人。

穆斯林海盜集團屢屢侵犯西班牙及義大利沿岸，搶奪戰利品。基督教徒的勢力——即曾以羅德島為據點的聖若翰騎士團，則將基地轉移馬爾他島（Malta I.），重操海盜舊業。

面對眼前各地情況，哈布斯堡家族的西班牙艦隊和鄂圖曼艦隊的主力，也因應歐洲當時的情勢，不時來往於北非。突尼斯、阿爾及爾、的黎波里（Tripoli）、馬爾他等主要據點，都是大國競相爭奪的對象。然而，一等他們各自班師歸國後，當地就只剩下少數的邊防軍與在地海盜以及部族首領，西地中海儼然成為受大國庇護的海盜團，在龐大勢力的夾縫中相互較勁的世界。

◎前進紅海、印度洋

十六世紀進入大航海時代，取得東地中海世界霸權的鄂圖曼帝國，其領土橫越紅海伸向印度洋。當時的印度洋正處在跨越好望角、開拓新航路的葡萄牙所亟欲獨占東方香辛料貿易的時代。葡萄牙從馬木路克朝末期開始進攻紅海，攻打吉達（Jedda）等地，成為埃及統治者的一大威脅。據傳，一五〇九年巴耶濟德二世曾應不善海戰的馬木路克朝請求，贈與大砲與司令官。

鄂圖曼帝國征服埃及後，於一五三〇年代開始，在紅海沿岸城市蘇伊士（Suez）建造船隻。埃及州軍政官哈德姆・蘇雷曼・帕夏（Hadım Süleyman Paşa）率領新建造的船艦七十二艘橫渡印度洋，於一五三八年抵達印度西岸古吉拉特州（Gujarat）的第烏（Diu）。當時，葡萄牙的威脅已達古吉拉特，這也是當地國王向蘇雷曼一世請求支援的原因。

然而，當哈德姆抵達古吉拉特時，該國王早已遭葡萄牙勢力殺害，情況驟變。因此，哈德姆在做了短暫的包圍戰以後，不得不在葡萄牙援軍到達前撤退，使得這場遠征草草結束。不過，哈德姆還是在遠征途中奪下鄰近紅海出口處的海港亞丁（Aden），並在葉門建立對抗葡萄牙的軍事基地，促成日後葉門州的設立。但是，這個據點依舊不足以阻止葡萄牙船隻進出紅海。

征服伊拉克之後，鄂圖曼帝國取得城市巴斯拉（Basra），由於該城能銜接波斯灣的港口，因此鄂圖曼帝國計劃由此挺進印度洋。然而，葡萄牙掌控波斯灣入口處的要衝荷莫茲（Hormuz），阻礙了海上交通。因此，一五五二年鄂圖曼帝國從蘇伊士派遣艦隊攻打荷莫茲時卻慘遭擊潰，擔當艦隊指揮的皮里·雷斯（Piri Reis）被殺。一般認為這位皮里·雷斯與以著作《航海之書》（*Book of Navigation*）廣為人知的皮里·雷斯為同一人。

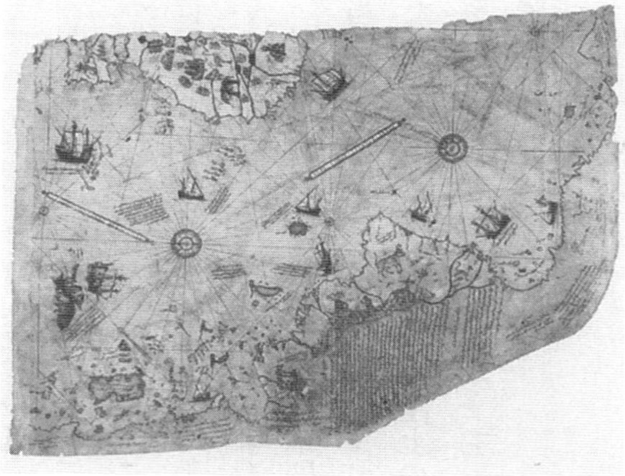

皮里·雷斯的世界地圖　鄂圖曼海軍指揮官皮里·雷斯著有包含美洲大陸的世界地圖及詳細的地中海航海書《航海之書》。1513 年作品，托卡比皇宮博物館館藏。

◎放棄往海洋的擴張

誠如前述，即使是地中海霸主的鄂圖曼帝國，在波斯灣、紅海到印度洋，面對海上霸主葡萄牙，也很難以對等的實力應戰。不僅是因為蘇伊士的造船規模受限，同時也因為鄂圖曼軍難以招募經驗豐富的船員入伍。於是，鄂圖曼帝國改變策略，於波斯灣設置拉赫薩州（Lahsa），並於紅海設立葉門州和衣索比亞州，從陸上牽制葡萄牙，同時致力確保卸貨後的貿易通路安全。葡萄牙也接受鄂圖曼帝國掌控主要海港的事實，自一五六〇年代以後兩國間建立起實際上分棲共存的關係。

在這個海洋的重要性以全球規模與日俱增的時代，鄂圖曼帝國雖然藉由取得阿拉伯而確保進出印度洋的出入口，同時也付出了極大的代價，不得不放棄進一步的擴張。鄂圖曼帝國在地中海世界的成功，主要來自吸收穆斯林的海盜集團才得以實現，這項事實也彰顯出鄂圖曼帝國在大洋的擴張有著自家人材與經驗匱乏的致命缺點。

如同留下地圖和海圖的皮里．雷斯，在鄂圖曼帝國底下的人材中，不乏當時世界頂尖的技術人員。但是，他們豐富的經驗與知識未能獲得充分發揮便已結束。畢竟，鄂圖曼帝國成立海軍的最大目的，旨在當作陸上作戰的後方支援，更別提他們未曾想過以國家主導海上貿易的可能。鄂圖曼帝國自始至終就是一個「陸上帝國」。

對抗薩法維朝的戰事

◎對抗薩法維朝戰爭的特色

整個蘇雷曼時代，鄂圖曼帝國最大的敵人無疑是西方的哈布斯堡家族和東方薩法維朝。然而，帝國與哈布斯堡家族之間的關係，以及帝國與薩法維朝之間的關係，在下述兩個面向有著絕定性的不同。

第一，薩法維朝之所以是威脅，擺明的是安那托利亞中與薩法維朝持同一論調的突厥裔遊牧民紅帽軍所造成的，因此既是外患，同時也是內憂問題。紅帽軍不單是順應潮流所誕下的產物，更是在對帝國統治有諸多不滿的情緒中所「形成」的。鄂圖曼帝國雖然在查爾德蘭戰役中取得壓倒性獲勝，但與薩法維朝之間關係的變化，不滿分子隨時可能聚集變身成紅帽軍，安那托利亞動盪不安的因子依然未除。

第二，薩法維朝的作戰手法與歐洲諸國大相逕庭。薩法維朝軍隊依舊以遊牧騎兵為主力，機動性高，能在山嶽間自由穿梭。相較於拖著大砲以大軍移動的鄂圖曼軍所在明顯，他們則是神出鬼沒，忽隱忽現。鄂圖曼大軍所到之處雖然未受抵抗便能攻城掠地，但大軍只要撤離，敵人便會現身立刻奪回失地。利用騎兵所進行的攻防戰，使薩法維朝占盡上風。類似的消耗戰長期以來沿著帝國漫長的邊境不斷上演，與歐洲諸國透過外交交涉、決裂、開戰、議和這種一貫的作戰方式不同，很難確保東邊疆域的安定。

◎一五三四年遠征伊朗與伊拉克

蘇雷曼一世在其治理期間曾三度遠征薩法維朝。一五三三年與哈布斯堡家族達成和議之後，斷然決定於一五三四年展開第一次遠征。

遠征薩法維朝的伏筆，是一五二六、二七年發生在安那托利亞南部的紅帽軍叛亂。這場叛亂雖由伊柏拉罕出手平定，但伺機討伐其背後的薩法維朝的念頭早已不時浮現蘇雷曼一世的腦中。適逢薩法維朝的巴格達知事倒戈鄂圖曼帝國，蘇雷曼一世見機不可失，以此為藉口對薩法維朝開戰。薩法維朝則已改朝換代，迎來國王伊斯邁爾之子太美斯普（Tahmasp）的時代。此時的薩法維朝正面臨東方烏茲別克族遊牧部族國家——希爾萬夏朝（Shirvanshah Dynasty）的威脅，處境困難。

一五三三年，大宰相伊柏拉罕以軍隊總司令官（serasker）的頭銜，帶領先鋒部隊一路向東前進，蘇雷曼一世於隔年春天出發，與伊柏拉罕在早先落入帝國手中的薩法維朝首都大布里士會合。蘇雷曼一世由此南下進入伊拉克，於九月三十日抵達巴格達。這段期間，儘管不斷探進薩法維朝的伊朗領地，卻未曾與太美斯普軍接觸，不費吹灰之力便征服巴格達。

蘇雷曼一世在巴格達度過該年冬天，隔年（一五三五）入春，因接獲薩法維軍來襲的通報而再次舉兵前往大布里士，但國王太美斯普早已不見蹤跡，蘇雷曼一世之後耗費半年的時間才回到伊斯坦堡。前後大約兩年的東方遠征，就這樣在不曾與薩法維軍隊正面交戰的情況下結束。但遠征的戰果豐碩，成功將伊拉克的中南部劃入帝國版圖，分設摩蘇爾州與巴格達州。另外，在東方，鄂圖曼勢力甚至橫越凡湖直抵大布里士，但大布里士和凡城不久後又被薩法維朝奪回。

新征服地的巴格達州與摩蘇爾州之中，帝國只在摩蘇爾進行稅收調查，執行分封制；至於巴格達州，則與埃及同樣採取獨立核算的經營方式，由課稅官（emin）負責徵稅。不過，兩地都同樣參考舊領主法令，延續大部分舊制法令的同時，編製支配各地的法令集。

◎伊拉克的聖地

前文提及的伊朗、伊拉克遠征旅途實錄，由宮廷史家兼畫師馬德拉齊・納索（Matrakçı Nasûh）負責。馬德拉齊生於波士尼亞，藉由少年充軍入宮，才能出眾，並於日後成為宮中知名的學者、畫師，他最為人所知的事蹟之一，是將阿拔斯朝時代的歷史學家塔巴里（Al-Tabari）的著作《先知和國王的歷史》（*Tarikh al-Rusul wa al-Muluk*）翻成土耳其語，其個人著作更涵蓋奧斯曼一族的國王傳記及遠征誌，獲得蘇雷曼一世高度評價。

馬德拉齊隨同蘇丹出征伊朗伊拉克遠征，沿途記載山河景致與小鎮民情，尤其仔細描述位在巴格達的伊斯蘭聖地，並附上精美的細密畫為內容增添光彩。有別於一般的

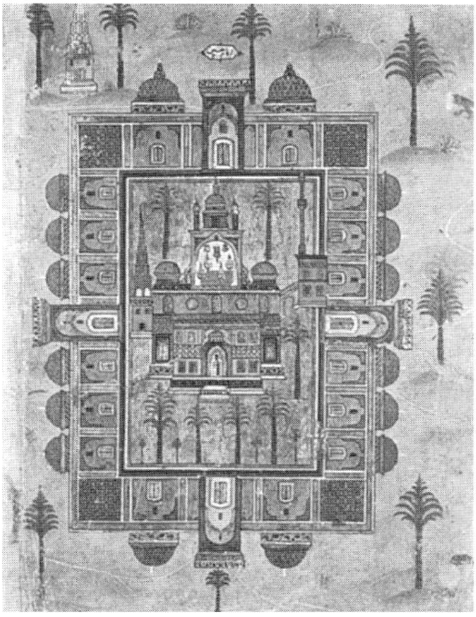

卡巴拉的伊瑪目胡賽因寺　1537 年前後，馬德拉齊以獨特畫法詳細描繪出蘇雷曼一世造訪伊拉克聖地時的景象，伊斯坦堡大學圖書館館藏。

遠征誌，文中穿插的圖畫沒有人物畫或戰爭場景。這本書的作成，以地圖集的方式呈現，就好像是替蘇雷曼一世這名委託人抒發對遠方伊拉克聖地的遙想。

此次的遠征雖然具有奪取薩法維朝疆域的政治目的，但為了達成目標，還必須塑造蘇丹虔誠信仰的形象，宣傳與同為穆斯林抗戰的正義性。於是，蘇雷曼一世停留在巴格達期間，在「發現」遜尼派法學的中心人物阿布．哈尼法（Abu Hanifa）的墓地後，不僅加以翻修，更造訪奈杰夫（Najaf）及卡巴拉（Karbala）等屬於什葉派的重要聖地。奈杰夫是什葉派的核心支柱，同時為先知穆罕默德女婿阿里墓地的所在，卡巴拉則為阿里之子胡賽因（Husayn ibn Ali）的殉難地。

蘇雷曼一世在與高舉什葉派旗幟、挑戰遜尼派帝國權威的薩法維朝對戰期間，走訪什葉派核心聖地的舉動，或許讓人感到突兀。然而，阿里為古萊胥族（Quraysh）第四任哈里發，胡賽因更是繼承穆罕默德神聖血統的後代子孫；對遜尼派而言，這些都是千古不變的事實。蘇丹或許想透過造訪什葉派聖地，向那些對薩法維教團所宣揚的教義產生共鳴的安那托利亞人表明自己的立場。

◎伊柏拉罕失勢

至於，大軍從伊朗伊拉克遠征歸國後不久，鄂圖曼宮中發生了一起凶殺事件。大宰相伊柏拉罕半夜突然慘遭勒斃，死在托卡比皇宮裡蘇丹後宮的某間房內。宮中沒有公開伊柏拉罕被殺害的理由，所以當時招來了各種臆測與傳聞。時至今日，事出的關鍵原因依舊不明。

有人說是因為伊柏拉罕在伊拉克遠征中與蘇丹意見相左，也有人說是因為他功高震主對蘇丹造成威脅，還有人說是因為他對蘇丹的愛妃許蕾姆有愛慕之情等等，雖然眾說紛紜但都無法實證。無論如何，即便是權勢幾乎與蘇丹並駕齊驅的伊柏拉罕，只要是身為「蘇丹僕人」就必須服從蘇丹命令，接受乍然到來的死詔。

伊柏拉罕之死發生在蘇雷曼一世執政中期。蘇雷曼一世接二連三的軍功，像是一五二一年占領貝爾格勒、二二年征服羅德島、二六年攻占布達、二九年圍攻維也納、及三四年征服巴格達等伊拉克地方，輝煌的戰果都是在伊柏拉罕輔佐期間的執政前半期達成的。伊柏拉罕死後的對外關係，從以往一定的穩定狀態，變成時好時壞長期膠著的局面。對鄂圖曼帝國而言的戰勝國時代，已隨伊柏拉罕之死悄然落幕。

◎對薩法維朝的第二次及第三次遠征

膠著的情況在東方戰線最為顯著。第二次的薩法維朝遠征與第一次同樣是由薩法維朝要員的流亡所引爆，這次是太美斯普之弟艾爾迦斯・米爾扎（Alqas Mirza）逃亡鄂圖曼帝國。於是，一五四八年蘇雷曼一世為庇護艾爾迦斯，將目標鎖定被薩法維朝奪回的大布里士，率兵出發。然而，蘇雷曼一世這次也同樣任憑太美斯普的戰略擺布，束手無策。鄂圖曼軍雖然趁勝追擊，緊追率先撤退的太美斯普之後進入大布里士，但不久便因水源糧餉不足而不得不棄城，最後只得返回西方，取得凡城後便再無進展。蘇雷曼一世於阿勒坡過冬，並於翌年春天由此出發遠征高加索，才終於在同年冬天返回伊斯坦堡。這一年，

納希赤凡之役

國王太美斯普依舊匿跡隱形，艾爾迦斯返回薩法維朝後，隨即遭太美斯普處死。

蘇雷曼一世一撤兵返國，太美斯普便在安那托利亞出沒，洗劫鄂圖曼統治下的城市。於是，一五五三年蘇雷曼一世向東方發動最後一次遠征，行軍途中下令處死王子穆斯塔法（但容後述），並再次於阿勒坡過冬。一五五四年，攻打薩法維朝位於南高加索的領地納希赤凡（Nakhichevan）和葉雷溫（Yerevan），並劫掠周邊的城市。

這些行為無非是蘇雷曼一世藉故刺激太美斯普出面迎戰的作戰手法，但所得到的回應卻是和談的提案。一五五五年，太美斯普派出伊朗使節來訪阿馬斯雅，雙方協議承認鄂圖曼帝國領有伊拉克，薩法維朝占領大布里士及高加索，締結和議（《阿馬斯雅和約》），從此維持了四十年的和平。

蘇雷曼一世時期發生的薩法維朝與鄂圖曼帝國間的爭戰，雖說鄂圖曼成功占領伊拉克算是有所進展，但整體來看，太美斯普成功抵禦鄂圖曼帝國的猛烈攻勢才是合理的評判。從正面迎擊極有可能危害王權存續機率的薩法維朝，最後以犧牲伊拉克的最小代價確保了皇家命脈。

不過，也因為這段期間徹底排除薩法維朝的勢力影響，鄂圖曼對安那托利亞的統治終於穩定下來。安那托利亞透過實施稅收調查、分封制等鄂圖曼制度的實施而劃入州縣體制下，已感受不到一絲來自薩法維朝的內部威脅。鄂圖曼帝國的統治勢力也一點一滴地蠶食安那托利亞東部。

當然，安那托利亞中的反叛因子並非完全消失。心懷不滿的遊牧民或軍人以慣用手法隱身山中成為叛亂分子。只是，人們不再稱他們為紅帽軍。他們不對薩法維朝抱持任何期待，而是轉往鄂圖曼帝國內部尋求解決之道，他們對伊斯坦堡展開行動。於是，這些加入反叛的參與者被另起名號，稱為傑拉里（Celali），這部分將在本書第五章詳細闡述。

法律與統治

◎伊斯蘭法與蘇丹法

蘇雷曼一世在位四十六年，執政後期，鄂圖曼帝國對外征服的氣勢已然趨緩，不過帝國的內政在這後半期的二十年間卻有顯著進展。自鄂圖曼帝國成立以來——尤其是自曾祖父梅赫梅德二世時期以來——便著手推動策劃的中央集權的各項舉措，均在這個時代完成體制性架構。

鄂圖曼帝國所採取的方針，重點擺在以不違背遜尼派伊斯蘭觀點的方式，來建構帝國制度的體系，並且特別著重法制領域的建設，旨在促進向來無特別爭議而相互共存的伊斯蘭法與蘇丹制定的律法（行政法〔Kanun〕）之間的關係明確化，以界定「伊斯蘭」在鄂圖曼帝國體制中的位置，這部分也呼應到當鄂圖曼帝國將阿拉伯地區劃入管區，身為「伊斯蘭盟主」的立場愈形重要的情勢。此外，為了在與薩法維朝長期拉鋸的戰事中取得勝利，鄂圖曼帝國必須以國家身分宣揚帝國對伊斯蘭遜尼派的擁護。

只是，這些法制建設的宗旨不在改變舊有的習慣律法。較恰當的說法，不如說是為了肯定現況而採取禁止異論的理論論證（theoretical arguments）。舉例來說，「蘇丹法」中收入許多鄂圖曼帝國各地早在奧斯曼以前便存在的習慣，使得這些習慣得以保存，另外也吸收了基督教國家匈牙利的法律，和長久以來屬於遊牧民政權的安那托利亞東部地區通行的法律。內容包羅萬象的「蘇丹法」，體制上位階在伊斯蘭法之下，透過宣告蘇丹法不與伊斯蘭法牴觸來傳達這些作為法源的習慣法，受伊斯蘭法保護的概念，這便是鄂圖曼帝國法制的架構。

編制法制的作業主要由深受蘇雷曼一世信賴的宗教學者埃不斯特（Ebussuud Efendi）主導。埃不斯特出任伊斯蘭導師（shaykh al-Islam）一職三十年，草擬了許多蘇丹法，明言這些蘇丹法都在伊斯蘭法的框架內。而且，為了因應個別問題，大量發行司法判例（法瓦〔fatwa〕），這些司法判例全數彙整在《埃不斯特的司法判例總集》一書中，作為其他事例的範本。這些成就促成了鄂圖曼帝國司法體制的建制，更為蘇雷曼一世博得了「立法者」（Ḳanuni）的稱號。

埃不斯特起草的蘇丹法涉及多項治理根本的範疇，舉例來說，埃不斯特整理當時以縣單位集結成冊的地方法令集，採用哈那非法學派（Hanafi）的古典伊斯蘭法理論，有條不紊地說明鄂圖曼帝國的土地所有權原則（土所所有）。

並且，在蘇雷曼一世時期重新制定中央政府及官員須遵守的《統治法令集》。《統治法令集》的編寫，有人說始於梅赫梅德二世，亦有人說是巴耶濟德二世。總之，可以確定是從十五世紀後半葉開始積累下來。《統治法令集》由埃不斯特與最高書記官杰拉札德·穆斯塔法（Celalzade Mustafa）共同編纂，內容涵蓋中央政府構成和官員位階、基本稅制、軍人義務章程、非穆斯林待遇等，明文規定帝國運轉各個面向的相關基本規範。

於是，從官僚角度建構出來的鄂圖曼帝國應有的形象變得更加鮮明。法中所描述的鄂圖曼帝國雖然與真實的國家社會樣貌不符，但帝國的後代子孫總假設在蘇雷曼一世時期便已實踐法中世界，並將現實誤以為是脫離帝國「應有形象」的結果。這個看法逐漸成為鄂圖曼帝國的人民，將蘇雷曼一世執政視為帝國盛世這個歷史觀的出發點。

◎宗教學者官僚機構的完備──伊斯蘭導師

埃不斯特為蘇雷曼一世時代的核心人物之一，以伊斯蘭導師的身分主持立法。因此，在他任內期間，伊斯蘭導師的重要性大幅提升，之後更被認定是宗教學者的最高榮譽職位。

鄂圖曼帝國的宗教學者分成伊斯蘭經學院教授和地方法官兩大系統，前者主要從事教育，培育宗教學者。此外還有負責對各種問題提供伊斯蘭法解釋的穆夫提（mufti）一職，伊斯蘭導師便是這群穆夫提之中，在首都伊斯坦堡擔當穆夫提的職稱。首都的穆夫提負責因應蘇丹等人要求，從伊斯蘭法觀點針對政治議題做出判斷，所以他的責任重大。當職的首都穆夫提與出席宮中御前會議的兩名軍事法官（kazasker），同為鄂圖曼帝國宗教學者機構的最高指揮官。

歷任的伊斯蘭導師和埃不斯特一樣，對充實帝國統治體系不遺餘力。他們身為蘇丹近臣，與軍人政治家同心協力背負著支撐蘇丹政權的重要職責。因此之後的伊斯蘭導師，也得到與「蘇丹僕人」相同的待遇，成為會因失策而被施以懲戒或沒收財產的對象，然而，這些責罰原本不會用在宗教學者身上。

◎宗教學者官僚機構的完備——任官資格制度

埃不斯特的另一項重要功績，是建立宗教學者官僚的任用與晉升制度。

理論上，宗教學者團體包含所有學習《古蘭經》、鑽研伊斯蘭法之人，其中能夠任職於政府單位的職業宗教學者原只有少數。然而，鄂圖曼帝國宗教學者的職業傾向日益加重，最後甚至演變成只認定已在政府機關任職或取得候補的人員才是真正的宗教學者，也因此職位競爭愈來愈激烈。所以，制定宗教學者的任用晉升規則，對已進入職業宗教學者團體的內部成員而言，可謂是維護自身權益的當務之急。

首先，埃不斯特在一五三七年建立任官資格註冊制度（Mulazemet），首都最高學府的伊斯蘭經學院中，凡是已受過哈那非派法學教育的學生，均具有任官資格，且名字會被登記在任官資格名冊中，政府再根據名冊逐一將他們任命為各地地方法官或伊斯蘭經學院教授。這項制度發揮了極大的效力，自此以後，只要不具資格便無當官的機會。

然而，宗教學者透過記名而建立制度的官僚世界並沒有做到表裡如一。表面上這是一種伊斯蘭經學院教授與法官從地方政府到首都之間分級式的工作分配，俸給多寡清楚闡明了位階高低。另外，還設置升遷的考試機制。這個制度確保了行政、司法與教育三面向得以在帝國中取得相同水準的發展。在此同時，這個記名制也有為人詬病的一面。首先，為了取得任官資格，必須取得某特定職務的高階宗教學者推薦，而且擔任特定職位的宗教學者手握特權，可以無條件將學徒名單列入名冊上。不過，雖然乍看彷彿完整金字塔型的教授和法官職位，其實又各自另有上下位階。就任高階職位必須具備特殊資格，而資格的取得又以權貴子弟具明顯優勢。

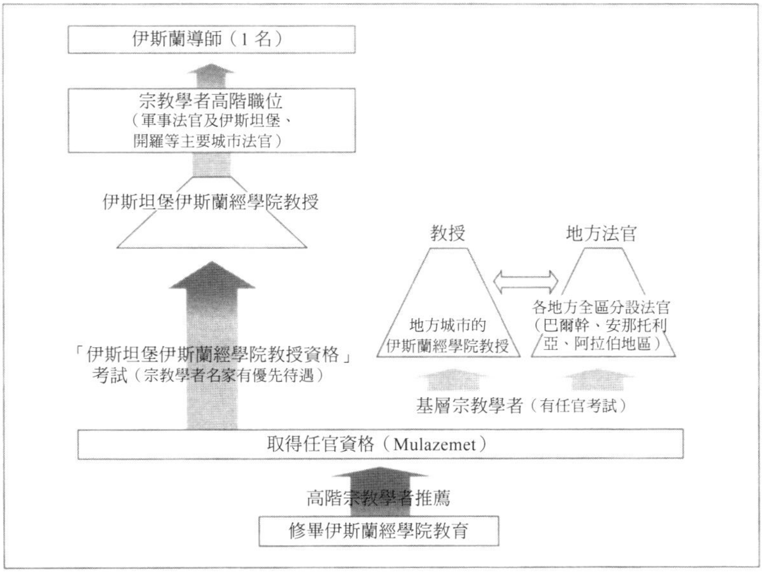

宗教學者官僚的職涯路徑

結果，檯面上雖然制度完善，檯面下卻是「靠關係」取得任官資格，於是，因為這項制度的執行，出現了特定的宗教學者世家。不久後，鄂圖曼帝國的宗教學者高階職位便遭少數宗教學者家族所壟斷。

◎疏離的人民

蘇雷曼一世時代的法律和制度的制定與完善，其實是將伊斯蘭的各項制度利用在統治上，進一步強化中央集權的實體發展。然而，在鄂圖曼帝國的人民當中，還是有許多堅持土俗信仰的信徒，他們與作為統治工具的伊斯蘭始終無法相容。十六世紀，遜尼派伊斯蘭的旗幟飛揚，地方法官分發到帝國各地，無不影響人民的生活起居。這群情感上無法認同帝國教義的百姓，必定會逐漸對身處的社會產生疏離感。

感受最深刻的，便是在帝國早期十分活躍的輕騎兵。他們多半信奉「異端的」伊斯蘭教義，讚頌聖戰和殉教。他們的信仰多被什葉派系的蘇非教團所吸收，總之，對這群輕騎兵來說，伊斯蘭和法律、統治毫無瓜葛。不只輕騎兵，巴爾幹及安那托利亞的西帕希騎兵與遊牧民心中所勾勒的伊斯蘭世界，依舊與正統遜尼派的伊斯蘭有著巨大差異。

吾等既非蘇雷曼的奴隸，亦非謝利姆的臣僕
誰能知曉，吾等是慈悲國王的忠僕
吾等忠心不二，豈比現世顯貴卑微
吾等才是來世統治者的奴隸，睜大眼瞧，誰是吾等的君主
苦難來臨，日夜悲鳴，杜鵑啼血
莫盼吾等，吾等乃駐守天國江邊的奴隸

本詩作者海勒提生於馬其頓，曾以輕騎兵身分為鄂圖曼帝國效力。隸屬什葉派蘇非教團的海勒提，與紅帽軍沒什麼兩樣，卻經常為帝國在前線效命。

海勒提雖然寫出如此慷慨激昂的詩作，卻也希望能以詩人身分替大宰相伊柏拉罕效力，而在首都伊斯坦堡尋找工作。直至十六世紀前半葉，他依舊在帝國境內活動。然而隨著蘇丹權威的不容置疑，以及帝國對遜尼派伊斯蘭的重視，這類用詩歌吐露心聲的人民終因漸漸失去立足之地而消逝。

伊斯坦堡與輿論

◎清真寺之都——伊斯坦堡

君士坦丁堡（伊斯坦堡）自從被鄂圖曼征服後，經過百年淬鍊，於十六世紀成為名副其實的帝國之都。在這百餘年間，帝都重建的重心擺在以清真寺為主體的多項宗教建設，由蘇丹與大宰相階層等軍人政治家主導進行。蘇雷曼一世即位以前，帝都內早已遍布清真寺，包含從基督教會挪用的聖索菲亞清真寺、梅赫梅德二世的法提赫清真寺、梅赫梅德二世時期建造的軍人馬木德．帕夏、哈斯．穆拉德．帕夏（Hass Murad Pasha）等人的清真寺、巴耶濟德二世的清真寺、巴耶濟德二世時期大宰相錢達爾勒．伊柏拉罕（Çandarlı Ibrahim）的清真寺等，至於謝利姆一世的清真寺則是在其過世後所建。

在蘇雷曼時代——尤其是執政後半期，帝都內的建設以倍增成長的氣勢在宮廷御用建築師錫南的指揮下，建造了許多建築物，其中包含為已故王子所興建的塞札特清真寺、許蕾姆妃的蘇丹后清真寺（Haseki Sultan Mosque）、公主米赫麗瑪赫（Mihrimah）清真寺、大宰相魯斯坦帕夏清真寺、以及蘇雷曼一世自己的蘇雷曼尼耶清真寺等。蘇雷曼任內最後的大宰相索庫魯・梅何美特・帕夏（Sokollu Mehmed Paşa）的清真寺應該也可列入其中。

本書如此特地詳細地一一列出名號，無非是因為這一座座的清真寺是勾勒伊斯坦堡街景的重要設施。時至今日，造訪伊斯坦堡，依舊可以親眼目睹許多流傳至今的建築。這些清真寺彼此隔著適當距離，座落在伊斯坦堡城內各區，由此可知，城牆內整體的都市開發是有計劃的修建。

蘇雷曼時代在建造大清真寺的同時，也著手修繕城市裡的水路。自從征服君士坦丁堡（伊斯坦堡）後便曾修整過自城市西部及北部引水的水路管線，之後隨著城市開發，又進一步擴充北部水路管線，利用錫南所打造的數座水道橋，將水引入城中。伊斯坦堡內的水資源分配是由錫南主管的宮廷建築室統轄，分派技術人員團隊管理。

從水路的主要幹線分出數條支線，以水路串聯民眾日常生活中經常利用的街區清真寺。雖然法提赫清真寺亦對平民敞開大門，但為了一日五次的禮拜前往，實在

蘇雷曼尼耶清真寺

有諸多不便。所以在市民活動範圍內增加小清真寺，對穩定市民生活極為重要。根據歷史資料可以確認，十六世紀中葉，伊斯坦堡內就有多達二百座的小清真寺。

◎伊斯坦堡的繁華

蘇雷曼時代伊斯坦堡有多少人口，很難有個確切的答案。雖然根據一四七九年的戶口資料可以推論出有十萬人口，但這之後便沒有任何相應的歷史記錄了。所以常有人說高達四十萬左右，但近期研究多將城內的人口下修到至多二十萬左右。即便如此，伊斯坦堡依舊是歐洲數一數二的大城市。

居住伊斯坦堡的男性多半是在大市集等商業設施中開店的商人、工匠或其弟子與徒弟、挑夫等。如前文所述，一般推測其中大約有近六成人口為穆斯林。軍人、宗教學者及書記官等帝國高層人士，多半也居住在市內，且市區的居住範圍逐漸擴展至對岸的亞洲地區。

伴隨伊斯坦堡人口的增加，守護首都秩序及保護生產活動等政府職務愈趨繁重。於是，為了能夠確實供應人民生活必需的糧食，落實市場商品原料的供給，鄂圖曼政府整頓了城鎮的行政體制。他們透過串聯帝國各地與伊斯坦堡之間的行政網絡來供應小麥或羊隻等主要糧食，擔負這項職務的最高負責人為大宰相。至於城市內的行政及風紀管理，則由身為地方法官和市場督察（muhtasib）的宗教學者負責，管理街區小清真寺的伊瑪目則排在行政體制末端。如此一來，「伊斯蘭的統治」藉由在行政任用宗教學者而穩固基石。

另外，從政者為了取得城中人民的支持，提供娛樂博得人民歡心及展現慷慨的氣度，都是不可或缺的不二法門。伊斯坦堡經常舉辦各種餘興節目愉悅大眾，像是王子的割禮儀式、公主婚禮，或是為了紀念戰勝所舉辦的大型祭典等；每逢星期五及齋戒月晚上，則在蘇丹的各大清真寺附屬食堂宴請大眾。這

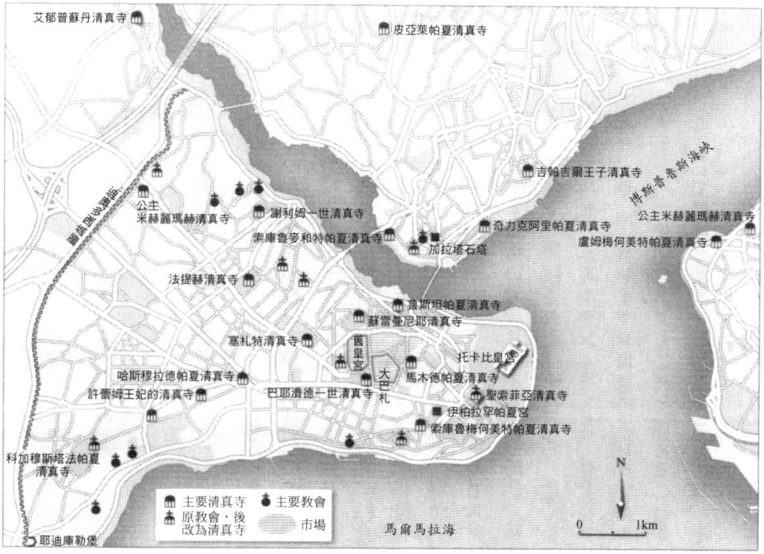

16世紀後半葉的伊斯坦堡　市區有許多清真寺及教會並立。圖中路線為現代的交通網絡。

些慷慨的施予都是蘇丹用來展現他「德政」的手法；同時，蘇丹也背負著督促巡禮順利進展的重大義務。巡禮出發時進行的神轎儀式，是在神轎上堆滿贈物，這場神轎儀式是蘇丹向世人展現他在宗教職務上之地位的重要演出。

◎謠言滋生的溫床

生活在首都的人民，不論是軍人（askeri）還是商人、工匠乃至乞丐等被統治層（reaya），都無法與政治劃清界限。在蘇雷曼時代，人們醉心於從遠方傳回首都的勝戰捷報，一心期盼能早日慶賀蘇丹的凱旋歸來。不過與此同時，伊斯坦堡中也建立起一套口耳相傳的社群網絡，舉凡宮廷內部的權力鬥爭，或是蘇丹或其近侍與後宮仕女的花邊新聞，一絲風聲便泛水面起陣陣漣漪，立即傳遍大街小巷，再怎樣微不足道的小道消息，伊斯坦堡的上上下下無不津津樂道。

那時消息的傳播主要以詩歌為媒介，詩歌不僅可用來讚揚蘇丹與高官的功績，同樣也能批判他們的惡行。當然，社會上通曉複雜古典詩歌音律甚至賞析的人並不多。詩人多半受權貴贊助，並在他們的庇護下活動，所以吟詩賞析基本上屬於權貴顯要打發時間的閒暇娛樂。

但是，口耳相傳的言語所具備的力量不容忽視，讓人朗朗上口又一針見血的詩歌，逐漸成為連結伊斯坦堡平民與貴族間的一座橋樑。

而且，蘇雷曼一世宮中又時常發生引起帝都居民譁然的事件，諸如蘇丹寵臣伊柏拉罕之死，及本章後段詳述的穆斯塔法王子之死等。那時，大眾——或許可稱之為「輿論」——將這些事件的起源全指向蘇丹的愛妃許蕾姆。一五三四年，蘇丹破天荒地與奴隸出身的許蕾姆結婚，高高在上的蘇丹被奴隸出身的寵妃玩弄擺布的小道消息從此成為人們茶餘飯後的話題。十六世紀，據傳曾在宮中服侍的女詩人妮莎依（音譯）寫道：

嗚呼！毫無憐憫的世界之王
耳邊響起俄羅斯魔女的甜言軟語
受陰謀詭計矇騙
任憑妖女言行擺布
無視生命花園豐碩的果實
任由絕望的柏木叢生

很明顯，詩中的俄羅斯魔女，指的便是許蕾姆。批判的矛頭同樣也指向被這名魔女蠱惑的蘇丹蘇雷曼。

想您五陵年少時
諸事公正以對
氣宇軒昂舉國愛戴
如今鬢髮如銀
竟是這般惡貫滿盈

◎蘇丹的後宮首位——許蕾姆妃

這些謠言全數指向原為宮廷奴隸的許蕾姆妃。蘇雷曼一世的長子穆斯塔法，其生母為瑪希德芳（Mahidevran），同樣也是奴隸出身。但在眾多的後宮嬪妃中，許蕾姆獨得蘇丹鍾愛，與蘇

許蕾姆妃

雷曼一世維持了長達二十五年實質的一夫一妻關係，還為他生下五男一女。

蘇雷曼一世對許蕾姆的寵愛，已打破鄂圖曼宮廷歷來的慣例。最具代表性的例子，就是鄂圖曼宮廷規定每名女子只能替蘇丹產下一名王子，換言之，已經誕下王子的嬪妃不得再受蘇丹寵幸。但是，蘇雷曼一世大概是太過迷戀許蕾姆，竟延續對她的寵幸，且如前文所提，蘇雷曼一世於一五三四年按伊斯蘭法與許蕾姆正式成婚，所以法律上已經辦妥「解放」許蕾姆的手續。此外許蕾姆分得龐大的財產，她以自己的名義於伊斯坦堡市中心建造清真寺及其他多種設施，直到一五五八年撒手人寰之前，許蕾姆始終穩坐人稱「哈瑟奇」（Haseki，音譯；一種相當於皇后的頭銜）的蘇丹後宮首席之位。

蘇雷曼一世的愛情看似一段佳話，然而一旦打破慣例，矛盾必會產生。一般相信，生下五名王子的許蕾姆為了能讓其中一人繼承蘇丹之位，而與駙馬魯斯坦（Rüstem Pasha）勾結，策劃布局。誠如前文，世間流傳許蕾姆因忌妒伊柏拉罕與蘇雷曼一世親近，四處散播有關伊柏拉罕的不實傳聞，最終使得蘇雷曼一世萌生殺意。不過這些都是大眾輿論

魯斯坦帕夏

的推測，真相依舊藏在歷史的謎團之中。

◎駙馬魯斯坦的貪慾

與寵妃許蕾姆同樣備受大眾輿論批判的，還有蘇丹駙馬魯斯坦。許蕾姆和蘇雷曼一世十分疼愛獨生女米赫麗瑪赫公主，一直將她安置在身邊照顧。米赫麗瑪赫遵照公主嫁與權貴高官的慣例，許配給塞拉耶佛（Sarajevo）的軍人政治家魯斯坦，當時魯斯坦就任迪雅巴克的州軍政官。輿論認為蒙蔽蘇丹雙眼的就是許蕾姆、米赫麗瑪赫與魯斯坦這三人。

確實，魯斯坦身上帶有和以往軍人政治家所不同的內涵，他通曉財務管理，善於理財，在一五四四年任職大宰相以後，與哈布斯堡家族簽訂和約，確保帝國的貢金收入。另外，他將稅收承包制導入帝國直轄地，重建蘇雷曼一世執政前半期因出征不斷而惡化的財政，功

米赫麗瑪赫公主

績卓著。借用前文曾出現的哈布斯堡家族駐鄂圖曼大使布斯貝克的說詞，魯斯坦對重建財政果敢的猛勁，彷彿「他連宮中庭園種植的蔬菜鮮花都賣」。雖然魯斯坦因賣官鬻爵而聲名狼藉，卻也因推舉能人適任而受到好評。

儘管有人評論魯斯坦個性陰沉，他卻深得妻子米赫麗瑪赫與許蕾姆妃的信任。當魯斯坦遭眾人指控必須對穆斯塔法王子之死負責，因此失勢甚至差點被賜死的謠言紛飛時，全靠她們母女二人四處關說求情，才得以赦免死罪。結果三年後魯斯坦復職，從此穩坐大宰相職位十四年直到死去。

魯斯坦不僅積極充實國庫，更熱衷於累積自身財富。他的遺產眾多，帝國編年史甚至還逐一列表詳記。不過，其實這種理財能力對蘇雷曼時代後期的軍人政治家而言，越來越不可或缺，因為身為政治黨派的領袖，大宰相等高官們必須豢養大批家臣，魯斯坦可謂是他們的先驅。

此外因伊斯坦堡的人口不斷增加，為了重新規劃整頓市容，魯斯坦重用宮廷建築師錫南。魯斯坦的清真寺是一棟將土地集約發揮到最大效力的建築物，蓋在商業區的正中心。其妻米赫麗瑪赫的清真寺則建在博斯普魯斯海峽對岸的于斯屈達爾地區（Üsküdar），此區後來成為亞洲地區的開發中心。前述許蕾姆下令興建的大規模設施，同樣也出自錫南之手。

許蕾姆與米赫麗瑪赫開啟宮廷女性以自己名義打造建築物的開端，並漸漸受到推廣。她們會這麼做，大概是因為自古以來總是由男性獨霸事業，因此利用建築物來讓自己名垂青史。但若是追蹤資金的來源，費用卻是取自國庫。

鄂圖曼帝國的稅收分成一般財政和王族私有財兩個部分，王后及公主的支出費用是由皇族私有財撥出，如有不足再從一般財政提撥。帝國自從執行「誅殺兄弟」以來，雖成功阻止旁系瓜分賦稅收入，但隨著後宮女性勢力抬頭，反而開通了一條濫用國稅的岔路。

◎醜聞序章——處死穆斯塔法王子

年過半百的蘇雷曼一世身患宿疾（應該是痛風），據布斯貝克描述，蘇雷曼一世面帶病容，面見使臣時必須化妝掩飾。也因為如此，蘇雷曼一世時隔許久才又出發遠征，自此以後世人便悄悄地議論起他的繼承者問題。

據說，蘇雷曼一世最中意許蕾姆妃第一次懷胎所生下的大王子梅赫梅德，但梅赫梅德於一五四三年病死。為此，蘇雷曼特地命錫南替早夭的梅赫梅德在伊斯坦堡市中心建造一座宏大的塞札特清真寺，地點位在伊茲尼克。伊斯蘭教義認為，誦詠《古蘭經》最能安慰亡者的在天之靈，於是，蘇雷曼一世在這座以青磁裝飾打造的清真寺中，聘請多位《古蘭經》的誦經人員日夜誦經，其聲終日繞樑不止。

梅赫梅德死後，王位的候補順位落到另一妃子瑪希德芳的長子穆斯塔法身上。但是，穆斯塔法卻迫不及待率先展開行動爭取繼承，結果引發蘇雷曼一世的不滿。一五五三年當蘇雷曼一世在遠征伊朗途中，突然下詔賜死穆斯塔法。雖然曾有謠傳穆斯塔法意謀造反，但真偽莫辨。儘管與謀反無直接關聯，但穆斯塔法任職阿馬斯雅縣軍政官期間，特意遠從阿馬斯雅派人在首都暗中招募盟友的行動應當確有其事。畢竟王位繼承的問題可是攸關生死，如此一想，穆斯塔法採取行動也是必然。另外還有一派說法認為，穆斯塔法受新軍等軍人廣大支持，他若在蘇丹在位期間引發政變勢必可以成功，蘇雷曼一世對此自然心懷忌憚，故而先下手為強。

不出所料，穆斯塔法死後，遠征軍的官兵們變得騷動不安。不僅是新軍，有許多高官也曾表態支持穆斯塔法上位。不過，由於有許多人認為穆斯塔法之死，全由希望自己兒子繼位的許蕾姆等三人一手策劃，蘇雷曼一世遂因利乘便，罷黜魯斯坦的大宰相職位，趁機轉嫁輿論對自己的批判。蘇雷曼一世為了斬草除根，將穆斯塔法之子——也就是自己的孫子——全數處死，以絕後患。

此外，穆斯塔法的親信也多數慘遭殺害。如前文所提，鄂圖曼宮廷的王子在任職縣軍政官時，多會建立一套仿效當朝軍事、行政、宮廷等機關的模擬政府，累積治理經驗。就像蘇雷曼新任蘇丹時提拔伊柏拉罕，將其從王子時期自行設立的「宮廷」帶入帝國宮中一樣，日後成為帝國核心幹部的「蘇丹僕人」，也是在模擬政府中培訓出來。蘇雷曼一世懼怕穆斯塔法的手下因失去主公而採取報復行動起身叛變，故而先發制人，下令誅殺。

發生穆斯塔法事件後過不了多久，蘇雷曼一世與許蕾姆的么子吉翰吉爾（Cihangir）亦受死神召喚。吉翰吉爾自幼體弱多病，據說他是因為無法承受同父異母的兄長之死，抑鬱而終。據傳，鍾愛么子的許蕾姆懇求蘇雷曼一世，在可從托卡比皇宮眺望的金角灣對岸以吉翰吉爾之名建造一座小清真寺，只是許蕾姆妃日後亦於一九五八年追隨么子而去。

◎詩人之歌，世人之聲

穆斯塔法之死不僅在軍官之間投下一枚震撼彈，亦對伊斯坦堡市內造成巨大影響。大家所關心的無非是：誰是下一位蘇丹？誰會是這場生死鬥爭的最後勝利者？穆斯塔法王子的處刑便是在這等輿論紛雜的情況下發生。事發後不久，詩人雅和亞（Yahya bey Dukagjini）所作詩歌在伊斯坦堡獲得肯定。

嗚呼哀哉！天妒英才，一代英雄殞落；
死神傑拉里奪走了我們的穆斯塔法；
那耀眼的太陽西沉，忠臣勇士雁影分飛；
（死神傑拉里）劃設圈套，害奧斯曼一族犯下不可赦免的大罪。

遇害場面則描述如下。

世界之王怒不可抑地耐心等待，天幕慘白如皚皚的雪山；
王子身披白袠，高峻挺拔如宏偉堡壘；
耀眼如旭日之子自天際升起，全為屈膝帝王跟前親吻他的雙手；
此時此刻，閃耀的太陽卻成了月亮碎片跌入深淵，再也無法高掛天上；
目睹的眾人無不潸然淚下，綿綿不斷宛如春日細雨。

同時，詩人將整個事件的矛頭指向大宰相魯斯坦與默許暴行的蘇丹。

這個世界的薩伊打倒王子，魯斯坦的陰謀擊潰了他的血肉身軀；
死亡的瞬間彷彿最後審判日，那日流下的淚滴多如繁星，嗚咽聲四起；
悲鳴此起彼落，男女老少悲慟交加，涕淚交流，淚如雨下，積水成河；
但是我們高高在上的世界君主，
您可知眾人愛戴的彼人回歸塵土，撒旦叛徒卻苟活至今；
您豈能放任世人的嗟怨之聲彷彿早霞四射密布天際，
您可知他們凌辱了高貴血統。

詩中出現的薩伊與魯斯坦，指的是古代波斯傳說裡的波斯王魯斯坦（Rostam）和其父薩伊（Zal），很明顯意指為蘇雷曼一世執行殺害指令的薩伊．馬木德（Zal Mahmud Pasha）與大宰相魯斯坦。這首詩以一種寫實的風格，繪聲繪影地描繪出穆斯塔法王子遇害的場景，而眾人的批判矛頭明顯一致指向魯斯坦。

本詩作者雅和亞為阿爾巴尼亞名門子弟，經少年充軍徵召而加入鄂圖曼軍。雅和亞以新軍身分多次跟隨蘇雷曼一世遠征軍隊出征，並在軍旅期間作詩填詞，編寫詩集，奉獻給蘇丹或權貴高官，也因此奪得讚賞。離開軍職後，雅和亞取得伊斯坦堡多間重要清真寺的財務管理職位，上述詩作便是在任職財務管理期間的作品。

也許，雅和亞是代替長年從軍的新軍軍人抒發心情，將從軍中蒐集的情報巧妙地編寫入詩，將攻擊的炮口朝向魯斯坦。這時，魯斯坦已被罷免大宰相一職，雅和亞認定魯斯坦將永遠失勢，故而公開表態譴責他的不是。但是，人算不如天算。雅和亞怎麼也沒想到，三年後魯斯坦會東山再起，復職大宰相。之後詩人受魯斯坦百般刁難，最後慘遭貶黜，調任保加利亞的伊茲沃尼克（Izvornik）。有別於當時的世俗民情，魯斯坦十分厭惡詩人，或許這和他曾吃過詩人作詩批判自己的苦頭所致。

不過，千萬別忘記，這首詩還譴責了另一號人物，那便是蘇丹本人。文人在責問政治混亂或政策失誤的責任時，往往將矛頭指向大宰相。但是，任命大宰相以及所有政策事務的最終決定權掌握在蘇丹手上。於是，透過批判大宰相的形式來批評政府當局的做法，廣為後世仿效。蘇雷曼時代同時也是城市政治——首都居民遠遠地圍觀、關注並彼此談論皇宮，以及那些與國家政務直接關聯的高層動向——時代的開始。

◎醜聞第二幕

穆斯塔法王子之死賺人熱淚，但那不過是舞台的第一幕。王位爭奪的第二幕不久後開演，那真是出乎意料的戲劇性發展。

隨著穆斯塔法與吉翰吉爾的死去，蘇丹王位的候選人只剩許蕾姆膝下兩名王子——謝利姆與巴耶濟德。許蕾姆生前極力阻撓兄弟二人相互鬥爭，但許蕾姆死後，牽制兩人的阻力消失，兄弟間的敵對關係愈演愈烈。具備軍事才能的巴耶濟德更是積極作為，屢屢上奏蘇丹，要求他給與繼承的承諾，並鎖定王位、致力強化手中戰力。以下，節錄一段托卡比皇宮中所藏的書簡內容，這是巴耶濟德在蘇丹下令將他調任阿馬斯雅時所寫。阿馬斯雅比其弟謝利姆赴任的地點科尼亞更加偏遠，所以這場調動表示巴耶濟德在王位爭奪中處於劣勢。

> 吾王在上，兒臣在此請安。兒臣在外一切均安，請勿掛懷。兒臣日夜祈禱，但求吾王福壽無疆。兒臣愚鈍，心中有一事百思不得其解，十分懊惱。父王！兒臣到底有何不是？何以您聽信么弟的讒言佞語，卻對兒臣充耳不聞？您怎忍心下令驅趕兒臣速離庫塔雅，外放阿馬斯雅。如此荒誕不經，難以置信為吾王本意。嗚呼！此等境遇，心膽俱

裂，父王可曾與兒心有靈犀？君心何在？……莫是，您要兒臣屈居謝利姆之下？……兒臣縱有不是，也絕不比謝利姆不知檢點。那廝在布爾沙私會娼妓，不知有幾，淫亂不恥。無須多久，偽善者謝利姆之子必定如雨後春筍，四地湧現。這等品行豈有資格掌管帝國江山？還請您明斥：「別恬而不恥！」兒臣絕非滿口胡言，造謠誆騙，句句屬實，世人皆可證見。

寫給蘇丹的陳情書中，更多是控訴弟弟的劣行，甚至連他的風流韻事都不肯放過，如數家珍，兄弟之爭已經來到箭在弦上的態勢。但是，這封信中同樣可以看出巴耶濟德心底深處對父愛還抱有一絲渴望，期盼能獲得父親認可支持，那是一種骨肉親情特有的微妙情感。畢竟，他們到底是血脈相連的「一家人」。

但是，為人父的蘇雷曼一世同時是一國之君，不可能毫不提防，他也懼怕巴耶濟德因一拖再拖的繼承問題而失去耐心，將刀鋒揮向自己。當父親表態推舉弟弟謝利姆，巴耶濟德便決定訴諸武力。於是，事態演變成兄弟直接對峙沙場，直到分出勝負為止，那便是一五五九年的科尼亞之戰。從巴耶濟德的行動來看，可以知道他具備相當雄厚的軍事力量，而且效忠他的軍隊獨立於國家軍隊以外。但是，謝利姆有父親蘇丹當靠山，帝國西帕希騎兵軍及中央政府皆派兵聲援，這是一場不對等的戰役。

結局當然是謝利姆獲勝。對父親唯命是從而未曾採取任何行動的謝利姆，結果獲得了最後的勝利。儘管，有人說謝利姆只是太過懦弱而不敢有所行動。戰敗後，巴耶濟德帶著四個兒子向安那托利亞東邊竄逃，擺脫政府軍隊的追捕，於一五六〇年八月逃入薩法維朝。一開始，太美斯普對巴耶濟德一行人極為厚待，但為了延續《阿馬斯雅和約》後的穩定，最終以五十萬銀兩作為換取和平的保證，將巴耶濟德交還給鄂圖曼帝國。從帝國的角度來看，他們避開了重蹈前人因傑姆王子而被歐洲牽著鼻子走的覆轍。

一五六二年六月，巴耶濟德與其子被遣回鄂圖曼，但未出薩法維邊境，便遭蘇丹的使者下手殺害，未能踏上祖國土地。今日，巴耶濟德從伊朗上書給父親蘇丹的求饒信也有流傳下來，他在信中寫道：

> 嗚呼！世界王者之王，蘇丹蘇雷曼，至高無上的父王；
> 嗚呼！吾心最愛之人，我的父王；
> 您怎忍心讓巴耶濟德陷入如此絕境，我摯愛的父王。
> 此身清白，真主明鑑，偉大蘇丹，至高無上的父王……；

但求您寬恕巴耶濟德的過錯，別再折磨兒臣了；
此身清白，真主明鑑，偉大蘇丹，至高無上的父王。

蘇雷曼回信中，則有一段詩詞如此寫道：

不勝唏噓，寡人何時刁難你了？吾兒，巴耶濟德；
勿再一味狡辯，勸君思悔，親親吾兒。

如此，蘇雷曼一世便在眾多王子的王位爭奪中走向晚年。

第五章

鄂圖曼官僚時期
（一五六〇～一六八〇年）

錫蓋特堡之役　蘇雷曼一世的最後一戰（1566 年）。

官僚統治階層得勢（十六世紀後半葉）

◎「溫順蘇丹」時代的開始

謠傳久病未癒的蘇雷曼一世終於在相隔十年後，於一五六六年再度帶兵遠征。此次出征，是為了反擊哈布斯堡家族新皇帝馬克西米連二世（Maximilian II）奪走鄂圖曼統治的匈牙利城市。鄂圖曼軍擊退馬克西米聯軍後，進一步圍攻匈牙利西部重鎮錫蓋特堡（Szigetvár），然而就在將要攻陷的前一刻，蘇雷曼一世嚥下他最後的一口氣。據說蘇雷曼一世在遠征期間始終臥病在床。

大宰相索庫魯．梅何美特．帕夏在封鎖蘇雷曼一世死亡的消息下，於領兵攻占錫蓋特堡後，立即著手城內的修建復興，並於一個月後啟程返回伊斯坦堡。據傳，這段期間他將蘇雷曼一世的遺體暫時掩埋在軍師帳篷下方。索庫魯這樣的安排，是為了牽制繼續討伐的意見，藉由修城爭取時間，等待秋天到來好班師回朝。於此同時，索庫魯密函在王位爭奪中獲勝的唯一繼承人謝利姆王子，指示他率兵出征巴爾幹，與大軍會合。

既然除了謝利姆以外已無其他繼承人選，索庫魯如此大費周章的安排令人費解。筆者忖度，以為有下列兩個理由。

其一，索庫魯想要在這次的王位交替中，維持現行政府以大宰相主宰的運轉模式。在此以前的鄂圖曼帝國，按慣例王子們會在蘇丹賜予他們的就任地培育下屬團隊，並在即位後即刻撤下前朝官員，將空下的朝廷要職分派給自己的部屬。謝利姆王子的家臣團隊多達二千人。然而，在蘇雷曼一世漫長的執政時期，高層的統治組織成長茁壯，早已發展成一個思想理念不盡然與蘇丹同調的政府。於是大宰相索庫魯想方設法操弄謝利姆，要他承認既有政府的存在。

第二，謝利姆繼承蘇丹時，各界軍官索取巨額賞金。如前章所言，謝利姆的登基之路血跡斑斑，軍官合力要求謝利姆支付他們應有的報酬，索庫魯也曾就此「指點」新蘇丹要做好準備。

據悉，謝利姆早已在王位爭奪中用盡王子時代所累積的積蓄，所以不得不向皇姊米赫麗瑪赫貸款五萬金，用來支付新軍的賞金。實際上，在前蘇丹下葬蘇雷曼尼耶清真寺的儀式過程中，新

謝利姆二世

軍曾發動多次示威行動，威脅新蘇丹。

謝利姆（二世）命中注定必須以「無能的蘇丹」姿態登上王位。他將朝政全權委任大宰相，從此不再率兵出征，縱恣在伊斯坦堡皇宮與愛第尼狩獵場兩地，享受他富貴有餘的人生，他貪愛杯中物的一面也是眾所周知。

從此，後蘇雷曼時代進入「蘇丹從戰場與政治前線消失」的年代。取而代之的，是一個大宰相呼風喚雨，鄂圖曼官僚專權時代的開始。在官僚擅權的體制下，「順從的蘇丹」才是符合時代要求的蘇丹形象。謝利姆二世欣然地扮演著他被指定的角色，讓後蘇雷曼時代得以順利地拉開序幕。

◎索庫魯・梅何美特・帕夏時期

蘇雷曼一世的最後一任大宰相索庫魯・梅何美特・帕夏生於波士尼亞地方小貴族之家，藉由少年充軍進入鄂圖曼宮廷後，一路攀升成為軍人政治家，於蘇丹晚年晉

索庫魯・梅何美特・帕夏

升大宰相。

有別於後期其他任期短暫的大宰相，索庫魯於大宰相在位十四年，代蘇丹領兵出征，裁奪各項決議。同時他也不斷從身邊網羅軍人、書記、宗教學者，形成黨派。以黨派及恩庇（patronage）為基礎的政治風格，成為鄂圖曼帝國十六世紀後半葉以後的一大特徵。

索庫魯十分厚待家族成員，凡是改信伊斯蘭的親族莫不加以提拔，幫他們在波士尼亞或首都安插一官半職。蘇雷曼一世猶在的一五五七年，索庫魯胞弟（另一說是外甥）即被任命為塞爾維亞正教會大主教。這項任官指令的目的，是為了在鄂圖曼帝國內復興曾一度絕跡的塞爾維亞正教會，藉以在與哈布斯堡家族的爭戰中拉攏巴爾幹基督教教徒的支持。索庫魯家族的發達，充分顯示出透過少年充軍取得的錄用與成功途徑，對於家族來說，同時也是一條一人得道、雞犬升天的光榮大道。

但索庫魯並非大權獨攬，其他做為對手的許多軍人政治家也各自拉幫結黨。新蘇丹在黨派爭奪中則被當作一枚棋子任人擺布，就算是深居宮中不理政事，蘇丹在重要場合也會被推出台前，扮演政治傀儡。儘管鄂圖曼帝國後期，蘇丹多半毫無領導能力，歷史軌跡卻還是貌似以蘇丹為中心轉動。

◎地中海情勢

透過大宰相索庫魯的帶領，鄂圖曼帝國在蘇雷曼一世以後，依舊維持著軍事上的優勢。這段時期軍事方面的成功，主要展現在地中海區域。一五七〇年，鄂圖曼海軍攻打長久以來懸而未決的、由威尼斯統治的賽普勒斯島。翌年成功征服後，從而確保了伊斯坦堡與埃及之間的航行安全。

為了與之抗衡，威尼斯與羅馬教皇、西班牙哈布斯堡家族聯手策劃奪回賽普勒斯。一五七一年十月，雙方海軍在臨近伯羅奔尼薩半島的勒潘托（Lepanto）海上展開決戰。面對聯合艦隊才幹出眾的指揮官唐璜（Don Juan de Austria），鄂圖曼海軍卻是由缺乏經驗的指揮官領軍，導致最後將軍成為階下囚，艦隊幾乎全軍覆沒。但在這場戰役後，歐洲三方聯合勢力的步調不一，未能趁勝追擊，於是鄂圖曼帝國藉此機會在冬季重整艦隊，於隔年夏季派出數量遠超過上次覆敗的大批艦隊，前進地中海。

受此威脅，一五七三年威尼斯與鄂圖曼帝國簽署和約，不僅放棄賽普勒斯，還被迫同意繳納三十萬貢金。這一連串的戰事，若從成功占領賽普勒斯的角度來看，確實是由鄂圖曼帝國奪得勝利。而且在西地中海方面，一五七三年西班牙無敵艦隊雖然攻下突尼斯，不久便在隔年的一五七四年遭鄂圖曼新艦隊奪回，鄂圖曼帝國依然掌有地中海的霸權。

在歐洲方面，勒潘托海戰的獲勝對因宗教戰爭而分崩離析的歐洲人來說，無疑是一場激勵人心的關鍵戰役，全歐洲上下一同歡慶打敗共同的敵人——「土耳其人建立的土耳其國家」。其中，塞萬提斯（Miguel de Cervantes；《唐吉軻德》作者）從西班牙遠渡義大利投身此次戰役的事蹟相當有名，儘管他因而失去單邊臂膀，卻終生引以為傲，只是塞萬提斯在回國途中，於西地中海遭海盜俘虜而被囚禁五年，在吃盡苦頭後才終於獲得釋放。

◎挑戰極限——兩大運河計劃

索庫魯・梅何美特・帕夏在其大宰相任內推動了兩項大型計劃。其一是興建蘇伊士運河計劃。這項計劃的開端源起於謝利姆二世即位後不久爆發的葉門暴動。一五六六年，什葉派分支的宰迪派（Zaydi）在地領導人起兵造反，帝國耗費了三年之久才將之鎮壓，因而促使索庫魯興起落實阿拉伯半島統治、以連繫地中海和紅海的念頭。另一個目的，則可能是出自重啟征服印度洋的雄心，完成上一代未能達成的霸業。然而這項計劃只進展到調查部分便停擺，未能付諸行動。

其二，是在北方開鑿新運河，用以連接匯入亞速海（Sea of Azov）的頓河（Don River）與流入裏海的伏爾加河。據說，一五六九年已完成三分之一左右的挖掘工程。假設這項新運河工程得以完成，勢必可以從伊斯坦堡派遣艦隊進入裏海，由此直接對莫斯科公國或東方宿敵薩法維朝展開攻擊，還能課徵俄羅斯毛皮等產品的關稅。但是，這項計劃亦在隔年遭政府凍結而未能完成。

兩大運河計劃以失敗告終，共通點都是帝國在面臨極度擴張的情況下，亟欲突破現況所做的新嘗試。之後，蘇伊士運河於一八六九年完工，伏爾加—頓河運河則於一九五二年完工，而且這兩大建設最後還是興建在原定地點。由此可見，運河計劃的構想並非草率魯莽。只是，兩工程地點與帝國據點距離遙遠，財政負擔龐大，以當時的技術來說，尚有諸多無法跨越的障礙。因此，當時鄂圖曼帝國也只能朝著守護既有廣大疆土方向而努力。

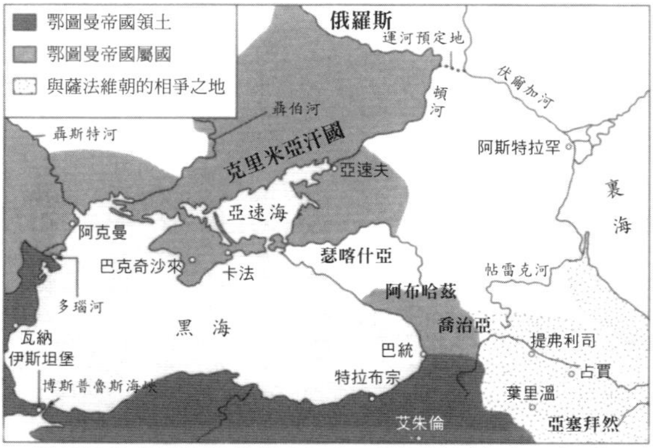

16 世紀後半葉黑海沿岸與高加索　鄂圖曼軍與克里米亞汗國騎兵一同出兵北境，並由此醞釀出運河計畫。

◎高加索的延長戰事

一五七四年謝利姆二世駕崩後，由穆拉德三世繼位。穆拉德三世初期依舊是由索庫魯擔任大宰相；然而，此時軍人政治家之間的權力鬥爭愈演愈烈，索庫魯的大權逐漸旁落。索庫魯的對手抨擊他對東西向採取和平路線的論點力主開戰，然而這些都是為了引人注目的手段。結果，一五七八年帝國派遣軍隊遠征薩法維朝統治的高加索，持反對意見的索庫魯不久後於職務中遭暗殺，估計是他的政敵所為。

索庫魯死後，伊斯坦堡的政局成為少數高層權力的拔河競賽，在穆拉德三世執政的二十一年間，大宰相換過十一人。大宰相之位是中央權力鬥爭的焦點，而爭權奪位的結果，大幅影響了戰爭的進程。

一五七八年時，帝國出兵討伐高加索與亞塞拜然（Azerbaijan）。在這場戰役中，帝國不僅與高加索當地統治者及薩法維朝展開軍事較勁，還得面對嚴峻的地形及自然環境的考驗，加上物資運輸困

穆拉德三世

難，前前後後拖延了十三個年頭，形成長期拉鋸戰。一五九〇年雙方會握手言和，還是因為薩法維朝接連遭逢國王的更替，以及遭到希爾萬沙阿王朝入侵等原因所致。就在這一年，鄂圖曼帝國終於取得高加索與亞塞拜然的所有權，才得以班師回朝。

此次遠征雖然讓帝國的疆域大幅向東擴張。但從結果來看，這是場得不償失的勝利。當時許多的知識分子，勢必都已留意到這場戰爭徒勞無益，畢竟索庫魯堅決反對的身影還歷歷在目。實際上，此次戰役中以財務官身分從軍的薩洛尼基（Selaniki Mustafa Efendi）書記官就曾經感嘆：「這是一場偉大的征服，但是國庫因戰事枯竭，軍人漫無紀律。」更別提「偉大征服」的成果，很快被薩法維朝奪回。十七世紀初，薩法維朝在阿拔斯一世（Abbas Ⅰ）的帶領下，迅速重振雄風，出兵反擊鄂圖曼帝國。阿拔斯一世遏止東方希爾萬沙阿王朝的侵略後，重整國內體制，尤其重視軍事制度改革，致力收復十六世紀末被鄂圖曼帝國攻占的失土。當時鄂圖曼帝國正忙著與哈布斯堡家族交戰，阿拔斯一世料定鄂圖曼無力出兵東征，於一六〇三年奪回大布里士，之後又一一攻陷喬治亞提弗利司（Tiflis；現喬治亞首都提比里西）、亞塞拜然干賈（Ganja）等要衝。於是，到了一六〇七年，穆拉德三世在位期間，鄂圖曼帝國陸陸續續喪失從薩法維朝奪得的所有土地，兩國國界回到一五五五年《阿馬斯雅和約》中界定的邊線。

◎與奧地利哈布斯堡家族的「長期戰」

帝國西邊的戰線同樣是一場曠日廢時的消耗戰。一五九三年，在主戰老將柯加．希南．帕夏（Koca Sinan Pasha）的強勢推動下，帝國決定出兵攻打哈布斯堡統治的匈牙利，這項決策同樣是軍人政治家在權力鬥爭後的結果。匈牙利被哈布斯堡家族與鄂圖曼帝國瓜分，於兩國邊境存在著被雙方官員課稅的統治交疊地帶，彼此之間的你爭我奪早已稀鬆平常，不缺開戰的理由。

但這次作戰，讓鄂圖曼帝國多瑙河以北的三屬國陷入混亂。外西凡尼亞眼看鄂圖曼軍在匈牙利戰線節節敗退，決意倒戈投向哈布斯堡家族；而摩爾多瓦及瓦拉幾亞二國領袖亦同時變節，和鄂圖曼兵戎相向。鄂圖曼軍在匈牙利陷入苦戰，才剛奪下的城池不日即失，雙方互不相讓的戰況，使得戰事進入長期對峙。這段期間作為帝國統治匈牙利據點的布達，雖然曾二度遭受包圍，但終能免於淪陷。

一六〇三年左右，位居下風的鄂圖曼終於看到一線曙光。在外西凡尼亞、摩爾多瓦及瓦拉幾亞的局勢發生逆轉，哈布斯堡軍殺害瓦拉幾亞公，在外西凡尼亞引起反對哈布斯堡家族的浪潮，引起叛亂。與此同時，在大宰相拉拉．梅何美特．帕夏（Lala Mehmed Pasha）

領導下，鄂圖曼軍扳回在匈牙利的劣勢。於是在一六〇六年，雙方於緩衝地吉托瓦托洛克（Zsitvatorok）坐上談判桌，重新議和。

在這場長達十三年的「長期戰」中，沒有哪一方是絕對的勝利者。以鄂圖曼為例，儘管帝國數度陷入危機，卻總能化險為夷，守住舊有領域，這是一種看法；但另一個看法是，這些險境也足以證明帝國國力早已不如十六世紀前半葉的顯赫。至於哈布斯堡家族，他們既無法彰顯新型軍事技術的優勢，也仍舊無法取得匈牙利及外西凡尼亞本土勢力的全然信賴。一六〇六年締結的和議，讓兩國六十年間無干戈之事。

◎「長期戰」帶來的影響

長期戰對鄂圖曼帝國的影響頗深。檢視帝國在這十三年間的轉變，從上半場處於不利地位，慢慢扳回局勢，最終恢復到開戰前的狀態而收尾。鄂圖曼帝國能在途中扭轉頹勢，全仰仗帝國迅速模仿奧地利在開戰後不久所展示的新式技術，並全方位應用在戰場上。

十六世紀後半葉的軍事技術革新，在歐洲史上稱為「軍事革命」，其中包含三個面向：第一、導入義大利的築城技術，第二、步槍的改良及補充持槍步兵的數量，第三、以步槍為主要的攻擊武器，改寫了帶兵作戰的方式。鄂圖曼軍除了快速加強新軍的訓練，並進一步從安那托利亞的農村中，募集雖不熟練但懂得使用槍械的非正規步兵，將他們投入戰場中，這項舉措算是跟上了上述的第二項改革。此後在戰場上，配以火器的非正規兵成為軍隊中不可或缺的一員。然而戰爭一旦結束後，這些非正規兵便失去了用武之地，反而成為社會動盪不安的因素。

另外，鄂圖曼軍在上述第一及第三項的軍事技術方面，大致上雖然和歐洲維持著同步發展，但是已經不具備能支撐起十六世紀盛世的整體優勢，換言之，鄂圖曼帝國很難再藉由戰爭開拓新天地。

在這一系列東征西討的作戰中，只有梅赫梅德三世在剛登基時，曾以蘇丹的身分親征過一次，此後的蘇丹就一直深居在伊斯坦堡的皇宮裡。

◎後宮的功能

隨著蘇丹深居托卡比皇宮不理朝政，內廷後宮的功能隨之增加。儘管蘇丹的實質政務功能轉弱，但每當有權貴想要想利用蘇丹時，便需要靠後宮的官僚從中撮合。此外，蘇丹若尚且年幼，其母后即掌有極大的影響力。自穆拉德三世的母后努爾巴努（Nurbanu）妃以後，

黑人宦官長　黑人宦官長充當蘇丹、母后和軍人政治家之間的聯繫管道，手握實權。阿姆斯特丹國立美術館館藏。

母后開始居住在托卡比皇宮內，不僅後宮的人員增加，經費也隨之增加。

後宮官僚由黑人宦官們擔任，十七世紀時約有三十五位有給職的黑人宦官。其中黑人宦官長在實力上能凌駕負責內侍教育的白人宦官長，掌管宮廷整體事務。他們與帝國內的其他官員不同，具有蘇丹私人僕使的性質，因此可以利用這層特殊身分，染指蘇丹名義下管理宗教獻金的財務管理人一職，藉以中飽私囊。另外，麥加、麥地那專款專用的宗教獻金的財務管理人，同樣也是由黑人宦官長擔任。黑人宦官多來自非洲蘇丹地區（Sudan），據說他們是在埃及進行去勢手術後，才透過進貢的管道進入伊斯坦堡，所以他們退役後，多半移居埃及，且在當地依舊維持一定的影響力。

十六世紀後半葉以後，後宮內部形成以蘇丹的母后為首的階級架構。在母后之下，則是一群替在位蘇丹誕下子嗣而被冊封為哈瑟奇的女性。後宮女性多半是戰俘或是以奴隸身分被當作貢品進獻入宮的女性。

有別於女奴一詞的負面意涵，宮廷後宮基本上是教育重地，後宮中的日常就像是一間規律嚴謹、階層權力關係分明的女校，留在宮中的女性前輩盡心竭力教導晚輩，宦官長則扮演著舍監的角色。這群女子中，成績優異而足以吸引母后目光之人，才有機會踏上通往蘇丹側室的通道。

另外，母后及哈瑟奇還身負類似外交官的重任，和歐洲王室周旋交際。從梅赫梅德三世的母后莎菲耶（Safiye）妃寫給英國伊莉莎白女王的書簡中可以得知，她們仿效英國皇室宗親往來的禮儀，時常彼此交換禮物，禮尚往來。

當然，宮廷後宮也十分看重替奧斯曼家族傳宗接代的使命，然而除了穆拉德三世在位期間，其他女性最後真正成為蘇丹側室的機會並不多，

托卡比皇宮後宮內部　女性寓居之處。女性進入後宮的管道有購自奴隸市場或各國進貢。入宮女性多來自巴爾幹和高加索。（作者拍攝。）

這些女性在年滿一定歲數後，多半會因嫁予同樣受宮廷教育、擔任宮中內侍的軍人政治家而出宮。

順帶一提，穆拉德三世眾多的子嗣，日後成為改變鄂圖曼帝國蘇丹王位繼承方法的轉捩點。穆拉德三世於王子時代即生有一子梅赫梅德，日後成為王子的梅赫梅德同時也是最後一位曾經擔任過縣軍政官的王子。穆拉德三世是一位子嗣成群的君主，當他於一五九五年駕崩時，共計留有十九位兒子。梅赫梅德三世即位後，雖曾一度猶豫，不欲殺害這群年齡差距甚大的年幼胞弟，但最後終究不敵「傳統」，下令處決了這十九名同父異母的兄弟。

據編年史記載，新蘇丹即位後，前蘇丹及其眾多已逝王子們出殯的送棺隊伍，列隊之長彷彿漫無止境，人民為之哀慟不已。因此，下一任繼位的阿何密一世決意放其弟穆斯塔法一條生路。自此之後，新蘇丹即

阿何密一世　　梅赫梅德三世

位不再執行誅殺兄弟的習慣（一六〇三年）。而且儘管繼承規則沒有明確規定，但蘇丹之位已不限於父傳子，由一族長者繼承王位的情形漸增。王位繼承形式的變遷，反映出蘇丹這個角色上的變化。

內政混亂與重建（十七世紀前半葉）

◎帝國內部的紛亂四起

鄂圖曼帝國征戰不斷，先後與奧地利爭奪匈牙利，又與薩法維朝搶奪亞塞拜然及高加索，同時自家版圖裡的安那托利亞與敘利亞也是叛亂頻傳。這群反叛者被稱為「傑拉里」（Celâl），名稱的由來緣起於十六世紀初在安那托利亞一帶活動的山賊；不過在鄂圖曼帝國底下，不論是襲擊防備薄弱的村莊的山賊與暴徒，或是背叛政府的反叛軍，就政府立場來看，一律通稱為傑拉里。十六世紀後半以後，以往俗稱紅帽軍的反政府遊牧民，已極少帶有明顯的什葉派色彩，因而同樣被歸類為傑拉里之流。

一五七〇年代以後，安那托利亞經常發生小型的城市暴動。一五九六年左右，傑拉里發動第一波大規模暴動。這一次化身為傑拉里的，是一群來自安那托利亞農村、在哈布斯堡家族戰爭中以非正規兵（levend）身分參戰的農民。圍攻戰結束後，這群非正規兵遭到解雇，他們只得帶著槍械等武器返回故鄉，當時適逢下階軍官卡拉・亞茲茍（Kara Yazıcı）發動叛變，他們便趁勢加入，變成一群貨真價實的暴民。在這群人當中，有許多剛步入定居生活不過幾代的遊牧民。這場對抗哈布斯堡家族的戰事，證明了他們只要手握武器，就能如正規軍人一般驍勇善戰。這群不在正規軍中的人們，有些未返回農村，而是加入其他暴民的行列，繼續危害安那托利亞。

伊斯坦堡當局因忙於東西戰線，沒有餘力撥出足夠兵力鎮壓叛軍，便給了反叛者可趁之機，四處引發暴動。卡拉・亞茲茍於一六〇二年死去後，他的兄弟德里・哈山（Deli

非正規兵　17世紀以後，在伊斯坦堡流行的「人物畫冊」中所收錄的非正規兵，肩上扛著笨重的步槍。節錄自 K. Ådahl, ed., Alay-ı Hümayun, 2006。

Hasan）繼續滋事，其他地方也接連發生巫尊・哈利勒（Uzun Halil）之亂、卡廉德爾奧（Kalenderoğlu）之亂等。這群藉由騎馬而極富機動性的山賊團體在各地村落肆虐，結果造成帝國帳本上有記錄的農村接二連三地一個個消失，情況極為嚴重，並且擴及全國各地。

至於西帕希騎兵，原本是從管區村落課稅來維持生計，卻因傑拉里叛亂而被奪走生活糧餉，迫使他們自己也淪為傑拉里，形成一個負的循環。雪上加霜的是，軍官間常爆發權力鬥爭，更是火上澆油，助長叛亂情勢。舉例來說，原本受命討伐卡拉・亞茲茵之亂的卡拉曼州軍政官，便因不滿待遇而加入反叛軍。

另一方面，敘利亞則發生了居布拉特家族（Jumblatt Family）之亂。居布拉特家為庫德族血統，以阿勒坡為活動據點。這場叛亂有別於其他發生在安那托利亞的動亂，可以解釋為阿拉伯的傳統本土勢力鎖定帝國中央權力渙散之際而興起的反叛嘗試。他們的頭目阿里・帕夏甚至一度與義大利諸公國締結協定，展現出亟欲與鄂圖曼帝國脫鉤的強硬氣魄。

這群反叛軍的領袖多數是鄂圖曼帝國的下階軍官。因此，政府經常以提供他們縣或州軍政官職位為條件，試圖藉此收拾殘局。這種手法早先用來安撫新征地的舊領主，不過這個年代的反叛軍頭目多半是被編配到遠方的巴爾幹縣軍政官，這等安排無非是強迫反叛軍頭目離開根據地，避免新加入的傑拉里助長他們的軍勢。

可是在帝國一結束與奧地利哈布斯堡家族的爭戰，便即刻派遣窟尤糾・穆拉德・帕夏（Kuyucu Murad Pasha）率領政府軍討伐反叛軍。窟尤糾透過徹底且強硬的掃蕩，於一六〇八年相繼平定半數以上的叛軍。第一波傑拉里叛亂就此結束，此後各地雖仍然存在各種動亂因子，卻難以與政府軍長期抗衡。

◎傑拉里的叛亂本質

那麼，傑拉里的叛亂究竟意味著什麼呢？雖然過程中摻雜了多種動機，但傑拉里叛亂基本上是軍人統治層內部權力鬥爭的延伸，政治色彩濃厚，至少帶頭者的心態昭然若揭，因此誠如前文所述，中央只得賦予叛賊頭目官職，才得以在收拾叛亂上奏效。

但另一方面，農民這群被統治者加入反叛軍也是事實。隨著社會的流動，在那些亟欲轉為軍人的農民中，存在的競爭與不滿時而使他們變身成暴民。然而，能夠真正成為統治階層的，僅限穆斯林。所以，雖然在穆斯林人口眾多的安那托利亞動亂頻起，戰火卻未延及巴爾幹，這也是帝國賜予傑拉里頭目巴爾幹縣軍政官官職的理由。另外在十七世紀中葉時，巴爾幹部分地方盛行改信伊斯蘭教，這與農民另闢道路以非正規兵的形式成為士兵的時期重疊，所以亦可解釋為兩者的動向存在著連動的效應。

實際上，不只是反叛軍傑拉里，前往討伐鎮壓的政府軍構成也極為複雜。在西帕希騎兵中頻頻出現反叛成員的情況下，帝國派遣的是少數的常備軍（新軍隊伍）以及大宰相或州軍政官府下的私人部隊。當時，已出現有力軍人政治家自行出資雇起私人傭兵，原為農民的非正規兵亦有機會在其中求得一職。如此一來，軍隊構成的改變和社會的流動形成並進之勢。

◎奧斯曼二世遇害

傑拉里叛亂雖一度被鎮壓，但之後又於一六二〇年代捲土重來。此次叛亂的頭目是在中央政府內部展開權力鬥爭的高層軍官。這又是一個對中央任官極為不滿的州軍政官，於是在就任地擁兵自重、並於當地發動叛亂的固有模式。

混亂起因於一六一八年登基的奧斯曼二世。如前所述，蘇雷曼一世以後，鄂圖曼帝國已經連續五代歷經無權蘇丹的「統治」。阿何密一世二十七歲早逝，其長子奧斯曼當時年方十四，故而由叔父穆斯塔法即位（從阿何密一世起，已無誅殺其他帝位繼承者的舊俗，並開啟非父傳子的先例）。然而，穆斯塔法一世性情古怪，就連編年史家都直言不諱地記述他將口袋中的金幣銀幣亂塞給他人的古怪行徑，此人的精神狀態絕非正常。所以穆斯塔法一世即位後三個月就被迫退位，作為後繼的奧斯曼二世亟欲擺脫眼前這種令他不悅的狀況，於是動作頻頻，以求奪回蘇丹實權。

然而，伊斯坦堡的政治早已是黨派權力鬥爭的舞台，台上出演主角的是多位大宰相等級的軍人政治家、宮廷黑人宦官長、伊斯蘭導師、新軍司令官以及蘇丹本人。在位者亮出「蘇丹」這塊金字招牌就能通行無阻的年代，早已一去不返。因此當奧斯曼二世不顧周遭反對，強行於一六二一年遠征波蘭卻徹底失敗時，從此身陷孤立無援的困境。

穆斯塔法一世

隨後，當奧斯曼二世欲前往麥加朝聖時，城中卻謠言紛飛，說他計劃解散新軍或遷都開羅。結果在一六二二年五月時，事態演變為新軍暴動，要求處決大宰相等六人。奧斯曼二世拒絕了新軍的無理要求，卻使暴動加劇，最終演變成奧斯曼二世遭新軍捕獲並殺害的結局。

新軍以下犯上殺害君主蘇丹這等前所未聞的事件帶給世間巨大的衝擊，肇事的新軍內部也為了平撫這起事端，而不得不採取血債血償的老派行動。換言之，在事件發生後，他們要求處決自己所擁戴的大宰相，企圖用大宰相的鮮血洗刷自身的「罪名」。奧斯曼二世遇害後，由患有精神疾病的穆斯塔法一世重登王位一年。

然而，蘇丹遇害的紛亂並未就此平息，反而形成連鎖反應，使反對新軍的有力軍人政治家在安那托利亞引起暴動，其中規模最大的，當屬艾朱倫州軍政官阿巴札・梅何美特・帕夏（Abaza Mehmed Pasha）於一六二二年發動的叛亂。這場動亂最後發展成傑拉里叛亂，蔓延整個安那托利亞，一時之間西瓦斯、安卡拉、布爾沙都落入了反叛軍手中。阿巴札之亂是首都黨派惡鬥的延續，阿巴札嚴斥新軍殺害蘇丹的蠻橫凶惡，主張負責人須受死刑，他的論調在伊斯坦堡中獲得廣大支持，也因此，最後中央任命阿巴札擔任波士尼亞的縣軍政官一職，藉以平息叛亂（一六二八年）。

穆拉德四世　　奧斯曼二世

◎穆拉德四世時期

一六二三年，穆斯塔法一世遭廢黜後，由十二歲的穆拉德四世即位。在其執政期間，東邊與薩法維朝的抗爭持續不斷，這次的導火線是因為薩法維朝的阿拔斯一世於一六二四年時奪下巴格達所引發的。不論是「巴格達應由什葉派政權支配」，還是「巴格達應由遜尼派政權支配」，這些口號都能帶來極大的宣傳效應，也因此自一六二四年以來，鄂圖曼帝國不得不持續派遣軍隊防衛東境。直至一六三八年穆拉德四世親征後，才總算奪回巴格達，取得久違的軍事勝利。一六三九年，鄂圖曼帝國與薩法維朝之間締結《卡斯爾許林條約》（*Treaty of Qasr-e Shirin*），條約中協議，高加索及亞塞拜然由薩法維朝占領，包含巴格達在內的伊拉克地區則歸屬鄂圖曼。

然而，沒人敢就此斷言這場勝利能為政治帶來穩定。穆拉德四世為了集權，處死多名親信，甚至殺害另外三名可能威脅其地位

珂姍妃

的親兄弟。儘管這全是穆拉德四世疑心疑鬼以及永無止境的黨派鬥爭下的結果，宮廷是一個充滿血腥、權力鬥爭的是非之地卻是無庸置疑。在這場宮廷鬥爭中，穆拉德四世之母珂姍（Kösem）妃亦扮演著相當重要的角色。

此外，穆拉德四世為求整飭社會綱紀，祭出禁止咖啡、菸、酒的政策。在他治下雖以回復治安、整頓社會風氣為政治目標，但反而矯枉過正，成為鄂圖曼歷史上少見的恐怖政治時期。不過在強硬的政策之下，國內確實恢復了一定程度的秩序，也是不容否認的事實。受到穆拉德四世引領的感召，伊斯坦堡城中興起卡迪札得（Kadizade）一派，他們主張貫徹遜尼派伊斯蘭的各項傳統，糾舉所有偏差行為，屬於伊斯蘭基本教義團體。他們肆無忌憚的行為，讓伊斯坦堡裡多元共存的宗教界，第一次壟罩在緊張的氣氛之中。

◎易卜拉欣時期

穆拉德四世二十九歲駕崩，因其子夭折，且除了胞弟易卜拉欣（Ibrahim）之外，其餘兄弟全數被殺，因此他的後繼者僅有易卜拉欣一人而已。易卜拉欣於一六四〇年即位，即使他不斷出現怪異行為，依舊穩坐蘇丹之位八年，後世給他起了個「得利」（Deli Ibrahim；

土耳其語表示「狂人」）的渾名。

易卜拉欣身為蘇丹的唯一使命，就是替奧斯曼家族傳宗接代，以免王室就此斷絕血脈。但有一天，易卜拉欣卻將宮中嬪妃好不容易生下的男嬰梅赫梅德投入池中。關於他的異常行為，從這則軼事便表露無遺。據悉，易卜拉欣會精神異常，是因為自從奧斯曼二世遇害以來，他不斷目睹各種悲慘光景，懼怕死亡。即位之前，他過著隱居的生活，不曾踏出托卡比皇宮半步。

易卜拉欣的宮中經常有一些可疑的祈禱師出入，其中甚至有人升任政府高官職位。但也有些人說，朝廷實權其實是掌控在其母珂姍妃手中。那群既無軍事才幹、也無行政能力，只知包攬閒事的「朝廷官員」，憑著一股衝動出兵圍攻克里特島，結果招來威尼斯的報復，使達達尼爾海峽遭威尼斯海軍封鎖，讓伊斯坦堡危在旦夕。

易卜拉欣

最後，宗教學者會同各階層軍官協商同意，於一六四八年廢黜易卜拉欣，不久後將其殺害，接下來由不足七歲的梅赫梅德四世繼承大業。經過長期的內政混亂，一六五六年老練的軍人政治家庫普魯律・梅何美特・帕夏（Köprülü Mehmed Pasha）出任大宰相，掌握實權，據說這是他受到梅赫梅德四世之母杜沆（Turhan）妃的全權委任。傳聞杜沆妃指示黑人宦官長殺害執掌後宮二十八年實權的珂姍妃，並取而代之成為後宮之主。

以上資料大部分來自服事庫普魯律家族（Köprülü Family）的歷史學家於日後編纂的史書中的內容。其中關於朝政混亂的描述，讓人不禁訝異，鄂圖曼帝國竟能挺過這些動盪。然而「盡信書不如無書」，當時這群歷史學家為了彰顯後來興起的庫普魯律家族的成功事蹟，刻意強調前朝歷史的黑暗面，書中所載歷史就結果來說雖然都是「事實」，但絕不可囫圇吞棗，全盤相信。

近世以來，許多國家開始將政府機構與宮廷分開經營，但宮廷內部卻終日上演著操弄權謀的把戲，法國波旁王室與日本德川家是如此，鄂圖曼帝國亦然。所以不能忘記的是，在宮中紛擾、內廷混亂的同時，攸關國家治理的各項制度依舊持續地運作著。

◎庫普魯律・梅何美特・帕夏恢復秩序

庫普魯律・梅何美特・帕夏就任大宰相時，已是近乎八十歲的高齡。據說他出生於阿爾巴尼亞，在伊斯坦堡宮廷中接受教育，出宮後以安那托利亞一處名為庫普魯（Kopru）的城鎮為主要活動據點，藉由與當地權貴聯姻，在庫普魯立下穩固的經濟根基。

庫普魯律先後擔任有力軍人政治家前輩的家臣，以及政府的縣軍政官、州軍政官，累積了豐富的從政經驗。他有眾多的政敵與盟友，換過無數次的職位，多到讓人眼花撩亂，雖曾經敗給政敵而被革職，不得不貸款以扶養龐大的家臣團隊，而後又因借款而鋃鐺入獄。這種以親戚與派系為根基展開行動的模式，是這個時代軍人政治家的典型；而庫普魯律的強悍個性及毅然態度，反而成功地拯救了鄂圖曼帝國，脫離政局亂象叢生的困境。

首先，庫普魯律徹底肅清城中跋扈囂張的卡迪札得派基本教義團體，以及敵對的軍官陣營，掌控實權。然後，於一六五七年八月在愛琴海大破威尼斯，解除海峽封鎖。正因為此時此刻對伊斯坦堡而言，是攸關生死存活的關鍵時刻，所以庫普魯律的勝利成為他日後強硬推行政策的基礎，而且他還深受宮中杜汍妃等人的支持。接著，庫普魯律於翌年遠征外西凡尼亞，以懲處外西凡尼亞公因入侵波蘭而採取違抗帝國的行動，同時他還以暗助瓦拉幾亞動亂之罪名，處決了希臘正教會總主教。

另外，非主流軍人政治家及地方軍政官，因地位受庫普魯律威脅，而以阿勒坡州軍政官阿巴札・哈珊・帕夏（Abaza Hasan Pasha）為首，在安那托利亞舉旗反叛，這股勢力在安那托利亞阿勒坡地區再度擴大成傑拉里叛亂。不過，庫普魯律在一六六〇年左右時剿滅亂黨平定叛事，奠定十七世紀後半葉政治社會的穩定基礎。

◎重啟對外征戰

十七世紀後半葉，帝國逐漸恢復原有的社會秩序，於是再度對外重啟戰事，與宿敵奧地利哈布斯堡家族兵戎相見。在這之前，兩國根據一六〇六年於吉托瓦托洛克締結的和談，大致維持了六十年的和平。這段期間，奧地利加入神聖羅馬帝國發動的三十年戰爭（一六一八～一六四八年），鄂圖曼帝國則忙於應付國內政治亂局，彼此各有要事，自顧不暇。

一六六三年，庫普魯律・梅何美特・帕夏的長子法奇爾・艾哈梅德（Köprülü Fazıl Ahmed），繼其父之後成為大宰相，對奧地利開戰。雖然鄂圖曼軍於匈牙利西部慘敗，但翌年締結的和平條約內容卻讓鄂圖曼當局相當滿意。在地中海地區，經過長年圍攻之後，鄂圖曼軍終於在一六六九年攻下坎地亞

坎地亞之役

（Candia），成功征服克里特島。接著從一六七二年開始，因烏克蘭問題而對波蘭發動戰爭，並於同年取得位在聶伯河（Dnieper River）與聶斯特河（Dniester River）兩河之間的波多利亞地方（Podolia，現烏克蘭）。此時，鄂圖曼帝國在歐洲的疆域達到歷史上的巔峰。

然而，這些距離遙遠的異地戰爭，同時也顯示出帝國軍事活動的極限。帝國軍力大部分仰賴克里米亞汗國等屬國軍隊，完全是如履薄冰的狀況，而這種借用他國兵力的作戰方式，也成為日後與奧地利交戰失敗的主因，成為國家肩上的沉重負擔。關於這個部分將在本書第七章詳述。

鄂圖曼的官場競爭

◎鄂圖曼的官場社會

如前文所述，十六世紀後半葉以後，在鄂圖曼帝國後期的歷史中，先後出現了許多有權有勢的軍人政治家，他們之間角力鬥爭的延長，不僅揭開對外征戰的序幕，更引爆安那托利亞的動盪。實際上，這些軍人政治家並非單打獨鬥，他們的背後都肩負著一個包含家僕在內的龐大組織團體。他們雖然依舊被稱為「蘇丹僕人」，但實際上已經和十六世紀前半葉時有著極大的不同。這種官僚集團的形成，始於十六世紀後半葉，十七世紀的帝國政治便是取決於這群實力黨派領袖軍人政治家的一舉一動。

有實力的軍人政治家背後的組織團體，是以其家族或受其雇傭的文武雇員為組成核心，成員還包含利用各種手段拉攏的其他人士。臨時雇傭、褒獎文人的詩詞創作、從中斡旋官位等，這些行為都是形成黨派使用的手段。在多數情況下，就任官職全靠權貴人士舉薦或黨派政治的力量關係來決定，想要求得一官半職，就必須投靠黨派。實力堅強的軍人政治家，則自行角逐大宰相等重要職位，並在政壇各界的職位安插我方黨派成員，藉以維持自己的勢力。

這樣的趨勢已遍及整個官場社會，完全是黑箱作業，讓人難以捉摸，這一切全是因為任官體系沒有一定的制度可循之故。在鄂圖曼帝國中，除了宗教學者以外，其他官員的就職並沒有固定的考試制度或晉升規定，以至於產生這種任官過程不透明的事態。

然而，取得官職的官員們所建構出來的官場社會，卻有著明確的職權區分，以及層級分明到令人詫異的階層結構。舉例來說，大宰相並非名譽頭銜，施政一旦發生弊端，勢必帶來倒台的可能，嚴重時甚至難逃死罪。另外，文官與武官的職務、行政財務等官僚機構，也有著明確的權限與下達命令的系統。但是，任官的關鍵卻是取決於人脈，有時還必須加上雄厚財力。這種官場制度的一體兩面——也就是任官過程不透明與任職後職權明確的兩個面向——架構起鄂圖曼的官僚世界。

對於以上所述情況，究竟該以允許行賄的腐敗結構的觀點看待？還是該以實力決定一切的角度來界定？鄂圖曼帝國後期社會將會因切入角度的不同，而展現出全然不同的面貌。在這個時代留下歷史著作或評論的知識分子，大多嘗過鄂圖曼官場這種一體兩面的苦頭，故而在著作中大吐苦水，嚴斥「歪風盛行，帝國榮耀已成過往雲煙」。然而與此同時，鄂圖曼帝國也確實透過官員的上下協作，合力度過國家的內外危機。鄂圖曼的全體官僚可說是在「官場的一體兩面」這種大環境下的夾縫中求生存。

◎軍人政治家的仕途

黨派的領導者是有實力的軍人政治家，而要成為軍人政治家，首先必須出身於蘇丹宮廷，這一點是從十五世紀以來的鐵律，而且宮廷出身者，仍然是「蘇丹的奴隸」。

但是，長久以來一直做為募集「蘇丹僕人」主流方法的少年充軍，到了十六世紀以後，舉辦的次數不斷減少，十七世紀更是僅執行過寥寥數次。然而，宮廷出身的「蘇丹僕人」人數並未因此減少。十七世紀以後，權貴人家的子弟或親屬透過舉薦入宮，就連出身名門世家、自由之身的少年也被送入宮中。不論是因俘虜、買賣或進獻而成為伊斯蘭法上「真正」的奴隸，或是原屬自由之身，藉由其他管道自願進宮的少年，入宮後都統一稱作「蘇丹僕人」。

他們享有特權，同時又備受管束。他們的特權是得以成為管理階層的一員，隨後被分派到各等職位，其中鶴立雞群的人物，可能擔任州軍政官一職，甚至升任大宰相之位。然而，若從他們是屬於蘇丹「所有物」的觀點來看，蘇丹一聲號令，便可將其處罰或殺害，而且死後多半由政府沒入財產。當政府財政短絀時，沒入財產的次數增加，大半權力者的財產幾乎全數遭到國家徵收。

軍人政治家藉由在位期間聚集財力，豢養大批家臣，但由於他們的權威與財富全以官職為根基，所以一旦長期丟官失業，家臣們自然作鳥獸散。此外，沒收政治家的財產對政府來說也有好處，能讓帝國極少出現代代相傳、保有權勢的世襲門第。

◎大宰相

軍人政治家的終極目標，是升任最高位階的大宰相一職。鄂圖曼帝國的大宰相職位始於十四世紀後半葉，隨著中央集權體制的加強擴充，大宰相地位日益提升，人稱蘇丹的「全權代理人」。大宰相主導御前會議，也就是鄂圖曼帝國各機構領袖的集會。在御前會議中經合議後的決定，透過大宰相上傳蘇丹，隨後再發號諭令，以公文形式下達相關人事。照慣例，可出席御前會議的人物包括諸位宰相、宗教學者領導的兩名軍事法官、財務長官、文書行政首長的首席書記官等。

另外，大宰相也經常在戰時代替蘇丹指揮軍隊。不過，每場遠征都會另外編派總司令官，這種調派情況日後也逐漸成為常態。

十六世紀後半葉以後，蘇丹逐漸喪失實權，大宰相的權力與責任隨之加重，同時大宰相的職位鬥爭也愈演愈烈。大宰相由蘇丹任命，僅需符合這道程序，沒有其餘就職的任官條件。所以當蘇丹的判斷能力愈來愈不可信時，晉身大宰相一職便取決於覬覦者之間的自由競爭，以及平日能夠左右蘇丹意識的後宮人員。

因此，任職大宰相形同如履薄冰，政策失誤的責任完全歸咎在大宰相身上。如前文所述，就連蘇雷曼一世，也是利用罷免大宰相的手段來轉嫁輿論批判的矛頭，更別提日後軟弱無能的蘇丹身邊，盡圍繞著一群虎視眈眈的對手，伺機尋找扳倒現任大宰相的機會。大宰相的職位，可以說兼具了最高的權力，以及隨時可能失勢的危險。

在這種情況下，當時人們在談論帝國時事時，批判的風頭一律指向大宰相。換言之，這是一種基於「現在情勢不好都是大宰相的過錯」的論點。十七世紀初出版的政治論《改革之書》（*Kitab-i Mustetab*；作者不詳）中寫道：

> 正如先人留下的至理箴言：「魚從頭開始腐敗」，真是一針見血。現世亂象與秩序逸脫，全因吾王未能選賢與能，任由當朝的大宰相攬權納賄。上行下效，風塵惡俗，破壞舊規，違法亂紀，實由茲起。

《改革之書》是屬於「勸戒書」類別的書籍。「勸戒書」是一種政治論述，提倡以史為鑑，勸導執政者應公正治理。在鄂圖曼帝國內，十六世紀以後相關著作多如繁星。誠如以下段落所介紹，鄂圖曼官吏不約而同地執筆撰寫這類書籍，實受當時大環境驅使。

「勸戒書」以既定形式將問題矛頭指向大宰相，絕不僅限於《改革之書》。然而，「魚從頭開始腐敗」這種簡明扼要地道出組織敗壞始於上位者的比喻性批判，精準地反映出當時鄂圖曼帝國人民的關心所在。

不過，仔細細想，大宰相是由蘇丹任命，如果其任命出現問題，那麼輿論批判形同指向蘇丹。穆拉德三世似乎對此背後意涵有所察覺，以下述詩歌提出反駁：

寡人求賢若渴卻尋無能人
但求賢才
因敬畏真主之心而熱淚滿盈
不吝建言，忠言逆耳，對症下藥
內外修身，容光煥發
先知卓見者亦惺惺相惜
博覽今古，英明睿智
寡人如能得此賢良，此生無憾矣

這是穆拉德三世對身邊苦無人才所發出的感嘆。大宰相是否能適材適用，確實左右著鄂圖曼帝國的命運。帝國體制的實際負責人從世襲蘇丹轉向任命制度的大宰相，也確實給鄂圖曼政治帶來高度競爭的衝擊。

◎州軍政官

軍人政治家的職位當中，僅次於大宰相的重要職位是各地的州軍政官。鄰近伊斯坦堡、堪稱鄂圖曼帝國本土的巴爾幹魯美利州與西安那托利亞各州，與中央政府關係緊密，故其軍政官位階凌駕他州。不過在十七世紀前半葉，任職於帝國周邊地區的各州之州軍政官，所扮演的角色越來越重要。

在鄂圖曼帝國，針對距離中央較遠的地方單位，以州為單位（或是以數州共同組成的區塊單位）採行自治管理，行政程序無須經由伊斯坦堡中央政府，可在當地自行完成，典型代表是十六世紀初成立的埃及州與巴格達州。這種作法使州軍政官擁有極大的權限和責任。

十六世紀後半葉以後，採取自治體制的州數增多。遠方戰事所需的兵力與物資，直接從鄰近的各州籌措，委任州軍政官統轄管理所有相關事宜。此外，統理州內課稅的最終權限，也全權託付地方州的州軍政官。於是，地方州軍政官的行政權限變得極大。

十七世紀，為了因應州軍政官職責範圍的擴充，州軍政官多由受過宮廷教育的成員出任。這個時期，州軍政官的職務已不再是單純的軍隊指揮官，更必須謀勇兼備，身兼聯繫地方與中央溝通渠道的責任，具備足以豢養龐大家僕及私人部隊的財力和行政手腕。

到地方任職的軍政官，根據其官位與收入培養家臣團隊，模仿鄂圖曼宮廷建構自己的行政機構。他們的收入必須供養數百人、有時甚至達數千人規模的私人部隊。因此，軍政官的收入不僅來自官職俸祿，更以其所處地位及既有權益為後盾，投身各種經濟活動，致力確保其收入來源。

例如，德威許（Dervish Mehmed Pasha）於一六三八年帝國再度征服巴格達後，成為州軍政官。他開墾農地，著手推動巴格達與印度、伊朗的遠程貿易，範圍擴及金融、城市手工業等，累積了龐大的財富，豢養大批家臣，在歷史上相當有名。但在德威許死後，他所留下的鉅額財富，盡數充公。

於是，身為州軍政官又同時兼具權力與財富的軍人政治家身邊，聚集了軍人、書記、宗教學者等家臣僕從，與中央派來的財務長官聯手履行地方政府機關應盡的職責。舉例來說，十七世紀以著作《遊記》為人所知的愛維亞．瑟勒比（Evliya Çelebi），便是曾任大宰相職務的梅勒克．阿禾梅特．帕夏（Melek Ahmed Pasha）的家僕。據聞他帶著梅勒克的囑託，足跡遍及帝國全境。

有力軍人政治家所培育養成的人材，也經常就任中央或地方政府官職。這些有力軍人政治家的家臣團隊，同樣負擔著教養鄂圖曼官吏的功能。

◎權貴的牽線與仕進

有力軍人政治家周邊群聚著書記和宗教學者的候補人員，對這些待業者來說，未來不是就任政府官員，就是替有權力的軍人政治家辦事；有力軍人政治家的舉薦，無疑是任職公務人員最有效的通關密令。對書記或宗教學者而言，在各自的職業領域中提升學經歷的同時，加入權貴顯要的黨派對未來的職業前景已是不可欠缺的環節。就算是任官資格制度完備的宗教學者官員，想要占得理想職缺，更少不了高官推舉。

以下介紹一名書記官如何在這種人脈周旋與職場晉升環環相扣的世界裡，看盡世態炎涼的實際情況。這名書記官便是前段章節中提及的薩洛尼基，他基是個天資文藻的文人，更在日後以寫下鄂圖曼帝國編年史巨作而聲名遠播，但在其纂集的編年史中，卻處處透露著他在載沉載浮的宦海中苦戰的艱澀經歷。

薩洛尼基年輕時接受宗教學者教育，就職後接下的第一項重要任務，是以索庫魯．梅何美特．帕夏部屬的身分，參加蘇雷曼一世最後的遠征，並且身負榮譽使命，負責在貝爾格勒於蘇雷曼一世的靈柩旁吟詠《古蘭經》。

之後，薩洛尼基雖然長期在中央政府擔任財務官一職，但是他的仕途卻相當坎坷。例如在一五八七年左右，原本薩洛尼基接任常備軍騎兵團所屬書記長，負責支付遠征伊朗士兵的軍餉，卻在某日突然被其他權貴推薦的人物奪走職位而丟官。爾後，終於受大宰相費哈德．帕夏（Ferhād Pasha）舉薦，於一五九一年取得安那托利亞財務長一職，卻又因大宰相失勢而於翌年失業。一五九四年時雖然取得軍事法官的推薦信，卻無法如願以償填補宮廷廚房管理員的職缺。他也曾有一段時間在宰相或書記官首長的首席書記官家中擔任家僕。薩洛尼基就這樣在就業與失業之中來來回回，一步步爬上安那托利亞主計局長這個最接近財務首長的重要職位。

以上不過是薩洛尼基求職經歷中的一小部分，終其一生，他不斷仰仗有力人士推薦尋找工作，順利時便能求得一官半職。然而，高階職位的任期極為短暫，即使像薩洛尼基這般優秀人才，也無法長期占著位置不放。

◎「衰退論」的源起

薩洛尼基編纂的編年史和「勸戒書」一樣，以辛辣的措辭批評鄂圖曼帝國當代世態的混亂。他在文中寫道：「位居宰相者，固執己見，剛愎自用，視其他人的意見和做事方法為敝屣，滿口推辭，當言不言。至於宗教學者，本應為宗教與國家奉獻，盡心竭力，但實際上卻瀆職懈怠，更出現違背伊斯蘭教義與習慣的言行，如此一來，遵守聖法以防止不公不義的事情發生勢將窒礙難行。」

不用說，在職場上屢屢受挫的薩洛尼基早已義憤填膺，他直言不諱地指出當時帝國官場賄賂、賣官的行為橫行，感慨政府未能量才錄用，並再三警告，這些都是國政脫離昔日正道的證據。

這些衰退的表象多是確有其事，薩洛尼基身處官場，所述之事皆是目見耳聞。不過，薩洛尼基在所著編年史中對現況的批判，卻也不可全盤盡信。畢竟，儘管任官人事有所偏頗，才華洋溢的薩洛尼基的確也曾位居政府的要員。

類似的批判，也同樣出現在十六世紀後半以後所寫的「勸戒書」以及其他政治書籍中。這些著作或多或少都會提起鄂圖曼帝國的社會亂象和政治腐敗，並將其引申為帝國衰退的證據。然而究其背後的成因，這些言論多半是出自作者本身對處在職場中不滿和憤慨的述懷。

誠如前文，在「勸戒書」或歷史書籍中擔憂現世紊亂的現象早已定型。這類書籍多半呈獻給軍人政治家，這些批判性的言論不僅能作為建言，更是用以取悅特定政治人物的媒介。如前文所提及，我們不能忽略書中強調的「黑暗」面，可能是為了凸顯進獻對象的高官顯爵乃「照亮黑暗亂世的一線曙光」；而且書中提供的改革處方籤，多半歸結到恢復「正規的任官制度」，這種結論，這無非是反映作者們自身當下的的任官情況。

◎被「美化」的蘇雷曼一世

人們總會回頭在過往歷史中對比現況，尋找社會應有的樣貌。在蘇雷曼一世執政期間完成的「勸戒書」中，當時空背景從其父謝利姆一世或祖父巴耶濟德二世的年代移轉到蘇雷曼一世當朝以後，對於蘇雷曼一世治世整體的描述也愈發美好。以下，再次從《改革之書》中節錄一段頌揚蘇雷曼一世的例子。

作者在書中批判當代社會現況，世間亂象紛起，綱紀廢弛，軍官壓迫百姓，民不聊生，甚至不得不「向暴徒及傑拉里祈求解脫」。之後筆鋒一轉，對比前段，描述蘇丹蘇雷曼一世的年代，在明君風行草偃之下，軍紀嚴明，盡忠職守。

書中敘述了一則軼事，大意是：「一日，因遠征而出發前往巴爾幹的蘇丹，他在行軍途中看見路旁民家牆外垂掛著果樹枝條，上頭結有果實。這表示行走在蘇丹前方的隊伍沒有一人擅自摘取屬於平民所有物的果實。蘇雷曼一世抵達下一個營地時，派遣可靠的使者折返原路，查看果樹情況。結果，樹上依舊垂掛著果實。由此可知，跟隨在蘇丹之後的隊伍，同樣無人私自奪取民家財物。聽了使者的報告，蘇丹甚是欣慰，感謝真主。」而且，這等愛民如子的王者風範史有前例，甚至可以追溯到薩珊王朝（Sasanian Empire）的古代賢王：「古老薩珊王朝的賢王在獵場用餐，即使沒有食鹽，也不會強行向百姓索取。在偉大賢王底下，從前帝國的國軍紀律是何等嚴明。反觀今日……。」

就像這樣，故事寓意濃厚的「勸戒書」中所描述的蘇雷曼一世，便如同薩珊王朝傳說中的一代明王。在蘇雷曼一世漫長的盛世中，存在著成千上百的相似題材。隨著這些故事與前人逸事的對照不斷交錯堆疊，遂使得蘇雷曼一世是鄂圖曼帝國最公正明道的明君傳說逐漸樹立起來。

這些蘇雷曼一世傳說的塑造，之後便在時間的積累中，連同那些反映現實世界不滿的勸戒書籍言論一起，與帝國人民對過去「蘇雷曼時代是鄂圖曼帝國最璀璨光榮的盛世，之後便步入衰頹」的評論鑲嵌在一起，再難分開。

◎阿布都巴基——將詩歌做為武器

和編寫「勸戒書」等散文作品的作者處境雷同，詩人為了尋求庇護，也會將詩歌獻給權貴政治家。本段將介紹曾出任宗教學者的詩人阿布都巴基（Mahmut Abdülbaki）。

人稱完成鄂圖曼詩歌集大成之作的阿布都巴基，於一五二六年出生於伊斯坦堡宗教學者世家，在蘇雷曼尼耶清真寺新設的附屬伊斯蘭經學院等地接受教育。阿布都巴基年少時便鶴立雞群，深得當時錚錚有名的詩人扎提（Zâtî）等人賞識，進而打開知名度。之後他獲得向蘇丹蘇雷曼一世獻詩的機會，並經由蘇丹舉薦，取得伊斯蘭經學院教授等職位。但實際上，許

三位文人　描繪伊斯蘭導師埃不斯特以及兩大詩人阿布都巴基和內菲。伊斯坦堡國民圖書館館藏。

多人質疑阿布都巴基出任宗教學者的學識能力，公開反對他就任官職的人數眾多。

阿布都巴基所作的詩歌中，最著名的一首莫過於他在蘇雷曼一世駕崩後，遙憶蘇丹所寫下的追悼歌。全詩總計一百一十二行，首段如下：

受困於世間名譽誘惑與毀謗陰謀而裹足不前的貴人
得承受多少今世永無止盡的苦難
想起人生的春日將盡，曾經閃耀著鬱金香光芒的面容，終將成為秋日落葉
總有一日，我們會如殘杯冷炙遭人遺棄而回歸塵土
命運之石從天使手中墜落，金樽應聲粉碎

以感嘆人生無常開頭的詩文動人肺腑，據說當時引起了眾人共鳴，但句句緬懷前人的後頭，卻緊接著寫給繼承者謝利姆二世的內容，說道：

朝暉破曉旭日東昇，看吾王挺拔英姿沐浴晨光
先王蘇雷曼的年代已逝

看，我們剛登上亞歷山大大帝寶座之王——蘇丹謝利姆
隱居深山的猛虎已沉沉入睡
看，我們眼前這名佇立高山峻嶺的偉大雄獅

很明顯，阿布都巴基是想藉由這首詩，向曾經對他大力提拔的蘇雷曼表達哀悼之意，同時對繼任蘇丹謝利姆二世發送請求庇護的訊息。這首詩雖然博得大眾高度評價，但事與願違，阿布都巴基未能如願求得謝利姆二世的眷顧。

阿布都巴基失去蘇雷曼一世這個強勁的後盾後，輾轉換了幾個工作。儘管他顛沛流離了一陣子，最後還是透過詩作尋得贊助人，藉由他們的力量，先後任職蘇雷曼尼耶清真寺附屬伊斯蘭經學院的教授，以及麥加、伊斯坦堡等地的高階法官，甚至曾三度就任宗教學者高階職位中的軍事法官。阿布都巴基晚年執著於得到宗教學者最高職位伊斯蘭導師的機會，卻始終無法稱心如意，並於一六〇〇年在失意中過世。不過，阿布都巴基死後倒是留下一筆相當可觀的財產。

從阿布都巴基的人生經歷我們看到，在這個詩人尚未成為職業的時代裡，阿布都巴基藉由創作詩歌進獻給權貴的手段，開啟他的求職之路。阿布都巴基的詩作深得眾多軍人政治家

的喜愛，自始至終維持著身為詩人的聲譽。

阿布都巴基以詩人身分聞名後世，在他的人生規劃路上，詩同時也是求職的重要工具。但是，宗教學者職位中的首席，豈能讓致力鑽研全心投入宗教學者以外的人物，以詩歌創作的技巧奪得，若真如此，其他職等的宗教學者勢必不會保持沉默。傳聞，當時某位高階宗教學者曾明言：「連這等貨色都能當上伊斯蘭導師的話，我會唾棄這個國家。」

重建財政與軍人轉型

◎財政赤字

一五八〇年代以後，鄂圖曼帝國陷入嚴峻的財政危機，年度收支於一五八一年首度出現赤字，之後與哈布斯堡家族展開的「長期戰」，更於一五九〇年代寫下帝國歷史上龐大的赤字紀錄。面對這等嚴重事態，政府官員——尤其是管理財務的書記官——無不絞盡腦汁持籌握算，嘗試各種手段以重整財政。

財政出現赤字的原因有二。其一是以軍事費用為主的支出大增。誠如前述，「長期戰」迫使鄂圖曼帝國改變戰術與軍隊編制，開始以步兵為主要戰力，於戰場投入大量的大砲、槍械等火器，戰鬥形式也從短時間交戰轉變成長期的攻城戰為主。同時還增加新軍人數，編制一批由農民等非正規兵組成的步兵隊。於是，軍事費用伴隨種種改革而擴張，成為壓迫財政最主要的原因。

第二項原因是通貨膨脹導致物價攀升。產生通膨的原因背景和機制尚有諸多不明之處，不過一般都認為，祕魯與墨西哥等新大陸所產的白銀大批流向歐洲，確實牽動了當時的物價波動，只是它的影響範圍及深度尚有許多待議空間，不能一概而論全歐洲體驗了相同的貨幣環境改變這般單純。況且，十六世紀後半葉以後的氣候變化，氣溫驟降，甚至造成博斯普魯斯海峽凍結，勢必也對鄂圖曼帝國的農業與經濟帶來巨大衝擊。

綜合上述多重因素，鄂圖曼帝國陷入赤字迴圈，面對首次的赤字危機，當局未能提出有效應對，直到一五八九年，政府的對策是將減少銀含量的銀幣投放到市場上，用以支付軍隊俸給。但這項以新銀幣支付俸給的新政策，在常備軍騎兵團之間引起高度不滿，結果在伊斯坦堡發生大規模暴動。這場暴動中，抗議者要求撤換魯美利州的州軍政官與財務長官，蘇丹礙於情勢不得不妥協。

於是，帝國當局為了因應眼前事態，於十六世紀末至十七世紀前半葉，推出稅制與課稅方法的改革政策。

◎貨幣納稅的各項改革

帝國所推出的政策之一，便是貨幣納稅的稅務改革，而此項政策的主要目的在於配合通貨膨脹，增加稅額以取得實質收益。首先自一五九〇年代中期開始實施改革，推動非穆斯林交納丁稅的徵收方法，於伊斯坦堡財務廳內部增設執掌丁稅的機構，統整全國丁稅帳本，並由新任的丁稅課稅官執行課稅。丁稅稅制依照貧富程度，設定成三級距，同時大幅提高基本稅額。

此外，原本僅在戰時徵收的臨時稅制（Avarız）成為常態，徵收方式也有特殊之處。這項稅制為了收取一定稅額，將多戶人家聯合組成一個虛構的「阿法戶」，再從該戶徵收現金，而且貧困地區的阿法戶，一戶中包含較多的實體戶，富裕地區的戶數則較少。為了執行徵收，當局重新製作了全國性的阿法稅帳本。

而為了取得新租稅帳本的基礎資料，鄂圖曼帝國於一五九〇年代舉行最後一次全國性規模的課稅調查，之後便以此次調查資料為基礎，按各地情況不斷更新，算是實踐按實情執行課稅的舉措。

在由中央派遣擔綱丁稅與阿法稅課稅的課稅官員中，有許多是曾經最接近政府核心的常備軍騎兵團成員。如同前言，一五八九年他們曾因不滿俸給不足而群起反抗，因此任用他們擔任課稅官，在確保國庫稅收的同時，還可填補這群人的薪餉收入。

◎擴大稅收承包制

導入並擴大實施稅收承包制，是增加帝國國庫收入的手段之一。稅收承包制所採行的手法，是中央收回至今授予西帕希騎兵的所有分封地，再將稅收以郡為單位整合，讓特定的稅收承包人認購一段期間；而這種以郡為單位的整筆稅源，稱為「木卡塔」（muqāṭa）。以往，國庫收取不到半毛西帕希騎兵從分封地徵收的稅金。由此來看，稅收承包制的推動帶給了國庫大筆收入。

稅收承包人的名單由中央政府決定，能夠出示高價認購並提供值得信賴之保證人名單的承包人方能取得資格。承包期間多為三至九年，最長十二年，當另有承包人提供更優惠的承包價格時，政府有權中途終止契約。這段時期，貨幣的課稅額常隨物價波動而急遽變動，所以實際上承包人多半每年輪替。

認購「木卡塔」的稅收承包人必須以預付方式，先將部分納稅額（百分之五至五十）繳納國庫，之後再從承包地的各個村莊徵收超過承包額的稅金，用以支付政府餘款及確保自身利益。以往，這種稅收承包制是用以徵收關稅、礦山收入的方法，到了十六世紀末逐漸大幅擴大其適用範圍。

這時，和前段所提的新稅制度一樣，稅收承包權的認購者，多由隸屬常備軍的軍人承接。鄂圖曼帝國的常備軍除了新軍以外，還包括常備軍騎兵團、由軍官第二代組成的穆特菲利卡（Muteferrika）軍隊及守護王宮外廷的守備軍等。新制稅收承包權的認購者多為這些隸屬常備軍的軍人，另外其他在宮中任職的官人也會參與競標。這表示，以往從國庫領取俸給的官員，得以取得課稅人職務或稅收承包契約，作為俸給日益減少的補償措施；就政府而言，則是透過賦予課稅業務作為官員們的「副業」，來轉嫁加薪壓力。

十七世紀後半葉，以分派課稅官職為交換條件，要求官員上繳俸給的制度也逐步落實。於是，常備軍軍人替代西帕希騎兵成為地方課稅的實質負責人，肩負重要職責。

以上的變化表示，鄂圖曼帝國的主要課稅體制從分封制轉換成稅收承包制，轉換的過渡期從十六世紀末一直延續到十七世紀中葉。在此同時，西帕希騎兵軍自此陷入長期沒落的趨勢。

◎西帕希騎兵何去何從？

分封制到稅收承包制的制度改革，是在犧牲西帕希騎兵權益的情況下推進的，不過，這也是十六世紀末戰爭型態轉變——亦即前文所提，自「長期戰」以後，西帕希騎兵軍在戰場上的重要性急速下滑——所引發的必然結果。

隨著火器的導入，大幅削減了騎兵功能，於是騎兵淪為後方支援，失去戰爭主角的地位。而且，隨著戰事期間的拉長，無法實際參戰的騎兵也隨之增加。這是因為他們的生活型態重點是徵收分封地稅金，只有在夏季期間才會隨遠征隊出征。

針對騎兵缺席的情況，政府貫徹戰場上的點名簽到制（yoklama），凡未按規程參戰的西帕希騎兵，皆沒收分封。於是，身為社會中堅階層的西帕希騎兵開始步入凋零。經沒收的分封，回歸國庫，列為稅收承包的項目。另外，回收的分封土地有一部分則授予新軍等現職軍人，作為俸給補償。

不過，西帕希騎兵並非一下步入全面性衰退，是經過百年以上的時間才完全從鄂圖曼的歷史退場。雖然帝國的主要地區大多立即實施稅收承包制，但邊緣地帶或鄰近戰爭前線地區依舊保留不少騎兵的分封地。其實，名目上持有分封的人數，從一五二七年的二萬八千騎，於一六三一年成長至三萬七千騎，反而有增無減。如前文所述，數量的增加是因為新軍注入新血，但是實際參戰的西帕希騎兵數量確實逐年遞減。十六世紀，騎兵加隨從的人次多達五萬至八萬人的軍隊編制，到了十七世紀初已然減半，十八世紀以後，戰場上已完全不見西帕希騎兵的身影。

那麼，在這之後，眾多的西帕希騎兵落腳何處？據推測，西帕希騎兵多數被稅收承包制的體制所吸收。因為，購入稅收承包權的常備軍軍人多半駐屯於首都，無法親自在承包地實施直接課稅，於是他們必須委託代理人在該地實際收取稅金，或是與轉包商簽訂合約，利用在地人材。

於是，在這場外派人員或簽約的過程中，應該有舊西帕希騎兵介入卡位的餘地，我們可以充分假設，他們儘管少有機會能自行買下稅收承包權，但至少能承攬在地轉包人員的工作。不過，普遍認為還有不少西帕希騎兵轉為農民，而且人數之多，不容忽視。該現象顯示，這個年代不僅有農民轉職軍人的動向，也同時存在著軍人務農的趨勢。

◎稅收承包的幕後

那麼，課稅——尤其是稅收承包制——實際上是如何運作？稅收承包一詞往往給予人們一種將課稅職務全程委託他人，脫離政府管制的刻板印象，但其實不然。以下介紹清水保尚氏在其研究中提及的事例之一。

左頁圖表中列出政府在敘利亞地方阿勒坡州實施承包業務的程序。在承包人的部分，鄰近伊斯坦堡的州由中央決定，其他以外各州則由地方財務官僚組織進行決策（①）。不過，後者必須向伊斯坦堡報告候補人選（②），最終須發蘇丹的批准文書（③），確認承包人選。合約從伊斯坦堡送達阿勒坡後，阿勒坡財務長官必須將合約謄本檢送阿勒坡的地方法官（④），地方法官將謄本歸檔當地帳本，對照以往的課稅狀況，核對確認無法律問題後，再將結果回報阿勒坡財務局（⑤）。另外，徵稅對象若身處地方法官的轄區郡內，地方法官即負有監督稅收承包人執行課稅之責任，同時當糾紛發生時必須居中調停（⑤）。

首先，阿勒坡地方財務長官從稅收承包人繳納的稅金，撥出治理阿勒坡州所需預算後，再遵照伊斯坦堡的指示，分送指定地點。有時為特定專款所用，譬如作為購入東方戰線物資資金，或特定城塞守備兵俸給，有時則送往伊斯坦堡。

時至今日，稅收承包制仍有諸多不明之處，但從所述記錄可知，該制度的流程是由財務書記與隸屬宗教學者階層的地方法官統轄管理。官僚各司其職，各自分擔的職責規定嚴謹，機關部門間透過標準格式的公文彼此聯繫，中央與地方間的往來書信則一律歸檔帳本，供後續參考。

實施這種繁雜作業流程的結果，使鄂圖曼帝國於後世遺留下龐大的文書資料，這同時也是各界官僚身為鄂圖曼國家機器運轉的齒輪之一，同心協力分擔權限與職責後所留下的成果。以下，讓我們進一步深入探討地方法官與書記這兩種作為稅制幕後主角的職業發展。

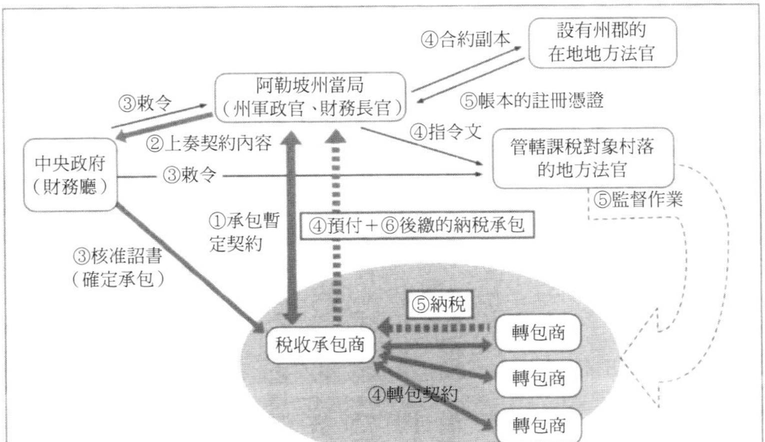

稅收承包制度流程　此圖為 16 世紀末阿勒坡州的範例，根據清水保治（1999）的研究製圖。

◎地方法官的職責

鄂圖曼帝國底下，宗教學者能夠擔任的職務中，地方法官可說是最重要的職位。於蘇雷曼一世時期成立的宗教學者官僚機構當中，地方法官的行政色彩最為明顯，因此對國家來說，地方法官的重要性可見一斑。

地方法官必須從修畢伊斯蘭教學校教育並取得任官資格的人才之中任命，一旦踏上地方法官之路，一般便再無晉升高階職位的機會，終生以地方法官的身分調派到就職地任職。鄂圖曼帝國從建國初期開始，就在國內各地分派地方法官，但直到十六世紀以後半之後，才將「郡」（każā）這個地方法官擔任的行政區普及到全國各地。「郡」在州、縣之下，所以位階較低，不過州縣負責人為軍官，郡的負責人則是地方法官，地方法官的上司為伊斯坦堡宗教學者高階職位人員。

地方法官身為郡等級的行政單位負責人，深入地方，發揮政府機關部門的功能。地方法官的首要職責，是主持地方法庭。法庭不僅進行法律審判，亦負責各種紀錄的工作、行政、課稅、維持秩序等。地方法官在法庭上可能做出的裁決，幾乎都已有例行程序，因此遇到特殊事件時，必須向伊斯坦堡呈報，等候中央政府裁斷，由此可見地方法官根據自己判斷行事的機會不多。

地方法官亦高度參預地方徵稅的工作，除了以往負責將地方稅金護送至中央的業務外，十六世紀後半葉他們的業務範圍擴大，在執行稅收承包方面，肩負稅收承包人選拔、確定保證人以及監督確認移交課稅金額等，一連串作業的手續費用，成為他們部分俸祿的收入來源，因此對他們而來說，「地方法官」這個職位也是他們賴以維生的重要本業。

◎協助帝國度過財務危機的書記官

主導十六世紀末帝國轉型並著手立案、實施、調整的人員，無疑是政府的財務官僚。由於財政支出擴大，他們為了支付眼前當下的費用，絞盡腦汁思考如何增加國庫收入，最終在短暫時間內，構思出將課稅系統改為承包稅制的重大革新。誠如前文所述，財務官被視為經濟混亂的元凶，甚至發生財務長官遭軍人殺害的憾事，所以對他們而言，採取相應措施已迫在眉睫。

然而，財務官本身是隱身舞台後方的幕僚，所以他們的「偉業」僅能在當時的會計帳本上，以數字呈現各方面成果。據悉，前文所介紹的財務官薩洛尼基，亦有直接參與本次的稅制改革，但他在編年史中隻字不提任何有關稅制改革的細節，留下的盡是國庫如何因無用的官員任用而透支、財務官員們如何面對軍官的武力威脅、又是如何盡心竭力四處籌錢等的苦水。然而，滿腹的牢騷最後驅使他們摸索出解決方案，鄂圖曼帝國才得以免除財政破產，避免了國家武力衰退的危機，度過新體制的過渡期，實現「偉大的政府，龐大的常備軍」。

然而財務官等書記官員的相關資訊相當稀少，原因之一是因為他們的人數極少。明確支領中央政府俸祿的書記官人數少得令人訝異，十五世紀財務書記估計僅二十人左右，十六世紀增加大約五十五～六十五人，十七世紀則攀升至一百四十～一百七十人，但這個數字依舊大幅低於原先的預估值。然而，這裡說的書記指的是「主司」書記，其門下照理有眾多弟子及實習生。再者，例行性以外的書記業務，多半是聘用待業中的宗教學者，如此看來，上述所提數字也不盡然不合理。此外，上述數字是中央機構內部的官僚人數，不含地方徵稅現場就職的財務官在內。儘管如此，中央政府的財務官員人數，還是隨著財務行政範圍的擴大而攀升，在十八世紀增加到七百人。

書記官如此神祕的另一個理由，是因為他們的身分原是帝國宮廷或軍官官邸內部的私用僕人，從其衍生發展而來，而且耗費了相當長的一段時間，才建立起明確的官僚體系架構。目前已知從十五世紀以來，書記的兩個最高職位，分別是財務長官，以及有權出席御前會議的文書行政負責人首席書記官（專職畫押蘇丹花押的職位），其他的書記團隊則直屬宮廷或大宰相底下的各處室分局，唯位階及組織架構不明。直到十六世紀中期以後，才發展出涵蓋全國網絡的官僚組織架構。

隨著稅收承包制擴展，以及帝國全境直接徵收阿法稅與丁稅的普及，中央政府的財務長與地方財務長的官職，在十七世紀搖身一變成為重要且有利可圖的肥缺，例如薩洛尼基，也為了能從中分得一杯羹而積極四處打通關係，企圖謀得一職。

◎新軍的轉變

以上是鄂圖曼帝國從十六世紀末開始，一直持續到十七世紀中葉的課稅制度變革，影響遍及所有軍人及宗教學者、書記官僚等官職。這項變革的結果，促使鄂圖曼帝國於十七世紀蛻變成一個中央政府以軍人及官吏為主要成員的官僚國家。多數的西帕希騎兵走入歷史，常備軍人數增加，並開始賦予常備軍騎兵等課稅權作為俸給。課稅制度的轉變及支撐鄂圖曼帝國前半葉軍人的「變質」，分別代表帝國轉型的正反兩面。

那麼，在這段轉型過程中，常備軍的中樞——新軍——情況又是如何？其實，他們在這段時期產生了迅速的轉變。

新軍自十四世紀以來負責守衛蘇丹安危，屬於直屬蘇丹的精銳常備軍，不僅戰功彪炳，更以嚴謹的規律和團結聞名。身著華麗軍服，整齊列隊環繞在蘇丹周遭的新軍行軍隊伍，無不顯露出他們位處帝國核心的威勢。新軍司令官甚至具有直接會晤蘇丹的權利，這點也顯示出新軍原來出自蘇丹的「禁衛軍」。新軍人數在十六世紀初約八千人，蘇雷曼一世時期增加到一萬二千至一萬三千人，一六〇九年時已迅速增長到四萬七千人。新軍數量的增加，大幅改變了新軍隊伍及各個新軍成員的特性。

新軍新增的成員當中，比例占最多的，是新軍的子嗣或親戚，換言之，新軍開始出現世襲。另外，新增成員還包含以非正規兵身分入伍的農民子弟，這表示新軍的構成開始變得五花八門，而且這些增加的新軍當中有許多穆斯林。當時「勸戒書」的作者多以此為詬病，強調新軍必須是「蘇丹的奴隸」，但身為穆斯林的土耳其人並非「奴隸」。然而，新軍的轉變卻朝著與知識分子所提出的告誡全然相反的方向發展。

舉例來說，一六六六年時，巴爾幹各縣接獲指令，新軍志願兵不僅包含基督教徒的農民子弟，更必須連同穆斯林的新軍志願兵一同送往首都。傳統以少年為徵召對象的少年充軍，到了十七世紀幾乎形同廢止。

◎新軍的副業——步入城鄉

於是，新軍的生活型態也發生了巨大的變化。原本，新軍多半住在軍營，或是駐紮在伊斯坦堡市內的多處宮殿，但此時離開軍營搬進城中的新軍逐漸增加。另外，政府漸漸開放允許他們身兼各種副業。舉例來說，以前有新軍為因應軍隊需求而從事製作馬鞍等設備的先例，隨著新軍人數增加，他們能夠從事的職業種類也逐漸增加。

原則上，新軍不得成為城中工商業者組成的公會成員，因此一般認為他們多半是擔任次一等級的臨時工，諸如行販、浴場打雜或保鏢等工作。手持槍械的新軍，對大城市而言漸漸成為一群放蕩不羈之徒。另外前文也曾提及，他們為求填補俸給的不足，曾向帝國提出分封的配額，所以實際上取代西帕希騎兵取得農村課稅權的新軍應該不在少數。

當然，按部隊分別集中各大軍營，接受各種訓練及儀式，在營中集體食用政府配給的食物等等，也是新軍的日常景象。他們的任務還包含如今屬於警察業務的維持城市治安，以及火災消防。當然，實際收到召集令時，就必須跟隨部隊遠赴戰場，而出征的代價是每三個月領取一次官府俸祿。

另外，新軍也會受命離開伊斯坦堡，駐紮地方城市。根據一六七〇年代資料顯示，新軍整體有三至四成駐紮在地方城市或要塞。隨著西帕希騎兵階層逐漸没落，維護地方治安的重責大任逐漸落在新軍肩上。

雖然新軍偶爾也會與地方民眾發生衝突，但對於促進地方鄉鎮發展軍事相關的手工業（製造馬具、武器、服飾等），也確實帶來諸多正面影響。僑居地的新軍多數日後就此定居在駐紮地，當中有些人受中央政府授予分封，或是承攬稅收承包業者的下游轉包等副業。於是到了十八世紀以後，新軍成員中也逐漸出現地方上有頭有臉的代表人物。

如此，新軍成員在頂著官兵頭銜及身分的情況下，慢慢地滲透到社會各個階層領域。然而這部分正是政府無法推動新軍以軍團作推行改革的主要原因。畢竟，要將深深紮根於社會的新軍連根拔除是相當困難的。

第六章　近世鄂圖曼社會的生活

女性服飾　按長褲（şalvar）、罩衫、長版背心（entari）、中長袍（cübbe）的順序套上，並將頭髮整理成獨特的髮型。右圖：18 世紀畫家勒弗尼（Abdulcelil Levni）繪製的舞者，1720 年左右作品；左圖：身穿毛皮中長袍的貴婦人像，1740 年作品。皆由托卡比皇宮博物館館藏。

生產者的世界

◎帝國中的「普通人」

本章暫時轉換敘事目標，來談談在鄂圖曼帝國底下，社會的組成結構。文中前半將以俯視角度縱觀職業與宗教，後半則把焦點放在女性與詩人等特定族群上。在進入主題之前，先說明不同的職業與宗教對鄂圖曼帝國社會的重要性。

在鄂圖曼帝國的觀念裡，社會是由統治者與被統治者二者構成，這是一種前者管理、後者納稅的二分法。被統治者的土耳其語為「reaya」，意指羊群，從字面意思不難理解其中所衍生出來的意思。不過此二者並不受士農工商等身分拘束，這些身分差異基本上是來自職業，並非與生俱來。然而從國家角度來看，理當希望統治者與被統治者雙方之間互不流動，盡可能固定不變，以圖社會穩定。

女性是之於家族男性（父親或丈夫）在此二分法之下的附屬品。從根本上來看，鄂圖曼帝國從不認為女性能夠獨立從事生產活動，所以除了寡婦人家（家中無男性的農家）以外，女性並非課稅的對象，因此並沒有受到國家關注。

國家依照這種二分法建構課稅體制。今日所見被統治者的相關資訊，多半來自統治者印象中的理解，也就是他們作為納稅人的身分。課稅體制還分成職業與宗教兩大項。

課稅體制在反映社會現況的同時，根據其推行的方針，甚至有改變現況或穩固社會的力量。舉例來說，鄂圖曼帝國持續推動遊牧民定居政策，對剛定居不久的遊牧民按農民身分徵收稅金，藉此順利讓遊牧民將職業完全從遊牧轉行到農業，成果相當顯著。從職業來區分，鄂圖曼帝國的納稅人又可分成農民、遊牧民、城市商人／手工業者三種。

同樣地，宗教的差異也直接影響到納稅，其重要性絕不容忽視。基本上以是否為穆斯林來區分，但因徵稅實務所需，非穆斯林又按宗派細分。

◎農民納稅人

鄂圖曼帝國的被統治者大半為農民。如前所述，多數農民長期以來受分封制牽制，需繳稅給西帕希騎兵。農民繳納的稅金種類及稅率是根據奧斯曼以前的習慣，然後逐漸依照鄂圖曼帝國的原則調整過來。因此，帝國的統治是以緩慢的步調深入社會底層，從農民的立場來看，他們不曾面臨急遽的改變。而且帝國嚴格監督西帕希騎兵行使徵稅權，所以一般認為鄂圖曼帝國在多數農村地區實現了穩定的統治。

這一點在巴爾幹尤為顯著。地方法令集明文規定西帕希騎兵的權利與限制，大部分的基督教徒騎兵也隨著時序更迭，逐漸融入鄂圖曼體制。當然，農民和騎兵之間經常因稅收問題發生糾紛。若從身為軍人的騎兵與農民兩者的身分對比來看，平日裡的紛爭顯然對後者不利，不過實際上農民經常向鎮上地方法庭提出訴訟，成功捍衛自己的權利。

相較於巴爾幹西帕希騎兵與課稅權融合一體的情況，安那托利亞中部和東部的鄂圖曼早期舊領主（特別是部族領導人與神祕主義教團）多半還保留有一定的權利。那時，從農民徵收的稅金主要由新上任的西帕希騎兵或國家派遣的課稅官與舊領主瓜分。對農民來說，頂多是繳稅對象的不同，應盡的義務及權利不變。

根據蘇丹法既定條款，農民持有住宅地及其四周的蔬菜田，至於耕地僅具有保有權，耕地最終所有權（raqaba）歸屬蘇丹。保有權則為父傳子，而且農民必須繳納土地稅（Resm-i çift）以保有土地，更必須針對作物繳納十分之一的稅金，不過這十分之一稅金的稅率又因地制宜，多半為百分之二十左右；另外還有結婚稅、賦稅等多種雜稅，如第五章介紹過，阿法稅原為臨時稅，十七世紀以後成為常態稅。耕地的保有權按慣例只能由兒子繼承，但十六世紀末以後放寬限制，亦可傳給女兒，唯僅限家中無男丁之情況。

◎農業生產

屬於鄂圖曼帝國「本土」的巴爾幹和安那托利亞，主要作物有秋播的小麥與大麥，雖然也有種植其他穀物，但都非主流作物；巴爾幹中央低地與安那托利亞北部則為稻米生產地帶。這些地區的共通特徵是，會在從事農業之餘，亦廣泛飼養家畜，雖然以羊群為主，但多瑙河流域的養豬事業亦為重要產業。許多地區更生產紅酒等酒類，為帝國重要的稅源之一。

農業的基本運作模式，是由核心家庭組成的農家，在兩頭牛的勞動力足以應付的耕地範圍內，仰賴牛隻犁田耕作，這種耕作範圍土耳其語稱「Çiftlik」（農場），

農民　安那托利亞及巴爾幹農業以牛隻為主要勞動力來源，除了耕作以外，牛同時也是將農作物運往市場的交通工具。17 世紀後半葉作品，托卡比皇宮博物館館藏。

同時也是分封制度下的課稅單位。另外還有利用水車的小型灌溉農業，但水源基本是仰賴降雨等天然資源。

這樣的農業形態並未因課稅制度從分封制改為稅收承包制而產生大幅變化。但在十七世紀初，安那托利亞和敘利亞因多次發生傑拉里叛亂，農民被迫逃離村莊，結果各地紛紛出現整座農村消失的情況。畢竟在當時人口密度依然較低的安那托利亞，人們還可以選擇以團體移居其他地方，或是進入山區過遊牧生活。不過這種十七世紀初的混亂情況，到了中期後逐漸恢復穩定。西帕希騎兵的管轄中若有農民逃逸，在向地方法庭註冊後，依規定自申報起十至二十年內，該西帕希騎兵有權將農民強制帶回管轄區，唯繳納「離農稅」的農民得以合法離開所屬農村。

十七世紀恢復生產力以後，各地不斷推出特產，諸如馬拉提亞（Malatya）盛產各類水果、敘利亞及阿達納地區的棉花、馬其頓菸草等。作物的買賣也促使地方之間彼此聯繫，發展出地方貿易。農民將穀物及所述商品作物賣給鄰近的地方城市而獲取現金收入。在鄂圖曼帝國，農民有以貨幣繳納稅金的義務，因此農村以貨幣進行交易的經濟型態已為常態。另外，有許多農民因為貸款而失去土地保有權，這個現象到了十八世紀愈發明顯，部分地區甚至出現如第七章中介紹的實質大地主。

◎遊牧民

對於鄂圖曼帝國，一般人有「突厥裔遊牧民之國」的錯誤印象，但實際上政府對遊牧民採取的基本態度是盡可能督促他們進入定居的生活。十六世紀初，鄂圖曼帝國大舉征服安那托利亞東部後，開始有大宗遊牧民人口流入鄂圖曼管轄內。政府對待遊牧民與對農民一視同仁，同樣在冬季營地執行稅收調查，落實登記每一個遊牧民的名字與所持羊隻數量，這完全是為了將以部族單位形成的遊牧民拆散成「個體」以便國家掌控的方針。

從十六世紀的調查來看，在遊牧民人口估計占最多數的安那托利亞中部和敘利亞，其人口也沒有超過總數的百分之二十五。遊牧民在冬季營地多從事農業，由此看來，多數的團體逐步邁向定居生活。另一方面，遊牧民所提供的食用羊肉、運輸工具駱駝以及地毯等手工藝品，都是帝國重要產品。十九世紀以前，遊牧民在鄂圖曼帝國的經濟活動中一直占有一席之地，為重要的生產者，安那托利亞甚至有多達八千個左右有單位名稱的遊牧團體。

在巴爾幹，各地散布著許多從安那托利亞移民而來的突厥裔遊牧民。在對抗哈布斯堡家戰役等戰事中，他們以輔佐兵身分投身沙場，並享有免稅特權作為報酬。另外，勢力深入巴爾幹山地的基督教徒畜牧民（Vlach）也同樣取得免稅特權，並負責維持治安等職務。安那托利亞東部山區的庫德族遊牧民部族族長獲帝國授予世襲領導權，多半亦負有防衛邊疆的義務，且強制參加遠征。這些無疑是鄂圖曼帝國的策略方針，針對維持部族組織的遊牧民採懷柔手段，讓他們享有特權的同時，又可滿足戰時為我方所用的軍事目的。

◎商人、手工業者

另一方面，城市是屬於商人和手工業者們的地盤，他們的活動主要受公會（Esnaf）組織管理。一般認為，鄂圖曼帝國的公會是源於帝國成立以前架構鬆散且分散在各地的工商業者組織。帝國政府將這些組織重新編整成公會以便執行課稅，因此這些工商業者公會在政府公文中，是以固定的納稅單位呈現。不過，原本的工商業者組織因所在城市及行業差異而帶有不同特色，所以公會實際上也保有多樣性。

公會唯一的共通點，是公會負責人全由政府指派，全權委託就任者統轄課稅和生產活動的相關事宜。公會長在安那托利亞和巴爾幹稱作「總召」（kethüdā），在阿拉伯世界則稱為「謝赫」（shaikh）。不過，若僅關注課稅功能，則公會長的作用與稅收承包人沒什麼兩樣，因此在十七世紀以後，伊斯坦堡的主要產業公會開始出現常備軍騎兵團軍人出任公會長的情況，這時身為公會長助理（yiğitbaşı）的公會成員為公會真正的代表。但公會長一職由非公會成員接任的現象究竟有多普遍，目前仍不甚清楚。

公會的機制是讓同行間得以平等分配原料和商品，以及管理品質、規格、價格，然而公會在這方面究竟發揮了多大的功效，卻有諸多不明，畢竟工商業者間的貧富差距一目瞭然。限制店鋪與經商老闆的數量、維護既得權利也是公會的重要職責，但這部分並未能完全落實。

公會和宗教的關係也是眾說紛紜，普遍認為兩者之間的關係複雜分陳，各行各業間的差異也甚大。舉例而言，各地皮鞣公會等組織，與繼承了第一章提及之亞希組織思想的神祕主義教團關係密切，還保留極具伊斯蘭色彩的傳統儀式。公會祭祀守護聖者的習慣，也表明公會繼承了許多在地社會的各項傳統。此外，城鎮中有許多由穆斯林、基督教徒、猶太教徒的商人工匠混合組成的團體，外貌看似純粹的職業團體，但其實是也公會。對於為了課稅而掌握公會資訊的政府來說，其內部差異並無太大影響。

鄂圖曼帝國城市的另一個特徵，是習慣上由該地地方法官每季公告市場上的販售價格。地方法官與公會長等人協商，決定商品價格後予以公告，並委任轄區內的市場監督官監控交易情況，維護市場風紀。地方法官所承擔的這些業務，實屬政府基層行政機關工作的一環。地方法官監督商品是否以公正價格販售，是因為比起推動產業發展，鄂圖曼帝國更看重落實保護消費者的原則。只要能夠讓價格更低、品質更優良的商品流通市場，政府不會阻止商品從外地或國外進口。這是一種違背重商主義的政策，畢竟中央政府與朝廷為最大宗消費者，也因此公會的工商業者隨時面臨與其他城市產品或海外商品競爭的情況。在這樣的市場環境下值得注意的是，十七世紀各地相繼出現可以作為地方特產、且極具競爭力的手工業產品。

◎城市發展

十六世紀，安那托利亞各地興建供農民、遊牧民買賣農作物或畜產品的市集的城鎮數量明顯增多。設有市集的城鎮一般會視為一個完整的行政單位（郡），整合興建清真寺，派遣地方法官處理司法業務及課稅。至於地方城鎮，在整個十六世紀普遍盛行手工業，利用農作物及畜產品製作產品。為了便於交換農作物及手工業產品，地方城鎮間建構起一套貿易網絡，結果帶動各地興起一種以地方經濟為核心的城市成長。於是，十七世紀城市數量急速增長，手工業產品中具有競爭力的地方特產便在這種地方經濟發展中誕生。

比起安那托利亞的轉變，巴爾幹各地的情況尚有許多不明之處，不過兩地極有可能歷經了相同的演變過程。十七世紀前半葉，安那托利亞及敘利亞因傑拉里叛亂的影響而情勢混亂；相較之下，巴爾幹社會相對穩定。實際上，十七世紀巴爾幹開始出現一些手工業產品，市場範圍廣布帝國全境，諸如保加利亞非力波波利（土耳其語為「Filibe」，今普洛第夫〔Plovdiv〕）的毛織品（aba）等。到今天為止的研究，多半以十七世紀基督教徒人口銳減的資料為依據、而採信「巴爾幹衰退說」的說法，不過近幾年亦有許多研究根據相同資料做出不同的解釋，至少可以肯定的是，巴爾幹沒有步入極端衰退。

事實上，巴爾幹在鄂圖曼統治下，各地城市蓬勃發展，雅典也是在這個時期迅速成長。塞拉耶佛位在伊斯坦堡往來亞得里亞海杜布洛尼的幹道上，不僅經濟活動發達，也是巴爾幹地區伊斯蘭文化的中心城市。

十六世紀至十八世紀，阿拉伯世界的城市明顯擴大，相較於安那托利亞和巴爾幹，該地原本就已發展出許多核心城市，所以該地的城市發展是以既有城市擴

伊斯坦堡城內的市集景致　在豎立拜占庭時代記念柱的廣場上，菜販、花店正努力做生意，購物客群中亦可尋得女性的身影。17世紀，科雷爾博物館（威尼斯）館藏。

大的形式進展。曾有研究試算，在鄂圖曼統治下的三百年間，阿拉伯世界的城市人口成長平均達四成左右。其背後推手，當然是鄂圖曼帝國管制下全面性的穩定局勢。

◎往來帝國各地的大商人

不過在鄂圖曼帝國，除了加入公會進行販賣、貿易的一般商人以外，還有一群取得蘇丹特許、從事遠距貿易的大商人。和公會商人一樣，他們也是由穆斯林、基督教徒、猶太教徒組成，透過商業合作或匯兌交易等各種手法進行大筆買賣。

取得特許的大商人亦負責提供伊斯坦堡的糧食補給，從各地輸入原物料，舉凡黑海西岸的穀物、安那托利亞西部與色雷斯的水果蔬菜、巴爾幹羊肉及安那托利亞黑海沿岸的木材等，埃及產的稻米更成為伊斯坦堡宮廷中的御用品。於是在商品集中流入伊斯坦堡的同時（所謂的縱向流通），各地特產亦開始散布流通於帝國各地（橫向貿易），兩種商品通路便在相互競爭下逐步發展。

十七世紀以後，負責帝國國內大規模商品流通的特許商人，大量利用歐洲諸國商人名下貨船，他們向歐洲商人租借商船，用以聯繫帝國內部和巴爾幹、安那托利亞、敘利亞、埃及等地的貿易。十七世紀東地中海世界的貿易不受國家限制，歐洲產紡織品也搭上這條順風船，流通帝國各地。但如後述，歐洲產品在帝國占有一席之地則是十九世紀以後的事。

然而，十七世紀以後，帝國內確實可見歐洲商人及其產品數量的增加，而且日後成為他們商業夥伴的基督教徒——尤其是希臘正教徒——大商人強勢崛起，急起直追原占有優勢的穆斯林、猶太教徒等大商人，成為遠距貿易的主要操盤手。他們的活動範圍遠遠超過鄂圖曼帝國疆域，直抵哈布斯堡家族等中歐及俄羅斯地區，十八世紀甚至握有政治力量。關於這部分，在第八章會詳述。

宗教共同體的世界

◎穆斯林與非穆斯林的區別

接著來介紹鄂圖曼帝國人民，按宗教之分遵守一定秩序的生活樣貌。穆斯林與非穆斯林身負不同的納稅義務，因此對國家而言，宗教區分顯得十分重要。

伊斯蘭法中有詳細規定非穆斯林的待遇，早在鄂圖曼帝國成立以前，伊斯蘭法便是一套完備的成熟體制，因此鄂圖曼帝國不過是依照各項規定進行管理統治。原則上，繳納丁稅接受伊斯蘭支配的「有經者」（People of the Book）能獲得生命、財產、信仰自由的保障。鄂圖曼帝國底下的非穆斯林全為有經者，沒有例外，因此毫無疑問得以適用前述原則。

這項原則同樣也要求國家能夠根據伊斯蘭法，給予非穆斯林適當的「不平等待遇」，不過由於鄂圖曼帝國的基督教徒人口眾多，從資料可以看出，要想實踐並不容易。底下介紹「依司本地稅」（Ispendje）作為一例。

根據《伊斯蘭百科事典》解釋，依司本地稅為非穆斯林繳納的土地稅或丁稅，但要細說其內容並不容易。實際上，依司本地稅是巴爾幹基督教徒長久以來支付給封建領主、充當徭役稅或丁稅的稅金。鄂圖曼帝國藉由實施這項鄂圖曼稅制中固有的制度，從而取得現實和前述原則兩者的折衷。

舉例來說，在安那托利亞東部或高加索、北伊拉克等地，依司本地稅是設定為非穆斯林繳納的定價（二十五銀幣）稅金，再加上伊斯蘭法規定的丁稅，兩相加總，比這些地方上穆斯林所繳納的土地稅額（五十銀幣）略高。這裡，依司本地稅是「[illegible]額土地稅」解釋。伊斯蘭法上，依規定必須向非穆斯林收取[illegible]藉由收取依司本地稅來調整穆斯林與非穆斯林之間的稅額。鄂圖曼帝國各地的稅制繁雜，從該例即可看出，鄂圖曼帝國如何在遵守伊斯蘭法原則的同時，實踐實效性統治的特性。

十六世紀中葉以後，經由伊斯蘭導師埃不斯特等人的努力，使舊有的稅金規則伊斯蘭化（符合伊斯蘭法解釋），並藉由諸多案例，明文制定出對穆斯林較為有利的若干稅種體系，非穆斯林確實受到了「不平等」待遇。

稅收以外的差別限制，是非穆斯林無法成為具有免稅特權的管理階層。十四世紀至十六世紀，基督教徒農民雖然可以利用少年充軍開啟邁向成功之門，但他們一般來說不太接受這種做法。然而，成為管理階層取得免稅特權卻是眾所渴求，這一點早就被指出，是影響伊斯蘭在巴爾幹擴展的重要因素。另外，主動改信伊斯蘭教並向伊斯坦堡呈報，還可獲得獎勵改宗的皈依獎金（kisve behāsı）。

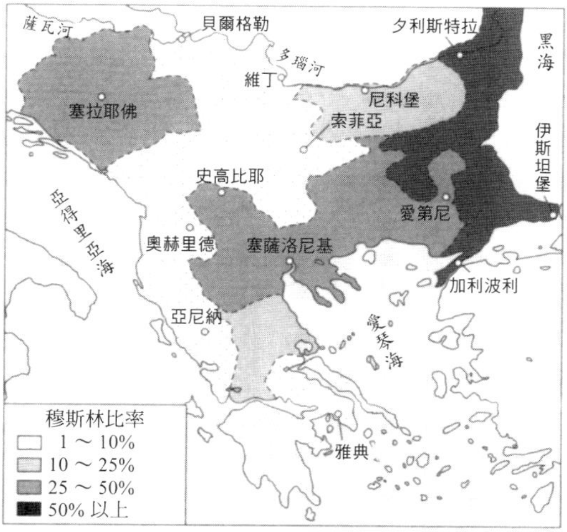

巴爾幹地區的伊斯蘭化程度　本圖為 1525 年左右的推算。阿爾巴尼亞於 17 至 18 世紀逐漸改信伊斯蘭。Minkov[2004]

在巴爾幹，人民基於各種理由自主性改信伊斯蘭教的行為，自十四世紀以來一直延續到十八世紀。結果，儘管穆斯林的分布零散，但其人數成長卻已達整體人口的百分之二十左右。改宗較多的地區包含波士尼亞、馬其頓、塞爾維亞、保加利亞等地方，另外也有像阿爾巴尼亞等地人口多為穆斯林的地區。直到十八世紀中葉，巴爾幹改信伊斯蘭教的浪潮才因鄂圖曼帝國迎來轉機而停歇。

◎基督教徒與教會

鄂圖曼帝國內的非穆斯林，可分成基督教徒和猶太教徒。政府為了掌控這群人，將前段章節中提及用來控制公會組織的辦法如法炮製在他們身上。換言之，鄂圖曼帝國將既有團體的領袖正式命為該團體首長，賦予他們在城市區域中徵收丁稅的任務，以作為換取團體內部自治的保證。當時政府利用的既有組織是基督教徒的教會組織，但不論是希臘正教或亞美尼亞教會，其教會組織成長為一個涵蓋鄂圖曼帝國全境的統一「教會」是十八世紀以後的事。關於這部分，待第八章詳述。

從十五世紀以來，鄂圖曼帝國的慣用手法是將能夠實施課稅的範圍，全權委託各界負責人代為管理。梅赫梅德二世於十五世紀中葉征服君士坦丁堡（伊斯坦堡），分別將伊斯坦堡的希臘正教會總主教及亞美尼亞總主教任命為各教派領袖，也是基於前述的意義。關於集中稅務的相關事宜，由伊斯坦堡總主教委任兩派領袖處理，其他宗教事務則由政府另派人員負責。十五世紀以來，「帝國境內的希臘正教徒領袖是伊斯坦堡總主教」的這種主張看來為後世虛構；而且實際上，鄂圖曼帝國於十六世紀允許位於佩奇（Pécs）的塞爾維亞正教會獨立，所行政策和後世對總主教人選的主張相互矛盾。

在鄂圖曼帝國內生活的基督教徒，就算不提上述教會組織的種種事由，他們的日常起居，也都是以鄰近教會為中心打轉。農村中極少有多種宗教信徒混居的情況，但群體在城市中以教會為中心聚集在一起則具有特殊意義。教會的功能是掌管信仰宣導和各式禮拜，利用私有律法解決共同體內部的問題，執行審判或其他處置，並負責彙整稅金繳納政府。因此，這類功能和教會組織重疊的宗教共同體，擁有強大的自治能力。

雖說基督教徒遵從教會律法，但為政者還是具備教會律法同受偉大伊斯蘭法保護的認知。因此，伊斯蘭法的地方法庭依舊受理基督教徒與穆斯林的紛爭。另外，根據案情，基督教徒或猶太教徒同樣可請求伊斯蘭法地方法庭審理；尤其在契約及買賣方面，他們似乎經常利用相關法案完備的伊斯蘭法庭。

◎猶太教徒

十五世紀末至十六世紀，是鄂圖曼帝國猶太教徒最受矚目的「金色年華」。從歐洲地區移民、定居於此的猶太教徒，運用他們長年累積下來的金融網絡，在鄂圖曼帝國大展身手。

猶太教徒大規模的移民源起於十五世紀末、發生在伊比利半島的「收復失地運動」。鄂圖曼帝國有組織性地於一四九二年及一四九七年，接納分別遭西班牙和葡萄牙流放的猶太教徒，更在十六世紀中葉收容曾一度改信基督教的猶太教徒（marrano），讓他們定居在塞薩洛尼基等帝國各地的城市。這群猶太教徒多為商人或有一技在身的工匠，因此帝國十分歡迎他們的到來，在這裡他們被稱為塞法迪猶太人（Sephardim），說著獨特的猶太西班牙拉帝諾語（Ladino）。

然而在同一時間，德國及匈牙利當地對猶太教徒的迫害則不斷加大，許多猶太教徒紛紛逃往鄂圖曼帝國，這群人則被稱為阿什肯納茲猶太人（Ashkenazim）。在帝國內部本來就存在著一群在地希臘猶太人（Romaniotes）的情況下，鄂圖曼帝國的猶太教徒構成變得十分複雜。

鄂圖曼帝國對猶太教徒的待遇，和對基督教徒一視同仁，指派首長，並以支付丁稅為交換條件，承認他們在共同體內的自治權。但是，猶太教會組織有別於基督教教會，不具位階結構，而且基於前述事由，他們內部又會按出身地與現居地之別，分成更小型的共同體，也因此政府另外派遣稅務負責人作為應對措施。據說，在猶太教徒人口過半的塞薩洛尼基，就有多達二十七個猶太自治團體。

第一代猶太人移民中，曾經出現一批取得蘇丹信任而大放異彩的人物，其中又以約瑟夫．納西（Joseph Nasi）最為有名。約瑟夫．納西待過葡萄牙、比利時，於一五五三年左右時，輾轉移居到伊斯坦堡。他利用自己雄厚的財力，活躍在政界與外交圈，並取得關稅承包權，徵收進出博斯普魯斯海峽的紅酒關稅，累積更多財富。他與鄂圖曼朝廷及政府之間的緊密關係，由之後的猶太教徒大商人代代傳承下去。

然而，隨著世代交替，猶太教徒大商人逐漸與歐洲金融市場脫鉤，失去直接聯繫，因而喪失活力。十七世紀以後，他們最後被競爭對手希臘正教徒商人及亞美尼亞商人奪走主場優勢。儘管猶太教徒外匯商在承包稅收事務的金融部門仍占有一席之地，但這些外匯商或大商人也僅是整體猶太教徒中的少數，其他絕大多數是加入城市一般公會的工商業者，也有不少人是領日薪的底層勞動者。

在這樣的日常生活中，猶太教徒深受在土社會——也就是穆斯林社會——影響，在生活文化方面，基本上都經歷過同化過程。與此同時，接納猶太教徒的城市社會也將他們的部分文化吸收，融為城市文化的一部分。例如，據說傳統皮影戲卡拉格茲（Karagöz）及鄂圖曼風格環形劇場（orta oyunu）等劇中主角，就多由猶太教徒擔任。

十七世紀中葉，鄂圖曼帝國整體上下陷入一片混亂，沙巴泰（Sabbatai Zevi）在安那托利亞西部伊茲密爾（İzmir）推行彌賽亞運動，可說是猶太教徒行動對帝國產生影響的實例之一。沙巴泰自稱「救世主」彌賽亞（Messiah），宣稱世界末日到來，前來拯救信徒。這項運動霎時跨越帝國邊界，蔓延至東歐、德國等地的猶太教徒圈。雖然，彌賽亞運動在一六六六年因沙巴泰改信伊斯蘭教而落幕，但據說他們後來以一種祕密結社的形式存留下來。

◎穆斯林

在鄂圖曼帝國社會，穆斯林擁有絕對的優勢立場，畢竟帝國社會充滿了伊斯蘭特徵，舉凡伊斯蘭法、以伊斯蘭法為原則的統治、基於宗教立場的忌諱和習慣、遵照伊斯蘭教曆的日常活動等等，無所不在，而且城中也建造了許多大大小小的清真寺。誠如前言，屬於宗教學者階層的地方法官也與人民的日常生活息息相關。鄂圖曼帝國在麥加、麥地那、耶路撒冷、巴格達等伊斯蘭聖地進行修復與擴建，尤其是麥加、麥地那二大聖地及朝聖之路，受到鉅額的宗教捐款所維護。

穆斯林的庶民生活處處圍繞著伊斯蘭的氣息。那麼，伊斯蘭教對個人的日常生活究竟有多大的影響呢？

穆斯林所生活的街區，多半以清真寺為中心，因為清真寺是他們日常生活的重心之一。在地方法官統轄的城市行政中，清真寺的伊瑪目（導師）屬於最底層的基層宗教學者，除了平日指導民眾禮拜以外，更負責舉辦婚喪喜慶儀式。街區居民不時捐贈小額捐款，給住家附近的清真寺以維持其營運，諸如支付蠟燭費用、支薪聘請伊瑪目為自己誦詠《古蘭經》等。雖然街區規模及密集度依地域和城市而大相逕庭，但不論是何地的穆斯林，他們的日常片刻不離清真寺。

鄂圖曼帝國統治下的巴爾幹、安那托利亞及阿拉伯世界大致上有個共通點，那就是這些地區都以一間宗教設施——不限於清真寺——為中心形成一個街區，鄂圖曼帝國以此作為城市的基本行政單位運作。當街區以宗教設施為中心時，該區宗教信徒間的凝聚力通常會有增強的趨勢，不過城市居民對住處的要求，主要基於生活的便利性，因此並沒有嚴格的限制。實際上，有不少基督教徒或猶太教徒也居住在清真寺街區裡。

另外，從城市整體來看，城市生活主要仰賴富裕階層大筆的宗教獻金捐獻來營運。例如以塞拉耶佛的城鎮為例，十七世紀後半葉時，造訪塞拉耶佛的遊記作家愛維亞．瑟勒比，即如此描述塞拉耶佛的城中景致：「換言之，整座城市由一百零四個街區構成，當中包含十個基督教街區和二個猶太教街區，設有七十七座大清真寺☆、一百座小清真寺☆、無數間伊斯蘭經學院☆、一百八十座學校☆、四十七所神祕主義教團修道場☆、七間食堂☆、四百處以上給水設施☆、七百口水井、一百七十六架水車◎、五間土耳其浴◎、三處驛站◎、二十三間館驛（khan，城中驛站）◎、一千零八十間店鋪◎、一間販售高級品市場（Bedestan）◎、七座橋、一座塞爾維亞正教會、一座天主教教會和一座猶太會堂（synagogue）。」

瑟勒比在遊記中列舉的數字，實際上多是為了押韻或誇飾，不足以採信。儘管如此，從文中依舊可以看出瑟勒比心中所勾勒的城市應有的街景形象。其中，語尾加上◎符號的設施，通常會收取費用作為宗教獻金，☆符號則是利用宗教獻金營運的宗教慈善設施。整座城市充滿了與宗教捐獻密不可分的建築設施。

以塞拉耶佛來說，捐款者多為任職該地州軍政官的帝國官員，不過在地宗教學者等人也會興建清真寺。可以肯定的是，在塞拉耶佛這座穆斯林和非穆斯林共同生活的城市中，藉由伊斯蘭的宗教捐獻制度，公共基礎設施相當完善。這種現象在鄂圖曼帝國各大城市十分常見。

帝國婦女

◎婦女與法庭

不單是鄂圖曼帝國，想要了解女性究竟是以何種身分地位立足於前近代社會當中，是一件極為困難的事，尤其是鄂圖曼帝國的女性，她們親自執筆寫下的文書資料很少，能夠一窺她們私人世界的線索非常有限。

不過，在鄂圖曼帝國，有關女性的法律——諸如她們被賦予了哪些法律權利、以及她們如何依法採取行動——則是較為人所知的領域。因為在帝國統治下，各地方法庭是許多女性經常利用的機構。法庭兼具「登記處」的功能，不論是結婚、離婚、買賣、宗教捐獻或是爭議糾紛，女性在任何場合都可向法庭請求協助。

鄂圖曼帝國施行伊斯蘭法，伊斯蘭法中詳盡規定女性的行動規範及其權利義務，並且在一定的限制內明確保障女性權利。相較於男性，女性明顯受到許多限制。雖然由此可以解讀成女性的立場相對弱勢，但亦可理解成女性可以「明確權利」為依據，主張其享有的法律保護（及實際情況）。法庭記錄中所呈現的，是穆斯林女性如何在同時受法律限制與保護的兩個面向的影響下，堅毅地生活在當時社會的樣態。

◎婦女的限制與權利

以下先來講述對女性限制的一面。伊斯蘭社會的普遍現象是，在日常的生活起居中，有著明顯的男女之別。這一點可以看做是在公領域排擠女性，亦可以解釋成女性是生活在一個完全有別於男性中心社會的「另一個世界」裡。在鄂圖曼史上，能夠登上政治舞台的女性，僅限蘇丹後宮裡的少數嬪妃。十九世紀後半葉以前，政治場合上幾乎不曾出現任何與皇宮無關的女性名字。

法律對女性的限制繁多，諸如從父親等人繼承的遺產稅必須與男性兄弟對分、各類契約與法律判決必須有男性監護人、身邊的男性伴侶有權擁有多名妻子及女奴、身為妻子或母親之於男性的權利並不受一對一的保障等。在婚姻方面，女性所處的不利狀況，雖然藉由男性義務支付婚前費用（相當於聘金）及婚後費用（等同離婚贍養費）的方式，獲得一定程度的補償，但以今日觀點來看，女性明顯是處在一種利益不對等的環境下。至於離婚，也僅限男性單方主動提出，女性很難訴求離婚。

不過在前近代社會中，對這種情形該如何評價還有待商榷。結婚所需的支出可觀，所以能夠擁有多名妻子的男性也只在少數，僅占人口整體百分之五左右。真正威脅妻子地位的，其實是丈夫名下那些屬於奴隸身分的女性。不過，女奴可說是富裕階層展現身分地位的一種「高貴」象徵，所以也僅限富豪人士能擁有女奴。此外，女奴所生育的小孩與妻子誕下的孩子於法律上並無區別，就妻子的立場來看可說是相當不利。

誠如前文，一夫多妻或是擁有女奴，對「庶民」而言猶如天方夜譚，對富貴豪門來說卻習以為常，不難想像當中牽扯了多少感情糾葛，但能讓我們一探內情的資料實在不多。一名男子名下的家庭，是由他的妻子（一名或數名）、母親、女奴、子嗣、女性傭人和宦官（極少戶人家才有）所組成，泛稱為後宮（harem），而蘇丹的後宮規模想當然爾遠遠凌駕在他人之上。同時，在住宅分區的規劃中，後宮成員利用的空間亦稱為「後宮」（Haremlik），托卡比皇宮裡的後宮部分即對應所述空間。相對地，住宅中以男性為活動中心並對外來訪客開放的區塊（即客廳），土耳其語稱作「主宮」（Selamlik）。

在鄂圖曼社會整體，習慣將住宅劃分成後宮與主宮，將女性隔離在男性視線以外，造就出另一個「女性世界」。在只有女性的世界裡，其遼闊程度或許遠比想像的更為自由、多采多姿。首先，住宅與街區基本上是女性的專屬空間，這些地方的設計與動線都別具巧思，遮蔽外來視線，區分外來者與內部成員的活動範圍，讓女性得以舒適地暢遊其中。而且，女性外出機會也不少，諸如親戚間的走訪、朝禮聖者廟宇、洗土耳其浴、巴札市集購物等，十八世紀上流社會女性流行到郊外的庭園綠地出遊玩樂更是眾所周知的事。儘管擁有遊玩特權的只限於富裕的上流社會，但是無論是哪一階層的女性，絕不是大門不出二門不邁的。

◎孟塔古夫人眼中的鄂圖曼社會

孟塔古夫人（Lady Mary Wortley Montagu）是英國大使之妻，於一七一七年拜訪伊斯坦堡時，針對鄂圖曼帝國女性，她記下了其所見所聞，編寫成書。當時的歐洲社會對東方女性早已充斥著透過遐想所勾勒出充滿異國情調的刻板印象。儘管如此，孟塔古夫人以她滿腹的好奇心潛入鄂圖曼社會，以女性獨特的視角，描繪親身經歷的種種。孟塔古夫人在前往伊斯坦堡的途中行經索菲亞，是日她穿著洋服進入穆斯林婦女的澡堂（hammām），並寫下當日所見逸事。

我在早上十點前往浴場。分明是早晨，裡面卻已人聲鼎沸，熱鬧非凡。……有人正熱絡地閒聊，有人做著手工藝，也有人閒暇地喝著咖啡或特調糖水。橫臥在軟墊上的女子身旁，大多伴隨著十七、八歲青春可人的女僕，用熟練的指法幫她們梳頭打扮。若用一句話來形容眼前這番光景，這裡就好似女子版本的倫敦咖啡館，耳中傳來的盡是城中最熱門的小道消息、流言蜚語。本地女性似乎每周都會來浴場一次，而且至少待上四、五個小時，樂此不疲。她們即使從熱氣騰騰的澡堂突然進入涼爽的屋內，也不會感冒。

（紺野文、林佳世子合譯，以下皆同。）

身著鄂圖曼風格服飾的孟塔古夫人

澡堂是社交場所，在水聲與人聲嘈雜當中，女人們彼此赤裸裸地把手言歡，優雅地應酬交際。甚至，孟塔古夫人不時驚嘆她所接觸到的上流女性是如何創造出一個「只屬於」她們的世界，就連丈夫都能蒙蔽在內。

土耳其婦女不論是何種身分地位，外出活動時，都必須頭戴雙重紗布巾遮掩面孔，身穿覆蓋全身的外套，從頭到腳包得密不透風。這樣的打扮，可以非常巧妙地隱藏身分，很明顯地比我們更具隱私、更加自由。光從外觀幾乎無法辨識究竟是身分高貴的貴婦人還是奴隸，即使丈夫在街道上巧遇太太，也不會知道眼前這名女子是自己的妻子。……這種在外無時無刻一身彷彿參加面具舞會的裝扮，讓女性得以為所欲為，也不用擔心被人發現。……而且這裡的女性不用太在意丈夫的怒氣，因為她們擁有屬於自己的財產，離婚時丈夫還必須支付她們一筆費用。如此這般，就我看來，鄂圖曼帝國只有女性擁有真正的自由。

孟塔古夫人似乎非常直覺地感應到面紗後面所隱藏的「另一個世界」。她自己也曾多次穿著鄂圖曼風格的服飾外出，面紗不僅隱藏了她身為外國人的身分，同時也確保她可以自由行動。孟塔古夫人對於男子重婚的見解也十分耐人尋味，她不帶任何偏見，將鄂圖曼社會形容成一個十分普通的社會。

的確，法律上允許男人得以擁有四名妻子。但是，即使是身分高貴的男人，也沒有人如實照辦，我更從未聽聞有任何妻子能夠忍受與人共事一夫的實例。丈夫如果外遇，通常會另尋他處，金屋藏嬌，並且就像英國人一樣，盡可能地隱密幽會。眾多位高權重的男子中，據我所知只有一個人豢養了許多女奴，那人便是財務長。眾人稱他放蕩成性，他的妻子雖然與其同住，對他卻是避而不見。

◎婦女持有資產

正如孟塔古夫人所言，女性的地位因其財產權而獲得保障。妻子的資產與丈夫資產完全分開，是伊斯蘭法的一大特徵：丈夫資產歸丈夫所有，妻子的歸妻子。從雙親繼承得來的財產和嫁妝，不論是面對丈夫或是在社會層面上，都發揮了保障女性地位的作用。女性還可透過她能夠接觸的男性（父親、兄弟、丈夫、兒子）以及女性商人，在城市經濟活動中靈活運用自己的資產累積財富。出入富裕人家的女性商人逐漸成為其他女性生活中不可欠缺的一號人物。一般認為，女性商人以非穆斯林居多。

例如，調查十七世紀伊斯坦堡的大市集資料，其中購得店鋪經營權的人有百分之二十四為女性。若每月房租為二十銀幣，則經營權價格平均為四萬二千銀幣。經營權十分昂貴，所以通常會分割出三分之一或二分之一來出售；當然，她們並非自行開店，而是進一步將店面承租給商人或工匠。從事這類不動產生意的女人不在少數。經營權可以傳給後代子孫，推測她們應該是委託代理人來簽訂契約。在貨幣經濟發達的鄂圖曼社會中，積極有效地運用資產進行各項投資，這種現象十分普及。

穆斯林女性將自己的財產捐贈給指定宗教團體，也是相當常見的作法。十六世紀，伊斯坦堡裡的宗教捐贈人中，有百分之三十七為女性。一項針對阿勒坡的研究指出，女性捐贈人所占比例，在十六世紀為百分之六，十七世紀為百分之二十六，十八世紀為百分之三十七，十九世紀更高達百分之四十四，不斷與日俱增。依法律規定，個人只能捐贈自己名義下的私有財產，因此這類習慣的普及，顯示出婦女普遍持有足以實際捐獻的資產。

宗教捐獻的根本意義，是替來世累積福報的宗教善行，不過實際上，這個行為的背後動機，多半是為了讓心中的人選（大多時候為女兒）——而不是伊斯蘭法所規定均分繼承的對象——繼承自己的遺產。女性捐獻的物品中，以住宅最為普遍，富裕的女性與男性捐贈人一樣，捐獻種類繁多，舉凡店鋪、租屋等商業物件、以利息做活用的現金等皆含括在內。

在此介紹一則十分常見的捐獻案例。根據記錄，捐贈人將名下租賃住宅指定為宗教捐獻財，以下為捐獻記錄摘要。

一位名叫奈芙莎的女子住在伊斯坦堡某市區，擁有一棟住宅，內有兩房、儲藏室、中庭和廁所，她於伊斯蘭曆九一四年（一五〇九年）將這棟房子捐贈與宗教。捐獻條件如下：

「這棟房子以一年五百四十銀幣的租金出租，所得收入，在本人有生之年期間歸本人所用；死後，租金所得歸獲得自由的奴隸夫婦法提瑪與芙兒喜，待他們死後，再由兩人兒女繼承，且一切修繕自行承擔。當前述夫妻直系血親後繼無人時，則在阿里·貝清真寺（Ali Bey Mosque）以一日支付一銀幣的報償，於每日早晚禮拜後，請伊瑪目誦讀三十分之一的古蘭經文。租金收入的十分之一作為財產管理費，且指定穆斯塔法作為財產管理人，穆斯塔法死後，由前述阿里·貝清真寺的伊瑪目擔當財產管理人，保全財源。」

關於奈芙莎這名女性，只知其父名為哈姆薩，其餘個人資料皆不詳。她將財產實質上留給自己原本擁有的奴隸，限制其血緣斷絕時，在所屬市區的清真寺伊瑪目管轄之下活用這筆捐獻金，並要求誦詠《古蘭經》作為回饋，以慰問己身在天之靈的安息。

如同前文所提的塞拉耶佛，在伊斯坦堡這整座城市中，出自男性或女性個人的立場，可以將私有的不動產或財富，透過捐贈的方式成為宗教的不動產，而在這些不動產的持有與捐獻的實際情形中，女性的重要性不容小覷。

◎華麗服飾

雖說婦女外出時身著面紗，但這可不表示她們不會妝點自己。在她們生活的「另一個世界」中，衣服不只是追求美感，更具有象徵其社會地位的重要意涵在。

搭配一件長褲（şalvar）、胸襟大開的長袖罩衫、外面套上長版短袖背心（entari），然後繫上腰帶，最後順應四季變化披上中長袍（cübbe），便是帝國女性的基本穿搭。前文的孟塔古夫人在其著作中曾提及，她所接觸到的上流社會婦女，服飾多以綾錦訂製，佐以真珠鑽石襯托裝飾。查看富豪女性的財產清單，金銀珠寶尤為重要。擁有財產的女性是城市裡重要的消費者。

孟塔古夫人取得鄂圖曼女性的服飾，並留下一幅肖像畫（見本書頁二四五）。從她對女性髮型的描寫，可以一窺帝國女性是如何爭奇鬥豔：

女子頭上，一邊多半斜戴著纓帽，金色穗子垂在一旁，帽簷裝飾著一圈圈的珠璣瓔珞，或是捲繞著華美刺繡的絹帕；另一邊則是髮絲垂肩，隨興穿戴各式各樣的髮飾。……當下最流行的，是用珠玉寶石拼綴成看似真花的花形頭飾。換言之，她們會戴上真珠花苞、絢麗多姿的紅寶石薔薇、鑽石茉莉、黃玉水仙等，個個精雕細琢，並上釉保護，鮮豔奪目，無與倫比。垂落在身後的濃密髮絲，則是以真珠或緞帶結成多條髮辮。

◎象徵富裕和權威的毛皮

女性服飾中，最具象徵性的是襯著毛皮的長袍。整件內裡或衣襟四周鋪滿雪貂、白鼬、山貓等動物毛皮的長袍尤其昂貴，象徵持有者的社經地位。根據十八世紀出生於伊斯坦堡的亞美尼亞人道森（d'Ohsson）記載：「深秋時分穿白鼬皮衣，三周後則是西伯利亞產灰鼠皮的季節，冬天不由分說當然是穿雪貂大衣，到了初春又再次換上灰鼠皮衣。」雖然無從得知究竟有多少人過著如此錦衣玉食的生活，但毛皮大衣確實是伊斯坦堡的富貴象徵。

對帝國男人而言，情況亦然。蘇丹任命高官時，賜贈毛皮乃中亞和伊斯蘭世界各國的傳統，蘇丹自己也是身穿價值連城的毛皮，正因為在蘇丹宮中身上所穿的衣物代表著位階高低，所以穿與不穿，官員沒有選擇的自由。在宮中，夏季毛皮和冬季毛皮的交替時日以及官服更替，同樣由蘇丹下令決定。

高價毛皮的主要產地為俄羅斯南部、黑海北岸的亞速夫（Azov）地區以及高加索等地區。送達伊斯坦堡的毛皮，一開始先根據宮廷需求鑑定品質，宮中大批採購後，剩餘商品才流入市面販售。根據歷史記載，十六世紀鄂圖曼帝國曾派遣商人前往莫斯科公國採購貂皮，由此可知帝國中人是多麼熱衷於購買毛皮這種在形式上象徵著地位、不可或缺的奢侈品。

埃及市場　埃及市場是為了重新開發鄰近港埠的猶太教徒地區而新建，以香辛料貿易為主。（作者拍攝）

◎蘇丹之女與母后

伊斯坦堡上流社會中，最引人注目的女人莫過於王室公主。一般情況下，公主多與上層軍人政治家結婚，接著離開宮廷、在市區生活。因各種外在條件而決定的政治婚姻，男女雙方不見得年齡相仿，所以也有不少公主與年邁軍人政治家結婚後，因與丈夫死別而多次改嫁。藉由聯姻的手段將生活奢侈、不事生產的公主推給上層軍人政治家，成了藉機損耗有力軍人政治家財富資產的最佳方法。或許，這也算是促使財富流向女性世界的策略之一。

舉例來說，在十七世紀中葉，擔任大宰相的梅勒克．阿禾梅特．帕夏雖已年過七十，但卻被迫迎娶也近六十高齡的阿何密一世之女，這段「佳話」流傳甚廣。早已有過多次婚姻記錄的公主，向梅勒克索取龐大的生活費，梅勒克再怎麼不願意也只能勉強答應。梅勒克的政敵甚至曾經打趣：「請梅勒克幫我養一頭大象好了。」雖然這個笑話聽來有趣，不過消息來源是出自前文曾引用描寫塞拉耶佛景致的愛維亞．瑟勒比，所以可信度雖然不高，仍有可能發生。不論真假如何，這樣的八卦想必給伊斯坦堡民眾的生活增加不少話題。

然而在鄂圖曼帝國中，女子毫無繼承權。即使是公主之子，也沒有特權，一旦從軍，便是「蘇丹僕人」。

富裕的後宮女人——尤其是蘇丹的母后，曾為興建公共設施而大筆捐出宗教捐獻。以她們的名義捐贈，令其美德為世人所瞻仰，這些宗教捐獻當中，以梅赫梅德四世的母后杜沆妃的捐獻最為知名。新皇太后清真寺（Yeni Valide Mosque）位在伊斯坦堡市中心，其建設曾中斷超過五十年，最後由杜沆妃捐款出資，才得以完工，並在附近興建今日也十分有名的大型商業設施——埃及市場（香料市場），這項由杜沆妃出資完成的建設，對伊斯坦堡港灣地帶的重建有重要影響。

同時，新皇太后清真寺亦附設大型宗廟，不僅杜沆妃長眠於此，其子梅赫梅德四世、以及其後代四屆蘇丹和眾多後宮女子也都葬於此地。這群來自後宮的女子，比蘇丹更能自由支配財產，此時城市的重建與必要建設，可說是借她們的力量所推動的。

杜沆妃

另外，在庫普魯律·梅何美特·帕夏解除了被威尼斯封鎖的達達尼爾海峽危機的隔年，杜沆妃運用她的資產，在愛琴海直抵伊斯坦堡的要衝達達尼爾海峽之間興建了軍事要塞。庫普魯律家族的大宰相及梅赫梅德四世，經常參訪這座堡壘，這項建設雖是財政窘困的政府仰賴杜沆妃的資產才得以完成，但也讓杜沆妃從此聲名遠播，此乃後宮女性行動涉足政界的最佳佐證之一。

詩人

◎鄂圖曼詩歌的世界

接著，以下介紹一群同樣生活在近世鄂圖曼社會中的詩人。誠如前文說明，在鄂圖曼帝國的藝術界中，詩人是最親近百姓的代表，他們同時也是聯繫統治階層與被管理階層的橋樑。本書所謂的鄂圖曼詩歌，凡鄂圖曼帝國人民所寫的詩都包含在內。雖然鄂圖曼帝國學識造詣深厚的知識分子也會以波斯語寫詩，但土耳其語詩歌還是占最大宗。

不過，上述的土耳其語，意指「奧斯曼語」（Osmanlıca）。奧斯曼語吸收了大量的波斯語、阿拉伯語單字，像是以波斯語中最具代表性的「狀聲詞＋鳥（的）」的措辭（語法）來表現奧斯曼語的「鳥的啼聲」，類似例子多不勝數，是一種外來成分比例極高的語言。事實上，想要靈活運用奧斯曼語，必須具備阿拉伯語和波斯語的知識。鄂圖曼帝國的中心成員由使用不同母語的多種人種組成，所有帝國成員——包括以土耳其語為母語的人員在內——都必須習得的語言，就是奧斯曼語。

儘管如此，詩人納比（Yusuf Nabi）的作品，有大量採用阿拉伯語、波斯語等詞彙的詩歌，也有單純僅以土耳其語字詞為創作中心的作品。可見詩人有時也會顧及聽者、讀者的不同，來區分詩歌的難易度，這部分也許有些類似江戶時代同時精通中文詩歌（漢詩）與日文俳句的日本知識分子。

◎詩人輩出

在鄂圖曼詩歌的創作中，全面採用波斯語詩歌的規定，不僅必須遵守以長短音構成的韻律（波斯語：ARŪŻ），也必須嚴守韻腳的各種規定。言下之意，鄂圖曼詩歌講究格律，並非人人都能隨心所欲出口成章。但在十六世紀以後，隨著各式教育的普及，帝國各地開始出現以奧斯曼語創作詩歌的詩人，人人懷抱著捨我其誰的雄心壯志，聚集伊斯坦堡，盛況空前。第四章引述的海勒提來自馬其頓，雅和亞則是阿爾巴尼亞人，都是在新軍服役期間學習詩歌寫作的人物。第五章提到的阿布都巴基出生於伊斯坦堡，第七章中介紹的納比來自鄰近敘利亞的烏爾法，內丁（Ahmed Nedîm Efendi）則是安那托利亞東部艾朱倫人。地方城鎮也是人才輩出，孕育出許多鄂圖曼詩歌詩人。

至於詩人雲集伊斯坦堡的原因，如前述的阿布都巴基之例可知，主要是因為詩人獻給當朝權貴顯要的詩歌，是求得一官半職的墊腳石，即使本意不在此，也是能博得眾人讚賞的商品。於是，鄂圖曼詩歌中，以特定人物為頌揚對象的頌詩（Kaside）比重逐漸加大。頌詩之所以發達，是因為從十六世紀開始，想要當官，檯面下私人交際的非正式社會關係日益重要，整個十七、十八世紀也因此孕育出許多頌詩作品。

頌詩以外還有其他詩歌體裁，像是歌頌愛情、宴飲等人生喜樂的對句詩（Ghazal），以及以宗教詩居多的兩行詩（Mesnevi）等等，以波斯語詩為根基發展的傳統詩歌，也留下了各種體裁的作品。另外，鄂圖曼帝國時代也發展出一種獨特詩體，稱為「韻歌」（şarkı），據悉應該是附有旋律能夠吟唱的韻文。

由阿布都巴基的經驗可以看出，「詩人」在這個時代尚未成為職業的一種，但是取有筆名的詩人不在少數。而且，詩作必須以詩人名號發表，不以本名創作。鄂圖曼帝國盛行編寫詩人列傳，其中十六世紀的阿許克·契勒比（Asik Celebi）在其著作中列出四百二十七名詩人，至於十八世紀名留青史的詩人，從多本詩人列傳中可尋得一千三百三十二名，而這一千多名中，有一百六十八人達成了編寫詩集（divân）的成就。

詩集的規格更加嚴謹，網羅多種體裁的詩文，且必須以固定格式編排。普遍認為，詩集集結了詩人嘔心瀝血的畢生創作，因此能夠成功編纂詩集，被視為詩人「功成名就」的證據。這樣一來我們或可假設，在廣義的定義下，一千三百三十二名詩人中，至少有百分之十二左右（一百六十八人）的詩人，以「職業詩人」之姿，專精在詩歌創作上。

◎內菲的頌詩

本段介紹十七世紀頌詩巨擘內菲（Nefi）的作品。詩人內菲不僅以頌詩讚頌當朝蘇丹、大宰相等政要名人，同時也以諷詩（hiciv）名手著稱。簡言之，詩人十分擅長描寫人物，不論內容是褒是貶。以下節錄一段內菲為歌頌軍人政治家窟尤紏・穆拉德・帕夏所寫的頌詩，窟尤紏是第五章介紹討伐傑拉里叛亂的大功臣，此外他在伊朗戰役中亦曾立下戰功：

你掃蕩了盜匪為安那托利亞帶來安寧
你給伊朗國帶來戰火的喧擾
國主懼怕你的寶劍而竄逃
他們四處亂竄逃往印度
奔向布哈拉邊境

去吧，儘管去征服他們吧
即使那裡是不毛之地
他們會在那裡尋得荒涼貧瘠但足以隱身的地底洞穴
去吧，用大軍揚起的塵埃阻擋敵人視線
伊斯法罕的貴人啊
儘管在睡夢中尋找光明吧

雖然，詩中描寫窟尤糾大破傑拉里亂賊及伊朗大軍（伊斯法罕〔Eṣfahān〕為伊朗古都）的內容，並且十分肯定窟尤糾會將他們逼進淒滄荒蕪的地洞絕境中。但實際上，窟尤糾（意指「挖井人」）在對抗薩法維朝戰爭中，曾跌落井底，失去意識而遭敵人俘虜，所以普遍認為這首詩在暗指窟尤糾失足的事蹟。這簡直是硬挖窟尤糾的舊傷，在傷口上灑鹽。當窟尤糾本人看到這首頌詩內容時，豈會感到一絲歡喜？這我們就不得而知了。

其實，內菲樹敵不少，只因他的反諷詩招人怨恨。據傳，一六三五年時穆拉德四世突然將內菲交給對他恨之入骨的軍官，使他慘遭殺害，葬身大海。不屬於「蘇丹僕人」的詩人竟因蘇丹一聲令下而喪命，是當時朝野的一大醜聞。然而，伴君如伴虎，出入宮廷的詩人沒有法律根據而慘遭懲處，這樣的危險處境完全是可事先預料的。內菲遇害的確切原因不明，不過許多編年史作者都推估，是反諷詩害了他自己。

◎高官宴席與咖啡館

內菲時常出入蘇丹及有力軍人政治家府邸舉辦的宴席，這類的宴會稱為私宴（Majlis）。當時名聲最響亮的詩人受邀參加宮中私宴，沐浴在修改蘇丹等人作品的榮耀之中。有力軍人政治家的私宴景致也是大同小異，讓資助的御用詩人代筆，以主人名義發表作品也是常有的事。

私宴也是發表詩文、與會者共同賞析批判、甚至是透過詩文建立人際關係的場合。不過，十六世紀後半葉以後，私宴的領域已經擴展到市區，並且帶起日後咖啡館擴大的熱潮。對於伊斯坦堡城中引進咖啡這種飲品，從而促成咖啡館誕生的發展過程，編年史作者佩契維（Ibrahim Petchevi）如此描述：

在伊斯蘭曆九六二年（一五五四／五五年）以前，帝國首都伊斯坦堡及巴爾幹地區尚不見咖啡及咖啡館的蹤跡。那一年，阿勒坡商人哈克姆（Hâkem）及大馬士革商人謝姆斯（ems）雙雙來到伊斯坦堡，各自在塔赫塔可雷區（Tahtakale）開設豪華店面，販售咖啡。好奇心旺盛的民眾，尤其是騷人墨客開始聚集到咖啡館來一探究竟。每間咖啡館經常聚集二、三十人，有人讀書賞詩，有人專注在西洋雙陸棋或西洋棋對弈，也有人藉機大展身手發表詩作。以往，人們不惜揮灑重金，舉辦家宴，宴請各方好友，但自從咖啡館興起，只需支付一、兩銀幣的咖啡費用，便能在咖啡館享受交友的樂趣。

文中，哈克姆來自土耳其語稱為「哈勒坡」（Halep）的阿勒坡，謝姆斯來自沙姆（al-Sham，大馬士革的別名），怎麼看都覺得是取諧音湊合出來的，不過從其他歷史記錄也確實可以肯定，咖啡館大致是從這時期開始擴展。儘管如此，這不代表咖

咖啡館　下方是玩遊戲的人群，中間有人正在吟詩賞析，右上方則是店員沖泡咖啡的身影。咖啡館是男性的專屬空間。16 世紀後半葉作品，都柏林切斯特比替圖書館館藏。

啡館取代了所有的私宴集會，這段咖啡館的描述，只是表明在咖啡館普及的同時，民眾發表詩文作品的場合增加，愈來愈多人以享用咖啡、賞詩為樂趣。

從頌詩的流行趨勢可以發現，鄂圖曼詩歌的主題，從十五世紀以前的宗教、蘇非主義的主流，轉變成描寫現世日常的通俗作品居多。在作者為了展現學識修養，書寫艱澀難懂詩文的同時——借用詩人納比的說法「彷彿是阿拉伯語辭典一般」，也流行韻歌這些帶有節奏吟唱的詩歌。種種跡象顯示，詩歌已擴展到社會的各個階層，成為大眾的文化消費品。

◎讚頌愛情

以現世日常題材為主流的鄂圖曼詩歌中，最普遍通俗的主題，便是「愛情」。鄂圖曼詩歌最典型的形式，是在符合詩歌格律的前提下，傾訴著對神、對英雄、以及對戀人的滿懷情愫。

愛情的描寫也有一定規則。詩中登場的人物形象分兩種：「愛人」（lover）與「被愛之人」（beloveds），兩者之間存在著上下關係，「被愛之人」占有絕對優勢，詩人通常站在「愛人」的角度去揣摩抒寫。占優勢者，以太陽、月亮、薔薇、春天等詞彙表象，「愛人」

動不動墜入情網、為愛痴狂、又不時遭受背叛。詩中從不提被愛之人的心境，永遠只有「愛人」的心情抒發。統一這種愛情詩歌世界約定俗成寫法的人物，便是前文曾提及的阿布都巴基，而愛情詩歌的傳統，則據說是十六世紀前半葉阿布都巴基的恩師——詩人扎堤所開創。以下引述一段扎堤的作品：

遮蔽旭日照映
使月色黯淡無光
揭開面紗的剎那
照東方萬八千世界，靡不周遍
兄弟說約瑟夫獨留井底
約瑟夫是憧憬那美麗嬋娟
難掩羞澀而藏於地面
九重天上上下下因對他的愛而沸騰
世界沉醉在對他的熱戀情懷中而朦朧恍惚
書中歌頌貌美的一字一句

聞者積鬱盡散心曠神怡
真主啊
審判之日懇請您引導扎堤與我的他
拯救吾等免受地獄之火
指引我們歸真之路

出現在舊約聖書創世記裡的約瑟夫（Joseph），按伊斯蘭傳說，代表絕世美少年，故以「月亮」象徵青春少年。在歌詠對戀人的愛意時，戀人幾乎清一色是男性這點，也是鄂圖曼詩歌的共同特徵之一。

現今普遍知曉，當時的伊朗社會並沒有否定同性戀情，且伊朗詩歌或畫作也經常描述其模樣，鄂圖曼帝國社會也是相同情況。現代研究土耳其文學的學術界，也終於鬆綁禁忌，以「對神明傾吐景仰愛意的修辭學」這種牽強附會的說法，來解釋那些讚頌少年俊美外貌、對他們談情說愛的詩歌，儘管這套說詞已顯得思想落伍。當時留下數量龐大的作品，用情感豐富的語調，描述著對男性——尤其是少年——的情感，向後人展現帝國日常生活中存在多樣的人際關係。

◎少年愛

至於當時鄂圖曼社會的戀愛情況，出生於十六世紀後半葉、身為帝國財務官的文人蓋利博魯魯·穆斯塔法·阿里（Gelibolulu Mustafa Âlî）有著如下的觀察：

在我們的年代，面頰光滑無半點鬍髭的少年大受歡迎的程度，遠遠超過男性以外的生物——就算是魅力無窮、豔冠群芳的大美女，也無法匹敵。為何如此？因為美麗賢淑的未婚女子畏懼世俗的目光譴責，只能避人耳目，低調行事。但是，與少年的交往，彷彿是進入社交圈的許可證，它的入口，不管是祕密抑或公開，大門是沒有上鎖的。更別提雙頰細緻滑嫩的少年，對他的主人而言，不論是在戰場或家中，既是朋友，亦是同伴。若從這個觀點來看，即使是美如月的女子，既不會成為我們的親友，也不會是同甘共苦的夥伴。

十六世紀《詩人列傳》作者阿許克·契勒比即曾坦言，他的筆名「阿許克」（愛人）是源自自己深愛俊美少年的溺愛情感而來。實際上，他的《詩人列傳》裡記述了許多戀愛故事，當然也包含他個人的經歷在內。舉例來說，據傳阿許克的詩人朋友坎迪（Kandi），曾將阿許克的情人（想當然耳是男性）離他遠去的年號，以數字編寫入詩，送給阿許克作為紀念。曾幾何時（大約從十九世紀後半葉發生轉變）開始遭眾人忌諱的同性戀情，在那個歌頌同性關係的年代，留下許多鄂圖曼風情的浪漫詩歌。

第七章

繁華中的不安（一六八〇～一七七〇年）

梅夫拉維教團儀式　各神祕主義教團都有其獨具一格的儀式，其中梅夫拉維教團以旋轉舞修行著稱。17 世紀作品，節錄自 Alt-stanbuler Hof-und Volksleben, 1925。

戰爭背後的國內動盪

◎二度圍攻維也納

本章將接回第五章的歷史脈絡。時序來到十七世紀末，一六八三年，在黑海西北岸與波蘭、俄羅斯間的戰事終於告一段落，大宰相卡拉．穆斯塔法．帕夏（Kara Mustafa Paşa）決定出面迎戰奧地利哈布斯堡家族。此時，鄂圖曼帝國在歐洲的領土面積達到了空前的紀錄。卡拉自幼出生並成長於庫普魯律家族，同時也是這個家族的女婿。儘管當時已有不少人意識到帝國軍事範圍的極限，卡拉可能還是敵不過自己的利祿薰心，伴隨蘇丹梅赫梅德四世出征維也納。

此次的維也納圍攻，一開始鄂圖曼軍隊占盡上風，然而在他們眼看就要攻破城牆時，卻遭來自波蘭的敵方援軍從背後襲擊。結果情勢逆轉，卡拉的軍隊損傷慘重，被迫撤軍。這種戲劇性的結局，究竟是偶然還是必然，歷史學者莫衷一是，但眾人皆同意，比起跨越版圖邊境遠征維也納本身的失敗，隨後延續不斷的長期戰役，對鄂圖曼帝國的打擊更大。儘管維也納圍攻以慘敗告終，卻是鄂圖曼帝國主動挑起的，但此後的戰事，鄂圖曼帝國多處於被動姿態，而且帝國軍事體制的結構性問題，在這段期間內開始浮現出來。

◎《卡洛維茲條約》

歐洲諸國受維也納戰役勝利的鼓舞，奧地利、波蘭、威尼斯三國成立大聯盟，同盟軍於一六八六年搶奪匈牙利中心城市布達、一六八八年奪得多瑙河要衝貝爾格勒（一六九〇年又被鄂圖曼軍奪回），另外威尼斯在愛琴海取得伯羅奔尼薩半島。一六九七年，鄂圖曼軍在塞爾維亞北部的森塔（Senta）敗給薩瓦公尤金（Eugen Franz von Savoyen-Carignan）率領的哈布斯堡軍隊，因而決意停止已持續十六年的匈牙利爭奪戰，於一六九九年簽下《卡洛維茲條約》（*Treaty of Karlowitz*）。

根據條約內容，鄂圖曼帝國同意放棄匈牙利領土。於是，鄂圖曼帝國自十六世紀起維持了一百五十年的匈牙利統治終告結束。同時，根據該條約，同樣被鄂圖曼帝國納為屬國、統治一百五十年的外西凡尼亞也被劃入奧地利版圖，另外將連接匈牙利與亞得里亞海的斯拉弗尼亞地方（Slavonia，克羅埃西亞東部）割讓給奧地利，達爾馬提亞地方（Dalmatia，克羅埃西亞西邊）則割讓給威尼斯。於是在巴爾幹西部，形成波士尼亞和塞爾維亞的邊境與奧

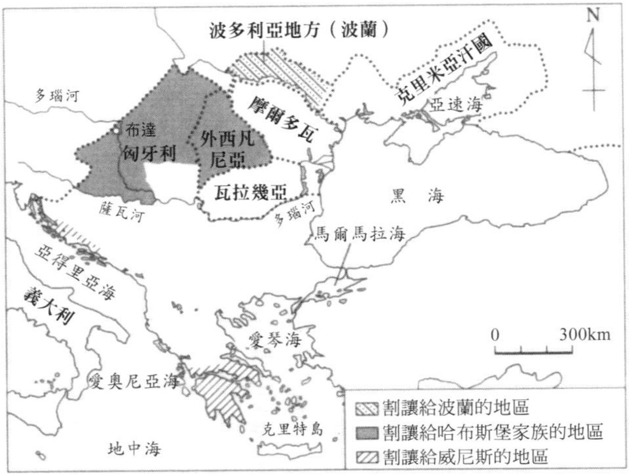

鄂圖曼帝國在《卡洛維茲條約》中喪失的領土

地利交接的局面。半途加入同盟軍的俄羅斯，於一六九六年奪下位於黑海北方的亞速夫。

《卡洛維茲條約》的簽訂，令鄂圖曼帝國首次嘗到廣大領土縮減的經驗。但是在十八世紀初，鄂圖曼帝國又再次奪回部分失土，因此帝國內部並不認為上次的敗北，最終意謂著領土的喪失，而是將問題歸咎於大宰相及其他司令官的失敗，或是蘇丹欠缺領導能力。於是，國內有力軍人政治家之間的派系鬥爭愈演愈烈。

這段期間，各家有力軍人政治家所率領的鄂圖曼軍隊成員愈來愈多樣。十八世紀初，隨遠征隊出征的士兵中，蘇丹常備軍僅占五分之一，其餘全是非正規兵及軍人政治家的私有部隊。在十七世紀中葉以前，邊境要塞的防備約一成為新軍邊防軍，其餘九成則是在地出身、已取得免稅特權的非正規兵，其中包含基督教徒在內。面對哈布斯堡家族的攻勢，很難確保基督教徒臣民能對帝國效忠。後面將談到，新軍會率先迎向鄂圖曼帝國軍事體制重大改革的分歧點。

新軍內部不見有才能的領導人物出面推動軍事改革。十七世紀後半葉，在位四十年的蘇丹梅赫梅德四世，因喜好打獵而得到「獵人」（「avcı」，土耳其語）的綽號，長達四十年的執政期間，他大半在鄰近獵場的愛第尼度過。爾後繼位的蘇丹紛紛仿效梅赫梅德四世，當朝期間多半遷居愛第尼。官僚機構及後宮組織跟隨蘇丹腳步亦將重心轉移至愛第尼，這個改變奪走了伊斯坦堡裡，居民提供朝廷內需的買賣機會，導致民眾不滿情緒高漲。然而，蘇丹避忌城中新軍與市民勾結的壓力，或許才是他駐留愛第尼的真正原因。正如蘇丹心中所忌憚，一六八七年梅赫梅德四世正是因為新軍的暴動而被迫退位。

梅赫梅德四世

◎煙硝之下的賦稅財政改革

這場打了十六年的戰爭，就像一世紀前鄂圖曼與哈布斯堡家族間的「長期戰」，成為鄂圖曼帝國改革課稅體制的契機，由書記官主導推動多項重要制度與行政改革。這些政策上的變革，雖因戰敗而未受到眾人矚目，但與遠在多瑙河對岸發生的戰火相比，其影響更加深遠，並逐步改變了十八世紀的鄂圖曼社會。

第一，百年來深入滲透鄂圖曼社會的稅收承包制，於一六九五年導入終身契約原則。如前述，帝國的稅收承包制早已滲透到鄂圖曼社會底層，帝國的眾多官僚可說是透過稅收承包制的實施而聯繫在一起。

新終身契約制的架構，是承包人在簽訂契約時繳納巨額的預付款，其後每年還得支付定額稅金。這個方法的導入，使簽約者的類型出現劇變，經濟實力雄厚的軍人政治家及有力宗教學者脫穎而出，競標奪得大多數的終身契約。同時，納入競標的稅源種類也急速增長。在該制度下，購得課稅權的所有權人能在較長的期限內設法增加稅收，因此有望獲得兼顧開發與保護農村的成效。

第二，一六九一年蘇丹下令變更基督教徒農民徵收丁稅的方法。換言之，捨棄按慣例以村為團體單位徵收總額稅金的方式，改以按規定原則，執行個人課稅，並於納稅後提供繳納憑證，竭力預防丁稅徵收的不法行為。這項政策是為了因應邊境地帶因戰爭造成人口銳減的情況而實施，與此同時亦免除酒稅等稅種。

這些稅種與稅收方法的變動，據推測是政府當局從巴爾幹發生的各項戰役中意識到，基督教徒農民對鄂圖曼帝國效忠的重要性所做出的決定，而這些政策隨後也延續下去，成為十八世紀帝國對希臘正教會的特別保護。

不過，根據個人課稅原則，以往享有免稅待遇的希臘正教神職人員，也必須繳納稅金，這點引發他們強烈的反抗。值得玩味的是，這些神職人員以此舉有違伊斯蘭法為由，向蘇丹提出抗議，這表明他們依然生活在受伊斯蘭法統治的世界裡。

第三，一六九〇年將新銀幣庫魯許（kuruş）投入市場。這個重達二十五點六公克、含銀量十六公克的大型硬幣，取代了市場上流通的各種外國貨幣，成為帝國市場流通的主要貨幣。在一七六〇年代中期以前，對穩定貨幣有著極大貢獻。

第四，行政機構日益完善。十七世紀中葉，大宰相的辦公地點自蘇丹宮廷獨立出來，並在十八世紀以前發展成一個龐大組織，執行財務以外的各項行政。於是，大宰相府成為實質的鄂圖曼政府。十五世紀以來安置在宮廷內部、負責文書行政的御前會議事務局，也轉移至大宰相府之下。貫徹官樣文章（red tape）一切繁文縟節的鄂圖曼帝國，舉凡中央與地方之聯繫，以及蘇丹與大宰相之間的往返磋商，全部必須以既定格式的文書進行。

在這當中，擔任御前會議事務局長的書記局長（reis ül-küttab），在十八世紀以後其職務開始轉為外交事務。此次業務轉換的契機，始於一六九九年書記局長拉米·梅何美特（Rami Mehmed Pasha）負責外交交涉，簽訂《卡洛維茲條約》，不久後拉米晉升為大宰相。另外，負責財務的財務長官府業務範圍也逐漸擴大，重要性迅速攀升。

這些變革與戰爭同步進行，並持續推進，不因戰事而停擺。這次改革的結果，使鄂圖曼帝國的財政獲得改善，一七二〇年代帝國財政終於消除赤字危機。

大宰相府之門　鄂圖曼帝國長期以來，大宰相等官員的官邸也兼做官廳，而官廳所在也會伴隨人員的交替而遷移。然而在 17 世紀中葉開始，大宰相的居所固定在托卡比皇宮附近，從此不再變更。土耳其語的「Bâb-i `Alî」（崇高之門，Sublime Porte）意指這張照片裡的大門，同時也意味著鄂圖曼政府本身。（作者拍攝）

◎十八世紀前半葉的戰事

身為文官的拉米擔任大宰相一事有著以下的意義：十八世紀的鄂圖曼帝國中央政府核心發生了文武官員的權力交替，從主戰派當道，轉由主和派接手。受此影響，自從簽訂《卡洛維茲條約》以後，直到一七六八年主動對俄羅斯開戰以前，鄂圖曼帝國在這前後七十年間，極力避免戰事發生。畢竟，戰爭早已不是國家財富來源的依據了。

然而，只要有對手存在，就不可能輕鬆避開衝突。這段期間裡，帝國依舊戰果豐碩。例如在一七一一年於黑海北岸普魯特河（Pruth River）之戰大破俄軍，奪回一七〇〇年割讓出去的亞速夫。此外，一七一九年從威尼斯手中奪回伯羅奔尼薩半島，確保愛琴海的制海權。然而，鄂圖曼帝國於一七一七年至一八年在奧地利作戰中戰敗，簽訂《帕薩羅維茲條約》（*Treaty of Passarowitz*），喪失匈牙利南部及貝爾格勒周邊地區。於是，貝爾格勒曾一度受匈牙利統治，成為塞爾維亞的首都。不過，鄂圖曼於一七三七年爆發的戰爭中又再次奪回貝爾格勒，並在一七三九年的《貝爾格勒條約》中，恢復對塞爾維亞的統治權。

同時，鄂圖曼帝國與東方伊朗之間也是大小戰事不斷。十八世紀以後，薩法維朝漸趨式微，俄羅斯與鄂圖曼帝國各自伺機入侵伊朗北部及西部。但在出生於阿富汗的伊朗新統治者奈迪爾沙阿（Nader Shah）帶兵反擊之下，卻陷入長期抗戰的窘境（一七二四年～四六年）。

若把入侵伊朗視為例外，以上的戰爭基本上都屬於防衛戰，戰績有好有壞。鄂圖曼政府竭盡全力，才保住得以隨時出征的兵力和預算，然而不論是哪場戰役，都不獲人民支持。

◎新軍渙散

帝國上下瀰漫著厭戰氛圍背後的主要原因，是因為作為主要戰力部隊的常備軍新軍，都對戰爭抱持著消極態度。誠如第五章所述，新軍在城中從事商業買賣或苦力粗活，早已不見好戰性格，逐漸失去身為訓練有素的常備軍的素質，因此當收到點召令時，他們無不編盡各種理由極力推辭。至於中央政府，既不針對問題提出改革，也不設法編制新組織作為新軍的替代方案；尤其是中央高官，對於戰鬥本身的消極態度更是可想而知。

而且，政府對新軍整體人數的掌控也是含糊不清，新軍的名簿上依舊留著已經過世的人或重大傷殘者的名字，找無領受對象的「無主」俸給，成了政府高官或新軍司令官的囊中之物。一七四〇年政府允許公開買賣新軍特權的政策，更加劇了這些陋習的惡化。結果有報告指出，儘管新軍實體人數為四萬，享有新軍特權的人數卻高達四十萬。新軍特權的購買者，主要是城市裡的富豪商人和工匠。如此一來，新軍與市民進一步發展成難以分割的共同體。

◎鄂圖曼帝國的衰退

當時在帝國知識分子之間，存在著一種「國家猶如人生」的想法，也就是兩者同樣都會歷經誕生、發育、成熟、然後走向衰老的階段。這種意識型態的擴散，是人民產生厭戰情緒的背景。十七世紀的著名學者卡提・契勒比（Kâtip Çelebi）早在其著作中便提出，人民應該要意識到帝國正處於老年期的看法，而這個觀點實際源自十四世紀阿拉伯思想家伊本・赫勒敦（Ibn Khaldun），其著作《歷史諸論》也被翻譯成奧斯曼語，並獲廣大讀者支持。這種「國家早已邁入老年期」的自我認知，讓帝國人民得以領悟，自十七世紀末以來，國家「戰況不佳」的現實，因此這項論點廣受人民所接納。

這樣的認知，也體現在詩歌的世界裡。詩人納比在其詩作中如此刻劃：

時光庭園裡，我們見證了春來秋去

我們見證了喜樂悲歡輪流風起
切勿在命運的酒吧裡自得意滿
我們不是早已看盡，無數人汲汲營營沽名釣譽
我們見證了多少城牆堡壘高聳在功名之地
卻無一能抵抗悲慟的嘆息
一聲哀鳴，幸福之館霎時夷為平地
我們見證了多少哀戚百姓泣淚成珠，如洪水潰堤
我們見證了多少兵盡矢窮，只剩聲聲嘆息的沙場戰士
我們見證了多少曾經地位崇高之人，踽踽不安潛伏在貴人府前
貪欲之杯變成乞食托缽
納比啊，我們不是早在杯盤狼藉的宴會桌上看盡一切了嗎

納比在宮中同樣大受歡迎。人生無常的觀點，是鄂圖曼詩歌共通的主題之一，納比可說是特別傳神地捕捉到了時代的氣氛。

◎愛第尼事件

厭戰的氣氛，在城市居民之間醞釀出一種保守主義，發生於一七〇三年的愛第尼事件相當具有代表性。事發的原因是因為，政府沒有支付薪資給部分奉命出征喬治亞的軍人，導致他們群起抗議。之後新軍、一些軍人政治家的家僕、宗教學者、公會領班團隊紛紛加入聲援，要求不在伊斯坦堡、移居愛第尼的蘇丹穆斯塔法二世即刻退位，並懲處當時手握大權的伊斯蘭導師菲茲拉（Feyzullah Efendi）。

剛開始，反叛軍代表前往愛第尼，控訴菲茲拉的百般惡行，原欲藉由和平手段提出異議，結果卻發展為新軍領導成立的反叛軍與駐紮在愛第尼的蘇丹軍相互對峙的局面，最後蘇丹接受反叛軍的所有要求後退位。

而眾矢之的的菲茲拉，不久後便慘遭殺害。各家編年史以相同的筆觸記錄下菲茲拉一族備受重用，以及利用非法手段斂財的罪行。儘管他位居宗教學者最高職位，菲茲拉行事卻「違反伊斯蘭教義」，民眾的譴責之

穆斯塔法二世

聲想必早已傳遍城中。儘管反抗的真正目的源於經濟和一般俗事，但當「大眾」當面高呼伸張「伊斯蘭正義」的口號時，想要解散他們卻非易事。這場叛亂，同樣是由卡迪札得派底層的基本教義派宗教學者帶頭起事。

繼穆斯塔法二世之後即位的阿何密三世，下令拆除才興建一半的愛第尼宮殿，搬回伊斯坦堡，並回應反叛團體的訴求。穆斯塔法二世執政期間的最後一任大宰相拉米・梅何美特・帕夏也因此次事件垮台，這整起事件表明，出身書記的官僚想要成為帶領國家的總舵手，為時尚早。

阿何密三世

這場一七〇三年的暴動，在「因軍人暴動而引發城市工商業者與基層宗教學者群起響應」的部分，有其重要意義。不過，他們的訴求放在更換蘇丹與懲處負責人上，沒有提出任何具體的政策要求。由於各方勢力無法持續協作，新蘇丹阿何密三世即位後不久，反叛軍主導首領的新軍司令官及卡迪札得派宗教學者即在蘇丹一聲令下遭受處決。不過，十八世紀時蘇丹和他的政府開始對人民採取懷柔的手段，這樣的轉變可以理解為經歷這次事件後，所遺留下來的精神創傷。

享受和平

◎伊斯坦堡重振雄風

十八世紀初，伊斯坦堡再次成為名副其實的「蘇丹寓所」，推動各種大型建設，上演一場擁戴蘇丹的華麗演出，對工商業者而言，這也是場經濟發展的開恩大典。連續數年無戰事紛擾，城市得以獲得開發投資，而且如前文所述，一七二〇年左右時，帝國在財政帳上迎來久違的黑字。尤其是發生於一七一九年的大地震，直接成為城市重建的一大契機，不僅修復城牆、水路，更在城內新建政府軍事相關的重要設施，如大砲鑄造所（一七一九年）、兵器製造工廠（一七二六年）、造幣廠（一七二六年）等。

城市重建計劃的推動，由大宰相達瑪德・伊柏拉罕・帕夏（Nevşehirli Damat Ibrahim Pasha）統籌進行。伊柏拉罕原為軍人政治家，一七一八年時曾參與《帕薩羅維茲條約》的簽訂，同年就任大宰相。伊柏拉罕雖出身軍旅，但曾半途轉換跑道，擔任地方財務長。在重建財政比對外作戰更為當務之急的十八世紀，精通財務對大宰相來說，是一項不可或缺的能力。

◎流行享樂

阿何密三世與伊柏拉罕齊心協力共同推動的建設施政遍及多種面向，但相較於清真寺或伊斯蘭經學院等外觀端莊肅穆的宗教建築，他們更著重在世俗色彩濃厚的建築物上，並偏好輕鬆休閒又不失雅致的木造設計。舉例來說，阿何密三世在托卡比皇宮的鬱金香花園內興建了名為「陽台閣」（Sofa Kiosk）的別院，只有柱樑沒有牆壁，或許是為了追求海風吹拂的怡然愜意吧。

這種在戶外尋找樂趣的流行是當時的一大特徵。博斯普魯斯海峽的兩岸林立著富裕人家精心打造的木造別墅，小船往返穿梭其間。伊斯坦堡近郊的綠地原野更是富人郊遊、享樂的絕佳去處，相當熱鬧。一大片綠油油的草地上，不僅有潺潺溪流，更零星點綴著

在紙屋遊玩的女性　阿何密三世除了自己的薩達巴德宮以外，另贈與富裕人士土地，命他們興建了約 200 處風雅私宅。1793 年作品，伊斯坦堡大學圖書館館藏。

巨大古木，供休憩遮陽的曠野綠地最受歡迎。蘇丹在多處中意的地點打造離宮作為享樂勝地，以鬱金香打造花園，舉辦盛大宴會。這個時代，原產於西亞的鬱金香大舉從歐洲逆向進口至鄂圖曼帝國，在富豪間引起一股流行風潮。

薩達巴德（Sadabad）離宮是當時最重要的別墅之一，其名取自波斯語，於一七二二年興建在金角灣上游內陸一處名為紙屋（Kağıthane）的綠地。長久以來，學者一般認為薩達巴德是仿效鄂圖曼使節所見法國凡爾賽宮的模樣所興建的。不過，因為當時正值計劃征服伊朗薩法維朝的時期，所以薩達巴德實際上是模擬伊朗四十柱宮（Chehel Sotoun）、並企圖打造得比它更加宏麗雄偉的說法，也相當具有說服力。薩達巴德的宴席，夏天在鬱金香園舉辦，冬季則在室內，宴請賓客的是以麥粉、砂糖和松仁製作的甜點（halva），彷彿無止盡般舉行下去。

不過，這些遊樂勝地並非蘇丹等人專屬，像紙屋等達官貴人御用的場所，除了一周會有數日因宴客「包場」以外，其餘時間均開放供城市民眾入內使用。至少對中產階級以上的伊斯坦堡市民來說，前往蓋有蘇丹別墅的紙屋郊遊觀光，可說是共同的休閒娛樂。

◎城市街景的水泉之美

蘇丹與大宰相進一步在伊斯坦堡鄰近歐亞交界處大興水路工程，同時於城中各處建造新的泉源，擴充給水設施。位在城中廣場或街道角落的泉源，不僅提供人民日常用水，更以雕工細緻的植物花紋及刻有詩歌銘板的裝飾，替城市街景增添神采。另外，清真寺高塔的燈飾也是從這個時期開始普及。這些投資，是朝廷施予沒有能力享樂的一般市民的恩典。

詩人內丁為此曾創作一首詩歌，讚頌伊斯坦堡的風光：

伊斯坦堡無法歸類又無從估量

托卡比皇宮門外的阿何密三世噴泉　18 世紀的鄂圖曼建築多採用色彩華麗及細緻的植物花紋，並運用大量柔和的線條。這座噴泉的側面亦裝飾著詩歌銘板及大理石的浮雕花樣。

城中的一顆小碎石即足以和伊朗匹敵
環抱在兩大洋的中心，獨一無二的真珠
恐怕只有照亮大地的太陽能與之並論
此處是名為幸運的寶石所帶來的恩典泉源
天國的花園裡，滿是榮光與名譽的玫瑰綻放
啊，如此天堂，舉世無雙
美得令人屏息，水裡風中透芬芳

此外，王室也時常在城中舉辦宴會。阿何密三世至少有三十一名王子，每逢他們的割禮儀式或結婚時必定設宴。一七二〇年，三名王子舉行盛大割禮儀式，前後歷時十五日，從早到晚，公會遊行、街頭藝人表演、晚宴、煙火等活動輪番上場，動用了龐大的人力財力，鋪張奢華的程度令人稱奇。同時市民獲得許可，得以在一旁觀賞王室喜慶的儀式慶典，這可以說是蘇丹特許民眾的「恩典」。然而也有不少人士無法認同如此奢侈浪費的行為；他們的不滿，最終在這場割禮儀式結束十年後，以大暴動的形式爆發出來。

◎消費成性的十八世紀

十八世紀前半葉的帝國內一片祥和美好，卻因一七三〇年爆發的城市暴動而戛然中止。在出發遠征伊朗之前，大批軍人集結在博斯普魯斯海峽對岸的于斯屈達爾，其中一群無賴好事之徒，以原新軍帕特羅納·哈里爾（Patrona Halil）為首，聚眾滋事，引發騷動，最後甚至發展成群體暴動。應反叛軍要求，大宰相伊柏拉罕慘遭處刑，蘇丹阿何密三世亦被迫退位，薩達巴德離宮遭暴徒搶奪肆虐。然而，這起事件就如同三十年前發生的愛第尼事件一樣，同樣由新上任的蘇丹以迅雷不及之勢處理完畢，叛軍領袖帕特羅納·哈里爾、指揮策劃其他反叛的基層宗教學者們都遭到殺害。

不可否認，這場暴動的背後潛藏著城中工商業者的不滿，他們對那些不分晝夜、舉行光鮮亮麗的宴會表面底下所隱藏的奢侈浪費與道德敗壞心生反感。這次，民眾一樣是透過不願參與軍事遠征的新軍進行暴動，取得宣洩怨氣的管道。市民的不滿，以新軍暴動的形式展現出來。另外，伊柏拉罕意圖限制新軍數量，編制新式軍隊，同樣引起眾人的不滿和不安。

但是，這場叛亂還是未能遏止帝國在十八世紀消費成性的文化風潮。帶動這波消費文化的原動力來自「富裕階層」的興起與成長，他們追求積累財富，同時大筆揮霍在別墅、鬱金香和宴席上。之後會提到，他們是伊斯坦堡中少數取得終身稅收承包權而抬頭的富商，他們的財富累積，並沒有因這場新軍叛變而結束。

從整個十八世紀，富裕階層始終熱衷於興建海邊別墅這一點，就是最好的證據。蘇丹持續推動營造活動，一七五五年竣工的奴魯奧斯曼尼耶清真寺（Nuruosmaniye Mosque）更加入新的元素，不斷創造出新穎造型。帕特羅納·哈里爾的新軍之亂帶來的破壞在短時間內得到修復，十八世紀可說是鄂圖曼文化開花結果的璀璨時期。

有人說奴魯奧斯曼尼耶清真寺受到義大利巴洛克藝術的影響，但其實範圍僅限於內部裝潢等細部。然而，細部上些微的差異所營造出來的不同氛圍才是重點所在。在這一點上，充分展現了鄂圖曼文化將外來要素吸收、轉化至傳統文化中的寬大包容與活力。希臘裔建築師西蒙亦參與了這棟建築的興建，他在鄂圖曼帝國主導的建築事業中

奴魯奧斯曼尼耶清真寺

負責教會建設。帝國建築事業的全新展開，全靠起用這群來自帝國內部的人才才得以實現。

◎圖書館熱潮

十八世紀，民眾不僅關注宏偉建物和皇家宴席，對書籍更表現出高度的熱情，讓當時成為一個願意投資在書本上的時代。興建獨立圖書館比伊斯蘭經學院附屬圖書館更為興盛，是當時的一大特色，這股風潮從伊斯坦堡吹向地方城市。

帶動這波潮流的先驅，是蘇丹阿何密三世本人，他在托卡比皇宮內加蓋一間御用的圖書館。隨後，大宰相伊柏拉罕也設立了一間私人圖書館，並聘請前文曾引用詩歌的內丁，作為他的圖書管理員。伊柏拉罕會支持在伊斯坦堡設立印刷廠，想必也與社會的需求有關。從這間印刷廠印製的書籍約賣出七成可以推測，有在蒐集圖書的民眾，不僅會收購手抄本，也會購買印刷本。

此外，伊柏拉罕還設置一間翻譯中心，主要將波斯語的歷史書籍翻譯成土耳其語，並且禁止歐洲人收購流通在市面上的貴重抄本。這項文化政策顯示，普遍認為始於鄂圖曼開始西歐化的十八世紀前半葉，但實際上，這也是一個表露出帝國對傳統文化展現強烈關注的時代。

◎印刷術

在大宰相伊柏拉罕支持下開設的活版印刷廠，由伊柏拉罕・繆特菲利卡（Ibrahim Müteferrika）一手經營，繆特菲利卡出生於外西凡尼亞，是一名活躍在鄂圖曼帝國政界的軍官、翻譯和外交官。在鄂圖曼帝國，最早由猶太教徒於十五世紀末設立、非穆斯林共同體營運的印刷廠，在取得蘇丹許可後開始運作。因此，印刷技術的存在本身已廣為人知。然而，當時手抄書的供給便足以滿足市場需求，再加上穆斯林認為宗教文本必須手抄才有意義，使得印刷技術未能引人注目。

不過，十八世紀書本需求快速增長，繆特菲利卡在不與上述宗教情緒牴觸的實用書領域嗅出商機，於是向政府申請許可開設印刷廠。與此同時，也得到伊斯蘭導師的背書，強調印刷廠之合法性，為印刷廠的開設做好萬全準備。在此背景下起步的印刷廠，於一七二九年至四二年間，印製出十七個主題、一萬一千本左右的圖書，出版內容含括辭典、地理、歷史書籍、繆特菲利卡的個人專論，以及用法文編寫、專門提供歐洲人士使用的奧斯曼語文法書等。在一七四七年繆特菲利卡離世前，共賣出七成左右的書籍。因此，以商業角度來看，印刷品的推動算是成功。

但是，在書本的整體領域中，實用書僅占極少部分，因此繆特菲利卡死後，印刷事業無法傳承下去，直到十九世紀實用書需求大量增長，印刷術才在鄂圖曼帝國扎下根基。之後，印刷術透過行政公文的大量印刷及官報刊行等政府需求而擴大利用，同時人民對宗教書籍必須手抄所抱持的心理執著也逐漸薄弱，於是在一八七〇年代，國內出現了第一本印刷的《古蘭經》。

就這樣，印刷技術在鄂圖曼帝國順著社會和文化整體轉變的潮流而逐漸普及。若只是從接受或抗拒歐洲文化的單一觀點，是無法做通盤理解的。雖然，鄂圖曼帝國在下一個世紀——也就是十九世紀——很明確地將國家的目標鎖定在吸收歐洲各國技術及其世俗文化的內涵上。但至少在十八世紀中葉以前，鄂圖曼風格的傳統文化依舊吸引眾人的關注，並持續發展，用這樣的觀點來理解當時的情況是比較恰當的。

◎咖啡館與宗教修道場

雖然十八世紀時，鄂圖曼帝國富裕高官等管理階層的奢侈消費文化讓人目不暇給，但在另一方面，當時的帝國社會還產生了下列二個現象。其一、傳統具有免稅特權的中下階級管理層和工商業者等，和城市居民之間的界線愈來愈模糊不清，二者逐漸共享同一個文化圈。其二、當時的消費文化也確實影響到他們的文化層面。

具體來說，中下階級管理層指的是新軍和各種常備軍等軍職、任職政府或權貴府中的軍人和書記、以及在清真寺或伊斯蘭經學院工作的宗教學者等人。包含城中新軍在內，這群人住在城中街區，與城市工商業者享有共同的生活文化。在十八世紀的城市裡，管理階層與被管理階層早已密不可分。

城市民眾共享的具體空間為咖啡館，而穆斯林還另有蘇非主義教團修道場的選項。如前所述，咖啡館於十六世紀興起，儘管政府數次發布禁令，但咖啡館早已成為市民生活中不可或缺的活動空間。這道禁令雖然是政府針對咖啡館成為各階層不特定多數群眾聚集的場所、因此心生警戒而發布的，但咖啡館的這個特色也正是其魅力所在。此外，十八世紀更衍生出新軍咖啡館這個嶄新的類型。

新軍咖啡館是按城中新軍各兵團組織所設立的，多分布在鄰近港區的城鎮要衝。據說其入口處插著象徵兵團的旗幟，內部以奢華的裝潢聞名，在視野良好的二樓客座中央通常會設有噴泉。與新軍關係密切的拜克塔什教團（Bektashi Order）巴巴（Baba，指導人）常駐店內，不時舉行儀式，據推測，新軍咖啡館應該具備作為拜克塔什教團分支的作用。

新軍咖啡館的顧客不限新軍，但相較於街巷的咖啡館，門檻較高不易親近，因此推測常客多為城中權貴。在那裡，客人時而喝著咖啡，時而吞雲吐霧，時而吟詩或評論政治，這樣的景象與一般咖啡館沒什麼不同。只不過此處的政治討論有時可能會發展成暴動或示威行為的「特色」，則是屬於新軍咖啡館獨有。因此在十九世紀新軍遭到解散後，這類的咖啡館也隨之消失。

◎蘇非教團的活動

神祕主義教團組織的修道場，是人們在職業及街區組織圈外，另外建立社群網絡的場所。教團長老及其眾多弟子住在修道場，其他成員則各自操持本業，但經常到此集會，舉行儀式或祈禱。對商人和工匠等平民百姓而言，這裡算是他們接受高等教育的地方。儘管教團組織的階級森嚴，本身具有本業的成員很難升等上位，但其中還是不乏精通音樂和書法等才能出眾的知名人士。

這個時期，諸如科尼亞的梅夫拉維教團（Mevlevilik）及鄰近開瑟里的拜克塔什教團等，多以安那托利亞為本部據點，他們位在伊斯坦堡的「分部」，實際上已獨立在外，發展成一種城市組織。各教團在服裝、儀式、音樂等各方面，對形成精緻的都市文化有著巨大的貢獻。蘇丹、公主或高層宗教學者之中也有這些教團的成員，他們同時也身兼教團的保護者。

十八世紀，咖啡館和修道場是眾人集會場所，這些場所的內部裝潢皆經過精心設計，採用了雅致的木造設計；由此可以看出，當時富裕人士用在濱海別墅的建築樣式影響之深遠。伊斯坦堡等主要城市的商工業，以堅毅穩定的步調成長發展，提升市民的生活品質。另外，蘇丹及部分富有人士花錢如流水的消費力道，也促使金錢在城中循環流動，想必這也滋潤了普通民眾的生活。

終身稅收承包制和地方望族興起

◎終身稅收承包制

上一節介紹了身為城市消費文化主角的高官管理階層的日常活動。那麼，這些富貴階級是如何造就而來的呢？十七世紀以來，他們多半與軍人政治家或與之聯手的有力宗教學者關係密切，不過，一六九五年稅收承包制中導入終身契約的政策帶來了新的轉變。

終身契約獲得公認後，當時最有權勢的，當屬一七〇三年在愛第尼事件中被殺害的伊斯蘭導師菲茲拉。這一切或許並非偶然，菲茲拉極為貪婪，想必十分清楚長期購買課稅權能夠得到的好處。實際上，稅收承包終身契約也確實給購入者帶來莫大利益，經試算，盈利率高達百分之三十五至四十。

如前所述，在中央——也就是伊斯坦堡——財力雄厚的軍人政治人物及宗教學者高層紛紛加入這場投資比賽中。根據薩茲曼（Ariel Salzmann）的研究，伊斯坦堡中投資終身稅收承包的人數，若包含共有者在內，十八世紀末約有一千人；然而，在終身契約整體中，前述中央官員們的投資額就占了百分之八十七。同時，終身契約有集中在少數權貴手中的趨勢。以契約總數來看，一千名簽約人中的百分之二掌握了百分之二十四的契約，占總課稅額百分之三十。薩茲曼由此推演得到一個結論：十八世紀以後，鄂圖曼帝國開始出現少數真正的大富豪。

同時，契約標的的課稅權通常是分割共有，所以有時也會出現兄弟或親子共有契約的情況。於是，稅收承包徹底成為富裕階層的投資對象。

不過，原以為隨著終身契約的普及，政府會陷入稅源從手中流失的窘境，但事實卻是相反。這要歸功於政府（財務長官府）實實在在地掌握了每一個村落承包權的分割共有情況，以及世襲所有人的轉換；又或者應該說，他們將登記在政府帳冊上的白底黑字，視為「事實」較為妥當。承包權的所有人必須聯絡中央政府註冊，否則無法讓現實成為「事實」。基於這項規定，終身契約對於稅收承包制的滲透，並非是權勢者蠶食既有秩序，而是他們替中央政府分擔管理課稅的進程，這種解釋方為恰當。以現金直接進入國庫的稅金雖少，但財務官僚確實具備監控帝國整體課稅實況的能力。

然而，直接納入國庫的稅金總額卻有減少。終身契約實際上是政府分售國有地（或其他稅源），再將每年從中所得稅金納入國庫的制度。每年入帳的稅收通常是直接送達事先決定的執行單位，指定用在州軍政官俸祿、城寨維護經費、或分配給特定受益人。

舉例來說，迪雅巴克課稅官長的俸祿是從迪雅巴克關稅收入發放，因此，持有迪雅巴克關稅終身稅收承包權的所有人每年繳納的稅金，未經國庫直接轉為同地課稅官長的官俸所用。至於伊斯坦堡的咖啡關稅，則是分派作為宗教學者的年金，十八世紀中葉，共有二千四百五十名宗教學者由此支領年金。這種「特定財源」的詳細分派，是在廣大帝國中有效執行支配管理的方法。只是，由於中央國庫可以裁度的金額減少，所以一旦爆發戰爭等有臨時巨額支出的需求時，政府一下子就會陷入財政困境。

◎金融業者抬頭

在這個年代，富裕的希臘正教徒、亞美尼亞教徒及猶太教徒等金融業者，與鄂圖曼帝國官員一樣，同樣是透過稅收承包制，而被統合在鄂圖曼體制之下。十七世紀稅收承包制剛普及之初，基督教徒及猶太教徒曾一度被排除在外，不久他們開始從事保證人的相關工作，或進入金融部門負責預付款借貸業務。十八世紀，終身承包簽約人的背後，一定有基督教徒或猶太教徒等金融業者的參與，各司其事。

對於任期大致只有一年、或是經常面臨待業期的鄂圖曼官員來說，金融業者的即時救援不可或缺。另外，任職時給長官送「謝禮」的習俗，也是加深鄂圖曼官員依賴金融業者的緣由之一。借款以就職後的收入歸還，利息標準為百分之二十四左右。

穆斯林的宗教捐獻財中所含的龐大「現金」，也會流入基督教徒及猶太教徒等金融業者操作的金融市場，這些現金成為非穆斯林金融業者的投資資本，在市場上流動。伊斯蘭法雖然禁止利息，但在鄂圖曼帝國實際上已解除禁令。因此經手宗教捐獻的經營團體，估計可從捐獻現金的運用取得百分之六至十五左右的利潤。

◎地方望族的成長

中央推動課稅制度改革，後來也波及到整個實際執行課稅制度的地方社會。地方人士參與課稅新制的途徑有二。

其一是中央以終身契約購得稅收承包權的所有人，為了能以穩定形式確保收入，將承包所有權轉包出售，地方權貴再向其購買課稅權利，此為大致的流程。或者，部分終身簽約人會聘雇熟悉當地的人士作為代理人執行權利。如前所述，十八世紀末伊斯坦堡約有一千名簽約人，掌握了百分之八十七政府賣出的稅收承包權，他們必須與以地方為據點的在地有力人士攜手合作，才能完成這項工程浩大的課稅事業。

第二條途徑，則是在地有力人士自行向政府收購稅收承包權的終身契約。若從上述數據反推回去，終身契約中有百分之十三的承包權，是買方不在中央購得的，這說明了這些終身契約是在地方售出，由地方人士得標。

再加上，地方上的有力人士也染指政府的地方要職。如前文提到，這個年代當官備妥

「謝禮」不可或缺，這對財力雄厚的地方人士來說，爭取任官的機會自然輕而易舉。於是，代理地方官（mütesellim）或職稱為督軍（voivode）的稅務官成為他們的頭銜。而職權的取得，讓這些地方權貴更容易向中央購得課稅權，一手把攬地方課稅轉包權也就更加輕而易舉。

取得實質課稅權和政府官銜的地方顯要，家世背景形形色色。在安那托利亞和巴爾幹，他們多半是從農民階層白手起家，雖然有人日後展示家譜，主張是遊牧民族長或宗教名門之後，但其真偽難辨自不待言。在阿拉伯地區，主要是已融入地方的鄂圖曼軍官、或早在鄂圖曼以前便在當地落根的在地名門、甚至是原埃及馬木路克人士等人的興起。經由整個十八世紀的淘汰過程，到了十八世紀末，在地勢力已經浮現檯面，任何人到了當地都能一眼看出「本地的有力人士為〇〇家」，日後這群人被稱為地方望族（âyân）。

地方望族不僅參與稅收承包，也會在課稅過程中融資給農民，沒錢還債的農民則成為他們的佃農。佃農幫他們開墾新的農地，進行各種開發，實現了土地的擴張。地方望族的崛起過程各有不同，以下簡短介紹兩大地方望族的興起概況。

◎兩大地方望族

・卡羅斯瑪諾洛家（Karaosmano lu）

根據永田雄三氏的研究，卡羅斯瑪諾洛家興起於十八世紀前半葉的安那托利亞西部，鄰接伊茲密爾的薩魯漢縣（Saruhan，今土耳其馬尼薩省）。卡羅斯瑪諾洛家的當家取得該縣代理地方官的官職，並以每年更新的一年合約方式，承包所有擁有該縣課稅權的終身承包契約所有人的轉包權。然而，在這個過程中，他們引起政府注意而遭嚴加防範，結果一七五五年政府藉故處決卡羅斯瑪諾洛當家。之後，卡羅斯瑪諾洛家於十八世紀後半葉恢復勢力（換言之，在地的威勢依然健在），十九世紀左右，薩魯漢的地方官職與轉包權再度落入卡羅斯瑪諾洛家手中。

卡羅斯瑪諾洛家的資產不限於稅收承包的相關產業，他們在多數城市持有不動產，擁有許多金融資產及家畜，並經營農場（Çiftlik）。當時農場的生產模式可分成兩種，一是以家族為單位的生產模式，亦即佃戶農民利用傳統手法生產小麥；其二則是以集約耕作方式生產經濟作物。十九世紀初，卡羅斯瑪諾洛家在伊茲密爾近郊種植棉花，主要輸出歐洲市場，棉花的栽種替卡羅斯瑪諾洛家帶來莫大經濟效益。像這樣，地方望族進行多角化經營，並擁有足以支撐其經營的資金及組織架構。

・塞札特家（Şehzade）

以下根據薩茲曼的研究，介紹迪雅巴克地方望族的情況。十八世紀的迪雅巴克州，因受到傳染病和伊朗戰爭的影響，農村凋零人口銳減，情況十分慘重，所以中央很少有人投資迪雅巴克的終身承包權。於是，該地的終身承包權主要由當地以宗教學者為中心組成的上流人士購得。也因此，終身承包權的集中程度相對分散，一七八〇年代，該地一百二十九座村莊的稅收承包權由二百六十八人瓜分持有，最後由州課稅官（voivode）出面彙整統合，州課稅官的俸給則包含迪雅巴克關稅及主要手工業的課稅權在內。

迪雅巴克位在往來巴格達的貿易路線上，當地紡織品產業盛行，所以城市稅收極為可觀。在這些優勢條件下，十八世紀中葉取得州課稅官職位的塞札特家強勢崛起，成為迪雅巴克最有實力的地方望族。不過，有別於卡羅斯瑪諾洛家，塞札特家四周對手眾多，未能達成集中性的支配。

在培養私人部隊方面，卡羅斯瑪諾洛家自不待言，塞札特家也不落人後。受政府請託，卡羅斯瑪諾洛家派兵投入爆發於一七八七年的第二次俄土戰爭（俄羅斯－鄂圖曼），塞札特家的軍隊則是對抗進攻埃及的拿破崙軍。

◎稅收承包制度底下的帝國樣貌

十八世紀，巴爾幹、安那托利亞以及阿拉伯等地最大的變化，莫過於各地有力的地方望族興起。十八世紀後半葉，中央（伊斯坦堡）出現少數手中掌控著國家稅收承包權終身契約的巨頭，而崛起於各地的地方望族，則手握當地的主要產業。不論是中央權貴還是地方望族，他們都擁有一批私人軍隊，這個時期的鄂圖曼帝國，已徹底開始走向分裂。

但是，若從另一個角度——或說從政府角度——來看以上的變化，這些人依舊不出稅收承包制所布下的天羅地網。雖然他們從上繳政府稅金與實際徵收稅額的差額大飽私囊，但每個個體都不過是國家機器的齒輪之一。因此，他們不可能否定成就自己財富與權力來源的稅收承包制，更不可能成為推翻建立該制度的鄂圖曼帝國。政府掌握了各方有力人士擁有的財富及人材，派遣他們擔任名實相稱的政治或軍事職位，並要求他們率領名下的私人部隊出征為國打仗，直接了當。若是拒絕出兵，政府便將出兵的任務指派給他人。如此，稅收承包制在將帝國導向分化的同時，也發揮了維繫整體的作用。

然而，十八世紀的鄂圖曼帝國內部若是繼續各行其事，遍布帝國全體的課稅系統網絡一旦露出破綻，後果應該不難想像。而就在即將迎來十九世紀的前夕，這個系統卻出現了諸多問題，使得帝國上下面臨分崩離析的危機。

◎帝國經濟與歐洲商人

先前介紹的兩個例子，也就是安那托利亞西部的卡羅斯瑪諾洛家與迪雅巴克的塞札特家，比較這兩者可以發現，兩家的經濟基礎有著極大的差異。

卡羅斯瑪諾洛家經營農場，主要種植棉花，輸出歐洲。農場的勞動力實際上是十八世紀初從希臘本土移民過來的希臘裔農民。相對之下，塞札特家的收入來源，主要是往來傳統商旅路線的關稅，及城中手工業者繳納的稅金。前者可以理解為鄂圖曼經濟體打入歐洲商品市場的發展，後者則是傳統產業及貿易維持著穩定發展的樣貌。這兩者所代表的，便是十八世紀後半葉鄂圖曼帝國的經濟型態。

同一時期，歐洲諸國經濟發展成熟，渴望擴大與鄂圖曼帝國之間的貿易，於是紛紛在首都或其他港埠設置領事。歐洲與鄂圖曼的貿易，以十六世紀的威尼斯、十七世紀的英國最為熱絡，但他們始終維持在奢侈品交易，並未如前述般對帝國經濟結構帶來巨大衝擊。

十八世紀，英國退場，歐洲與帝國的貿易轉由法國接手。這時，情勢開始慢慢產生了變化。其一，法國手工業發達，需要大量進口棉花等原物料農產品；其二，法國開始將本國產品及其殖民地所製造的日用品輸入鄂圖曼帝國。另外，法國為了調配農作物，不僅在港埠設置領事，亦深入安那托利亞及巴爾幹內地著手布局。此時與法國交涉，擴大棉花栽種而從中獲取莫大利益的，據推測應該就是卡羅斯瑪諾洛家。因為整個十八世紀，向法國輸出棉花的總量增加了二十倍，其中有百分之七十來自卡羅斯瑪諾洛家管轄的伊茲密爾。

然而，法國雖然從鄂圖曼帝國大量進口棉花，他們對帝國的出口貿易，除了南美產的砂糖與咖啡之外，其餘商品的成果似乎不盡理想，像紡織產品等，鄂圖曼國內生產的商品銷售較佳，法國商人很難擠進鎮上公會或在地商人之間，他們的活動範圍也因此受

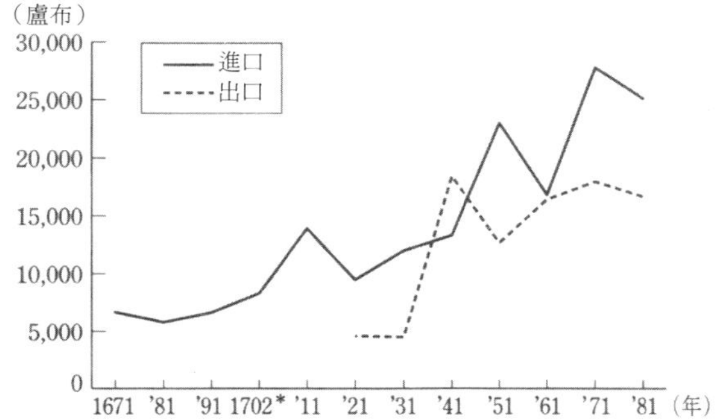

法國與鄂圖曼間的貿易額推算　自各基點年起算每 4 年之總計。僅 * 年是以該整年合算。根據 E. Eldem, *"Capitulation and Western Trade"*, in Faroghi ed. [2006] 作成。

限。不過，法國出口的廉價咖啡，與以往葉門產咖啡在市場上產生競爭，第一次在帝國引發所謂的「貿易摩擦」。

在這樣的情況下，法國為了貫徹自己的主張，動用政治力干預，要求重新評估十六世紀所立下的特惠條約，並於一七四〇年成功取得特惠新約。這條新約的簽定，對法國而言是一場空前的外交勝利，對鄂圖曼帝國來說，則是難以挽回的錯誤。

特惠條約是十六世紀以來歷代蘇丹「恩賜」給歐洲諸國的特權。據此條約，威尼斯、英國、法國等商人得以在帝國國內活動，也因此替鄂圖曼政府帶來關稅收入。

新版的特惠條約雖然在內容上延續了以往「恩賜特權」的概念，但實際上以下四項的修改，卻大幅扭轉了日後發展：①法國與鄂圖曼帝國是以對等地位結盟、②未設定有效期限（以往是以當朝蘇丹的在位期間為限）、③鄂圖曼帝國有履行規定之義務、以及④承認法國「保護民」亦為特權對象。

換言之，鄂圖曼商人與法國商人在生意上發生糾紛時，鄂圖曼政府基於外交義務，必須站在支持法國商人的立場，這對鄂圖曼商人而言相當不利。因此，在鄂圖曼商人中占多數的希臘正教徒及亞美尼亞教徒商人，紛紛選擇能讓交易順利進行的管道，利用第④項成為法國的「保護民」。這對法國來說是一件求之不得的意外驚喜。成為法國的「保護民」意味著不再是鄂圖曼帝國子民。「保護民」化也擴及到阿勒坡等敘利亞阿拉伯裔基督教徒之間，這可說是天主教自十七世紀以來布教活動的成果，也是天主教國家的法國對阿拉伯裔基督教徒的影響力日益增強的原因。

至此，過去以身為鄂圖曼商人的身分與穆斯林商人站在利害得失立場一致的基督教徒商人，開始脫離鄂圖曼體制。十八世紀，鄂圖曼帝國在經濟通商方面，受法國等歐洲諸國影響的範圍還相當有限，故得以維持前述的經濟體系，然而此時，一場風雲變色的變化也正在悄悄醞釀。

第八章

鄂圖曼體制的結束（一七〇〇～一八三〇年）

伊斯蘭導師的工作　住宅兼辦公室的模樣，尋求司法判例的人們列隊等候，台階上的伊斯蘭導師（右上）逐一書寫司法判例的答覆文。17 世紀初的作品，托卡比皇宮博物館館藏。

步向「末路」的年代

◎鄂圖曼體制的結束

鄂圖曼帝國作為一個管理系統，也就是鄂圖曼體制，在十八世紀末走到了終點。過去將鄂圖曼帝國打造成宏偉帝國政權的告終，掀起了足以稱為「帝國之死」的巨大變化。

然而，在種種因緣巧合下，鄂圖曼的王室卻存續下來。王室得以存續的理由，舉例來說可以有以下幾種情況：沒有別的領袖得以出面擔當一切、國際局勢支持鄂圖曼帝國存在、這個時期的君主具備領導能力等。歷史最忌諱「如果」二字，但如果在十八世紀末至十九世紀初，俄羅斯、埃及的穆罕默德·阿里（Muhammad Ali of Egypt）、或是巴爾幹有力地方望族中，有任何組織將目標鎖定在拿下伊斯坦堡，那麼鄂圖曼帝國的命數或許會更早走到盡頭。然而實際上，當時也確實有人採取行動，危機四伏。

只是，奧斯曼家的蘇丹再次於混亂中出面平定大局，歷經類似日本明治維新的全面性改革後，讓這個國家蛻變成一個西歐化的近代國家。以下，本書將後者稱作「近代鄂圖曼帝國」。想當然耳，近代鄂圖曼帝國自前近代鄂圖曼帝國繼承了許多東西。原本，根據這些傳承而建立起來的社會是連續不斷的，然而，國家的各項制度——再次重申本章前頭的說詞——也就是帝國作為一個管理系統，卻已從根本上脫胎換骨了。

當然，這樣的轉變並非一蹴可幾，而是前後經歷了大約五十年（一七八九～一八三九年）的時間循序漸進，然後在一八三九年透過《居爾哈尼文告》（*Edict of Gülhane*），以模擬兩可的形式公諸於世，這樣的理解方為適宜。那時，新體制已有明確的意向及權力依據。

◎三大極限

本章將針對逐步傾頹的鄂圖曼體制進行考究，畢竟，舊制結束的原因，也是新體制必須面對的課題。前近代鄂圖曼體制的結束，因俄土戰爭（俄羅斯—鄂圖曼）等一連串事件的發生及後果而變得鮮明。然而，儘管在國際關係間的實力本身便足以左右政治，但在十八世紀這個時間點，近代鄂圖曼帝國尚不具備如此強大的力量。那麼，終結前近代鄂圖曼帝國體制的力量，究竟來自何方？究其主因林林總總，若大致掌握，或許可解釋為「因為將鄂圖曼帝國造就成那個偉大鄂圖曼帝國的下列三大原則，都已不再充分發揮作用」之故。

第一大原則是，帝國慣以屬國及邊境各州包圍直轄地區，透過戰爭阻擋來自外部——也就是外國——的干預，以維持內部和平。基本上，這項原則長久以來是帝國透過孤立主義，遠離歐洲政治及外交中心而獲得實踐。第二項原則是，根據伊斯蘭及其律法，主張統治的正當性。不僅穆斯林，就連非穆斯林都遵守伊斯蘭法的架構，乃確保穆斯林與非穆斯林雙方效忠帝國的基礎。第三項原則是，根據中央集權的官僚體系和軍事制度，有效管理帝國上下。

鄂圖曼帝國的各項制度一直是根據這些原則發展擴建而成的。若於這三大原則上貼個標籤，或許可以寫作：①在國際關係中維持領土、②主張統治正當性、③實用的中央集權制度。到了十八世紀後半葉，這三項基本原則的實踐，都發展成無法預料的局面，結果大幅撼動了鄂圖曼帝國的威信。以下，分別就這三點分別講述到底衍伸出了哪些問題。

困境一：在國際關係中維持領土的極限

◎帝國邊境地帶的動盪

鄂圖曼帝國雖然不斷對外交戰，但其內部和平卻維持了相當長的一段時間。帝國中心的直轄地區——即多瑙河以南的巴爾幹、安那托利亞、敘利亞及北伊拉克等地——四周環繞著獨立管理的州或屬國，藉此保衛直轄地區的安危。但是，十八世紀後半葉以後，內部和平開始出現明顯動搖。

位於核心地區外部的各州及屬國，出現了相當不穩定的局勢。在地勢力崛起的現象遍及帝國全境，邊境地帶尤為顯著。鄂圖曼帝國對這些地區的統治，逐漸名存實亡。

決定性的關鍵因素是，這些地區與伊斯坦堡的關係疏遠，並刻意加深與帝國以外世界的聯繫，因而提高了自立的程度，開始擺脫其身為保護帝國直轄地區的外圍功能。再加上法國、英國、俄羅斯等外在勢力積極出手接近這些地區，於是鄂圖曼帝國身處國際關係錯綜複雜的歐洲諸國之間所面臨到的帝國體制的動盪，終究也波及到直轄地區。

以下將統整概述帝國支配的弱化，是以何種形式呈現在邊境外圍各地的概況。

◎摩爾多瓦、瓦拉幾亞

摩爾多瓦、瓦拉幾亞兩公國，以屬國的身分附庸於鄂圖曼帝國超過三百年。能夠長期維持這樣的關係，除了鄂圖曼帝國的強大軍力成為一道銅牆鐵壁遏制屬國叛離以外，同時在地勢力也是各自心懷鬼胎，利用鄂圖曼帝國作為本國的後盾。不只摩爾多瓦、瓦拉幾亞，邊境外圍的各個地區，大致都可發現類似的歷史背景。

事實上，摩爾多瓦、瓦拉幾亞兩公國是從當地的世襲貴族（boyar）中選出統治者，然後再取得鄂圖曼政府批准同意。鄂圖曼帝國的介入，正好有利於兩國排除波蘭及奧地利等國干預，同時讓貴族得以保持他們的既得利益。然而，十八世紀以後，俄羅斯的影響力逐漸增強，破壞了原有秩序，使反叛動向浮現檯面。為了與之抗衡，鄂圖曼政府採取加強直接管制的策略，從伊斯坦堡派遣力量足以左右希臘正教會的希臘裔大商人（法納爾人〔Phanariot〕，容於後述）的世家子弟，出任兩公國的統治者。

這項舉措引起當地貴族對鄂圖曼帝國的強烈反彈，從而助長了兩公國對俄羅斯到來的期待。於是，摩爾多瓦、瓦拉幾亞國內情勢的轉變，造成爭奪兩國的鄂圖曼帝國與俄羅斯關係更為緊張，一觸即發。於是之後便有了於一七六八年爆發的第一次俄土戰爭。這場戰爭，讓摩爾多瓦、瓦拉幾亞曾短暫被俄羅斯占領，鄂圖曼帝國戰敗後，於一七七四年簽訂《庫楚克—凱納爾吉條約》（*Treaty of Küçük Kaynarca*），俄羅斯對兩公國的影響力擴大。後來，受一八二八至二九年第四次俄土戰爭結果的影響，兩公國取得自治權，然而實際上卻是被俄羅斯所統治。由此亦可知摩爾多瓦、瓦拉幾亞兩公國的命運，取決於俄羅斯與鄂圖曼帝國間的戰爭結果。

◎克里米亞汗國

克里米亞汗國也是受俄羅斯施壓，而脫離鄂圖曼帝國統治的屬國之一。克里米亞汗國自十五世紀末遭併吞以來，其君主在鄂圖曼帝國的外交順位一直名列前茅，享有特殊地位，此乃源自鄂圖曼王室尊重成吉思汗血統之故。十七世紀，奧斯曼家陷入攸關生死存活的危機時，甚至謠傳用來取代奧斯曼家族的傀儡蘇丹將被取名為克里米亞汗。

而且，克里米亞汗國以提供騎兵團作為貢金的交換，在十六、十七世紀鄂圖曼帝國與哈布斯堡家族的鬥爭戰役中，負責鄂圖曼帝國軍隊重要的翼側，發揮了極大的作用。

然而，開始向南擴展勢力的俄羅斯，矛頭首先對準黑海，克里米亞汗國首當其衝，備受脅迫。儘管十八世紀前半葉，克里米亞汗國克服了俄羅斯的挑釁，卻依舊難逃一七七一年被俄羅斯侵占的命運，後來在《庫楚克—凱納爾吉條約》中更規定其脫離鄂圖曼帝國屬國的身分。局勢如此演變，讓克里米亞汗國陷入內亂狀態，接著於一八八三年遭俄羅斯吞併，鄂圖曼隨後於一八八四年公開承認此事。身為穆斯林之國的克里米亞汗國被讓與俄羅斯的事實，使鄂圖曼國內受到極大的衝擊，政府因此飽受輿論抨擊，不得不在一七八七年出兵討伐俄羅斯以奪回克里米亞汗國（第二次俄土戰爭）。然而戰敗的結果，反而更加確立了克里米亞歸屬於俄羅斯的事實。

◎埃及

十七與十八世紀，開羅政壇的主角為在地軍官，其構成十分多樣，諸如新買入的奴隸（馬木路克）、馬木路克的子孫、從伊斯坦堡派來之後融入當地社會的新軍及常備軍騎兵、取得軍中官階的埃及在地商工業者等。埃及軍隊在鄂圖曼帝國的庇護下，幾乎有長達三百年的時間皆無對外戰爭，於是這些軍隊勢力便在內部爭鬥中度日。十七世紀，身為「馬木路克」的法卡里亞派（Fakāriyya，音譯）與「非馬木路克」的喀西米亞派（Ḳāsimiyya，音譯）兩大軍人派系展開勢力爭奪。十八世紀，新軍及其他步兵軍人也紛紛加入本地的黨派鬥爭。軍人藉由購入稅收承包權維持勢力，尤其在十七世紀末，利用伊斯坦堡決定的終身契約政策進一步滲透在地社會。

一七三〇年代開始，一支卡茲達格里耶（Ḳāzdughliyya，亦稱卡茲達魯〔Ḳāzdughlī〕）派系從新軍勢力中崛起，他們獨霸了主要的稅收承包權與官職，驅逐其他勢力。卡茲達格里耶原本是安那托利亞出身的一介軍人，後來在開羅升任新軍隊長，形成黨派，代代傳承權勢。屬於卡茲達格里耶的馬木路克軍人，多是以奴隸身分從高加索地方賣入埃及，埃及的實權後來便掌控在這群強勢興起的實力派軍人手中；至於從伊斯坦堡派來的州軍政官及財務長在進入埃及後，便幾乎不曾再踏出開羅城外半步。

十八世紀的埃及，儘管會在周五禮拜高喊讚頌伊斯坦堡蘇丹之名，但政治的實體發展可說是與伊斯坦堡毫無關係。卡茲達格里耶的領袖阿里．貝伊（Ali Bey al-Kabir）在俄土戰爭期間與俄羅斯私下訂約，一七七一年時，其領導的馬木路克軍曾一度占領大馬士革。無須等到十八世紀末拿破崙前來攻占，埃及已開始獨自站上國際舞台。

埃及之所以會維持被伊斯坦堡統治的狀態，無非只是那些左右黨派政治的軍官，想利用鄂圖曼帝國的制度及權威而已。而且他們的軍事力量，也不過是是為了彼此制衡而設置的罷了。所以在十七、十八世紀時，沒有任何一個黨派有明確的目標，意圖帶領埃及擺脫鄂圖曼帝國。然而這樣的情況，只有在鄂圖曼帝國有足夠的實力保障本國安全的前提下，才能有效維持平衡。一七九八年拿破崙率軍攻進當地，以獨裁暴政統治埃及整整三年之後，當地人民開始渴求能有一股勢力出現，負起責任對外保衛埃及。在這樣的背景之下，儘管穆罕默德．阿里是一名來自巴爾幹的外地軍官，卻已適度地融入埃及社會，他的崛起（一八〇五年）在這樣的歷史脈絡下，似乎也就合情合理了。

◎南伊拉克

位於伊拉克南方的巴格達州及巴斯拉（Basra）州（十八世紀二州合併）和埃及的情況相似，在地勢力具有高度的自主性，帝國統治的情況長期處於州軍政官間接治理的程度，二州也在十八世紀發生從外地買來的奴隸馬木路克興起的異常現象。

事情的原委發生在十八世紀初，政府派遣哈山．帕夏（Hasan Pasha）以巴格達州軍政官身分前往，他效法薩法維朝古拉姆（ghulām）的奴隸軍團，大量收購喬治亞裔的馬木路克並加以訓練。於是，哈山．帕夏訓練出來的馬木路克不久後繼承他的位置，且在一八三一年以前實質上掌控了巴格達。鄂圖曼帝國也曾嘗試從中央派遣州軍政官卻屢屢失敗，最後只得任命這些繼承哈山．帕夏之位的馬木路克擔任州軍政官。這裡和埃及一樣，政權統治者的地位不是由血緣關係的親子繼承，而是由主人交棒給奴隸（馬木路克）來傳承下去。

事實上，有時也會以哈山帕夏朝之名，來稱呼實現自立自主的哈桑．帕夏與繼承其位的馬木路克。從鄂圖曼的角度來看，帝國或許是藉由將他們視為受命於鄂圖曼帝國的州軍政官，才勉強讓這個地區維持在鄂圖曼統治底下。不過，對哈桑．帕夏的繼承人來說，在對抗鄰邦伊朗方面，鄂圖曼帝國這個靠山是不可或缺的。十八世紀後半葉，就是這種相依生存的關係，支撐著鄂圖曼帝國對其邊境國家的統治模式。

◎北非

這種關係疏遠的相依生存方式，在從十六世紀以來便只受帝國間接統治的北非更加顯著。追根究柢，鄂圖曼帝國侵占北非地區的最大目的，不在爭奪領土或從本地徵收稅金。帝國的目標是為了取得軍事要衝，以牽制西班牙哈布斯堡家族和與其敵對的海盜行動，在帝國最初的規劃中並不包含統治當地。

儘管如此，北非沿岸地區長期處於鄂圖曼帝國支配卻也是事實。這項事實之所以成立，無非是在各地已融入當地社會的鄂圖曼軍人，需仰賴鄂圖曼帝國權威才能成為當地的統治者。至於蘇丹，也是透過任命地方統治者的行政程序，來維持帝國對該地名義上的統治。除了突尼西亞的胡賽因朝（Husaynid Dynasty），北非各地每年也都必須對帝國繳納貢金。

各地方勢力的樣態各異。在許多城市中，從伊斯坦堡派來的新軍融入當地團體，逐漸成為當地的名門世家。在這裡建立「家園」的軍人，利用私人軍隊及奴隸儲備實力。在他們的部屬中，有從安那托利亞及巴爾幹渡海過來的冒險軍人，也有被海盜俘虜的基督教徒改信伊斯蘭教後加入的例子。雖然這些新軍融入在地社會的程度各有差異，但突尼斯的胡賽因．阿里奧盧（Hüseyin Alioğlu）建立的突尼西亞胡賽因朝、的黎波里的艾哈邁德．貝伊．卡拉曼里（Ahmed Bey Karamanli）創立的利比亞卡拉曼里王朝（Karamanli dynasty）等，都是相當有權勢的地方政權。至於距離伊斯坦堡最為遙遠的阿爾及利亞（阿爾及爾州），則是被自稱戴伊（Dey）頭銜的突厥裔軍人割據。

胡賽因朝自十七世紀以來，便無視鄂圖曼帝國的禁令，私自將穀物輸出法國或義大利，並獨自與這些國家締結協約，實際上已脫離了鄂圖曼帝國的統治。阿爾及利亞也極少服從蘇丹的命令，舉例來說，根據一七一八年《帕薩羅維茲條約》中規定，鄂圖曼帝國必須停止一切在地中海的海盜行為，但是要阿爾及爾海盜遵守條約約定卻非常困難。儘管帝國採取強硬手段，禁止阿爾及利亞人前往麥加朝聖或經手朝聖貿易，並嚴禁安那托利亞方面的志願軍出航過去，還是未能完全達成目的。

以上所述，鄂圖曼帝國對這些國家所行的支配，最終僅止於名目上的主從關係，性質完全不同於歐洲各國的殖民地統治。然而，十九世紀中葉當法國入侵搶奪殖民地的威脅成真後，胡賽因朝回過頭強調鄂圖曼帝國宗主權的做法，也證實帝國之名確實發揮了一定程度的保護作用。在這之後，阿爾及利亞與突尼西亞分別於一八三〇年和一八八一年開始受法國統治。

◎阿拉伯半島

另一方面，屬於什葉派系的宰迪派勢力，自十六世紀以來便滲透阿拉伯半島南端，至於鄂圖曼帝國自一六三六年從葉門高地撤退後，便僅控制摩卡及查比德（Zabid）兩個港口。

鄂圖曼帝國支配阿拉伯半島的目的，同樣是為了遏止葡萄牙等國入侵，以保護東西貿易利益及重要宗教據點。所以，儘管鄂圖曼帝國在阿拉伯半島的經營長年呈現赤字，但效果顯著，麥加及麥地那維持了長期的穩定局勢。鄂圖曼帝國不僅保護治理該地的哈希姆家族（Hashemites）謝里夫（Sharif，意指貴族、高尚之人）政權，更統籌前往朝聖途中及聖地當地的糧食供給，確保了其身為「伊斯蘭保護者」的名譽。

然而，在鄂圖曼帝國管轄以外的阿拉伯半島中部，自十八世紀中葉起，瓦哈比派（Wahhabism）打著淨化伊斯蘭主張的旗幟，開始一系列的宗教運動，支援該運動的阿拉伯名門沙烏地家族趁勢建立地方政權（第一沙烏地王國）。沙烏地王國統一周邊部族後，於十九世紀初開始侵略鄂圖曼領域，一八〇二年大肆破壞什葉派位於南伊拉克南部的聖地，更於一八〇三年成功攻下麥加。

這項瓦哈比宗教運動對於後世伊斯蘭思想的影響之大難以估計，不過在這個時間點，最多只能算是一起部落團體出於宗教動機的軍事行動。面對沙烏地王國的挑釁，鄂圖曼帝國無力獨自箝制。一八一八年，出面壓制沙烏地王國勢力的，是埃及穆罕默德・阿里的現代化軍隊。

◎國土的喪失與保全之間

正如以上所述，在帝國的邊界地帶，鄂圖曼帝國在各地的統治力量開始鬆動。以往未充分執行實質支配的地區逐漸獨立，例如摩爾多瓦、瓦拉幾亞及北非的例子顯示出，透過任命首長進行間接統治的手法，已很難再使各地服從鄂圖曼帝國的命令。

此外，北方俄羅斯的成長，成為帝國在巴爾幹、黑海沿岸領土的直接威脅。就如鄂圖曼與俄羅斯兩國的戰爭，決定了摩爾多瓦、瓦拉幾亞、克里米亞汗國等地何去何從一樣；鄂圖曼帝國國土的保全，也迎來了交由與歐洲諸國對戰、甚至是靠外交或談判來定生死的時代。如前文提及，對鄂圖曼帝國而言，其所擁有的眾多附屬國紛紛陷入動盪不穩的局勢，帝國不僅需要具備足以取得勝利的強悍軍力，外交力量同樣不可或缺。然而，在十八世紀末的時間點，擔任外交實務的官僚階層勢單力薄，在官職的任用始終掌握在權貴顯要之間的伊斯坦堡政權中，他們的發言權極為有限。

困境二：統治正當性的動搖

◎鄂圖曼統治的正當性

鄂圖曼帝國當前面臨的第二大問題，是讓人民認同其統治的理由——也就是「統治的正當性」——發生了動搖。在這之前，鄂圖曼帝國始終自我定位為「伊斯蘭統治的實踐者」，這表示帝國以伊斯蘭法體制為治國基礎，特別是遵照伊斯蘭律法的原則，統治非穆斯林。

一直以來，穆斯林藉此原則認定鄂圖曼帝國蘇丹為其統治者，非穆斯林也同樣受伊斯蘭法保護而得以生存。鄂圖曼帝國中的基督教徒及猶太教徒在面對紛爭時尋求蘇丹執行正當統治，正是基於主張個人受法律——也就是伊斯蘭法——保護的權利。身為鄂圖曼帝國的臣民，代表著個人接受這種組織架構的機制。這項機制會獲得人民認可，除了在現實層面實際上「安全受保障」以外，還有一項關鍵，那就是穆斯林與非穆斯林之間沒有明顯的經濟落差。富裕人士之中，有穆斯林，也有非穆斯林，貧困百姓的情況也一樣。在居民混住的城市中，他們事實上共享著鄂圖曼文化，宗教的差異並未帶來社會性的差別待遇。

然而，十八世紀，情況產生了巨大變化。其一，藉由擴大歐洲貿易，促使希臘裔正教徒為主的非穆斯林商人，迅速提升經濟實力。誠如前述，他們之中甚至有部分團體成為歐洲諸國的保護民，擺脫了鄂圖曼帝國臣民的身分。原本實力在伯仲之間的穆斯林與非穆斯林之間，開始產生差距；經濟實力的差異，最終演變成穆斯林與非穆斯林團體的對立。另外，只有穆斯林的農民被受雇為非正規兵前進戰場的事實，也加深了穆斯林與非穆斯林的分化。

在十八世紀，穆斯林與非穆斯林之間的區別，變得比以往更加鮮明。原本僅止於形式上的區別，逐漸產生了實質的意涵。這樣的轉變，最終導向非穆斯林對鄂圖曼帝國的歸屬感產生動搖。俄羅斯及法國對正教徒和天主教教徒的影響，更讓情況加劇。另外，後文中會解釋，部分希臘裔希臘正教徒的崛起，使得希臘正教徒之間也出現差異。不久後，這樣的差異，讓希臘人、塞爾維亞人、保加利亞人的民族意識高漲起來，從宗教之別進展到民族之別的區分，並在十九世紀以民族主義運動的形式浮現，以塞爾維亞運動為開端，撼動帝國的根基。

◎教會組織重整

這裡讓我們從基督教徒的立場來具體探究上述情況的發展。前文曾經提及，鄂圖曼帝國的非穆斯林長期以來是在伊斯蘭法的規範下，守護著各自的信仰及教會，遵守各教的教義律法。這樣的架構，對教會組織大有助益。鄂圖曼帝國的各地教會，長年以獲得蘇丹公認為憑據，統轄著管區內的眾多信徒。

到了十八世紀，教會統一的程度愈來愈明顯，尤其是希臘正教會的組織系統發展更為顯著。希臘正教會採取行動，是出自對羅馬天主教自十七世紀以來致力傳教活動的危機意識。十七世紀法國開始推行一連串的傳教活動，造成基督教徒中認同羅馬權威的複合派（Uniate Church）人數增多，其勢力尤其廣布在安那托利亞及敘利亞地方。到了十八世紀中葉，儘管不合法，但麥勒卡派（Melkite）教會（原安提歐洽〔Antiochia〕管區內的希臘正教會）、卡爾迪亞派（Chaldean）教會（原聶斯托留派〔Nestorius〕）、亞美尼亞天主教教會（原亞美尼亞教會）等教會，還是從舊有的基督教各宗派獨立出來，自立門戶。鄂圖曼政府雖然公然支持傳統的希臘正教會及亞美尼亞教會，禁止各派分離，但依舊難以限制受法國領事等庇護的傳教士個人的活動。

在巴爾幹各地區，除了波士尼亞受奧地利影響較大以外，天主教推展未果。但是，伊斯坦堡的希臘正教會總主教依舊對天主教的擴大深感威脅，因而派遣神職人員前往巴爾幹全區及敘利亞各地，以希臘文舉行儀式，進行統合。這時，伊斯坦堡總主教對鄂圖曼帝國整體具有管轄權力的依據，是沿用自十五世紀以來獲得鄂圖曼帝國許可的說法，其根據是梅赫梅德二世征服君士坦丁堡（伊斯坦堡）後，委託吉納迪烏斯（Gennadius）大主教管理正教會而來。

於是，鄂圖曼帝國根據所述說詞，於十八世紀中葉成立社群制度（millet），該制度的內容為帝國許可每一個宗派各自成立社群，並由政府指派社群首長。於是，首都伊斯坦堡中長久以來分散在多個教會組織底下的希臘正教徒依法被重新統合。同一時期，亞美尼亞教會也效法希臘正教會總主教，建立組織系統。

◎反法納爾人

希臘正教會總主教的集權，可視為正教的希臘化。教會希臘化，結果招致塞爾維亞、保加利亞、瓦拉幾亞等地正教徒的反抗，希臘正教徒之間出現裂痕。同時，這也成為民族意識形態形成的導火線，促使以塞爾維亞語或保加利亞語為母語的希臘正教徒，明確意識到自己身為塞爾維亞人或保加利亞人的身分，這樣的反希臘運動，在十八世紀後半葉迅速擴展開來。

反動的矛頭也同樣指向希臘商人在經濟上的優勢地位。希臘正教會為了集權中央，需要龐大資金，其中大多由捐款支付，而這些捐款主要來自總主教駐守的伊斯坦堡中居住在帕納爾（Phanar）區的富裕希臘裔大商人（法納爾人）。因此可以說，教會和富裕的希臘裔大商人之間，維持著一種相互利用的關係。

希臘裔大商人自十七世紀末起便與鄂圖曼宮廷有著密不可分的關係，透過從事宮中口譯或黑海方面的毛皮進口而取得巨額財富；並在同一時期，經手將歐洲產品銷售巴爾幹及俄羅斯，成果卓越，主宰巴爾幹的貿易路線。誠如前文，這群希臘裔大商人透過這層關係，加深了他們與摩爾多瓦、瓦拉幾亞之間的聯繫，並且自一七一一年開始，藉由繳納政治獻金，換取兩公國「公爵」的地位。反希臘裔大商人的聲浪，也同樣擴散到巴爾幹各地。

鄂圖曼帝國之所以會優待、保護伊斯坦堡的希臘正教會總主教和亞美尼亞教會總主教，事實上是想藉此取得希臘正教徒人民、亞美尼亞教徒人民對帝國的支持，在這當中對「希臘人」的特別關照以結果來看，可說是動搖屬於其他「民族」的希臘正教徒對帝國效忠的最大主因。

在鄂圖曼帝國，因課稅所需，個人的宗教身分十分重要，但民族差異並不構成問題，頂多會隱約意識到語言或文化上的差異。然而，這個時期，以非穆斯林為主，各團體一一公開宣示他們的民族名稱。對亞美尼亞教徒及猶太教徒而言，不論母語為何，都能與亞美尼亞人、猶太人的自我認同作連結；希臘正教徒則是以地區及語言為基準，分成數個團體。但是，在細分成希臘人、塞爾維亞人、保加利亞人等等的希臘正教徒當中，安那托利亞中說著土耳其語的希臘正教徒無法成為「土耳其人」——因為居住在安那托利亞、並以土耳其語為母語的穆斯林「占有」了這個自我認同。因此，他們擷取安那托利亞中部卡拉曼地方之名，自稱卡拉曼人，但最終，到了二十世紀，他們卻不得不以希臘「人」的身分移居希臘。

◎某保加利亞人主教的告白

本節將介紹一名生活在動盪亂世的保加利亞人主教索弗羅尼（Sofroniy Vrachanski）的自傳。作者為希臘正教的神職人員，出生於保加利亞北部城鎮夫拉察（Vratsa）。從索弗羅尼於一八〇六年出版的自傳中（第一本以保加利亞文編寫的出版品），我們得以一窺鄂圖曼帝國面臨鉅變當下的保加利亞社會。

根據自傳內容，主角索弗羅尼於少年時代離開家鄉，接受希臘文學校的教

索弗羅尼肖像 後世將索弗羅尼視為保加利亞民族主義運動的先鋒之一，尊為聖人。圖片擷取自 Sofronij Vračanski, Katčiziceski, omiletični i nravoučitelni pisanija, 1989。

育。其父職業不明，但叔父們經營畜產經銷，據此推測其父應該也從事相同工作。在其父及叔父們相繼過世後，索弗羅尼家族為了回收遺產，奔走於伊斯坦堡及安那托利亞各地，由此可以推知，他們做的是從保加利亞運輸羊隻進入伊斯坦堡的大型買賣，日後索弗羅尼的兒子同樣也經營畜產經銷。保加利亞是供應首都伊斯坦堡畜產的主要產地，而且當地最富裕的階層多為畜產經銷商，由此亦能充分理解索弗羅尼得以接受良好教育訓練的理由。

一七六二年時索弗羅尼二十三歲，他向主教支付一百銀幣取得村中司祭職位後，開始教導村中的孩童讀書寫字。同時受主教之命擔任地區審判長，但這似乎也讓他得罪了不少人。因此索弗羅尼將日後所遇到的種種災難，全部歸咎為是神對他自己所做職務的懲罰而感到後悔不已。

一七六八年俄土戰爭爆發後，索弗羅尼的管區成為鄂圖曼軍隊往來的必經之地，據傳當時「部隊行軍猶如大江川流不息，眼神黯淡無光的穆斯林對基督教徒恣意妄為」。

索弗羅尼人生的災難中，除了患疾，就屬羊隻交易事件最為慘烈。原應供應鄂圖曼軍隊的羊隻遭人倒賣，索弗羅尼涉身其中險遭處決。之後經由村中婦女們的懇求，鄂圖曼軍政官的母親介入調解，才勉強保住性命。書中生動地描繪出駐紮地方的鄂圖曼帝國軍官及其家族，與基督教徒村人之間的交流情況。

實際上，在索弗羅尼的生涯裡，鄂圖曼帝國並非「萬惡」的根源。索弗羅尼所接觸到的高官，雖然蠻橫但絕非不守法之人。索弗羅尼下獄，看來也非莫須有的罪名。在索弗羅尼的記述中，讓民眾災禍連連痛苦不堪的，是當地的士兵，以及崛起的地方望族，這些人野蠻粗暴不受控制，讓索弗羅尼管區的人民疲敝難忍。

索弗羅尼晉升夫拉察主教時，恰逢地方望族帕茲萬特奧盧（Pazvantoğlu）一家帶頭做亂。索弗羅尼避開亂事，好不容易抵達任職地點後，便致力從管區內的鄉鎮村莊徵集稅金，以繳納給教會。然而，地方中小規模勢力的地方望族間的紛爭，加上一七九六年起帕茲萬特奧盧家族不時與政府軍交戰，使得索弗羅尼很難順利在管區徵收稅金，從而陷入困境。

儘管如此，索弗羅尼身為主教，雖然為了躲避戰事四處奔逃，卻依舊十分盡責地巡視自己的管區，原因是他必須向伊斯坦堡總主教繳納稅金。索弗羅尼在逃亡時，經常借助土耳其人之力四處躲藏。之後幾經周折，他開始在帕茲萬特奧盧家族底下做事，在職期間達三年之久。之後，索弗羅尼逃往布加勒斯特（Bucharest）並辭去夫拉察主教一職。索弗羅尼在書中結語如此寫道：

> 終於，我遠離了日復一日的恐懼與苦惱，獲得了救贖。然而，我的內心並不舒坦，內

心依舊畏懼著吾主的懲罰。儘管我肩負管區眾人的死活，卻不顧一切逃了出來，心中深怕吾主因此降罪於我。但是，慈悲為懷之主，我想說的並不是個人的恐懼。我會捨棄夫拉察主教一職，全是因為這世界因巨大的災難而衰頹，維丁四周變成入侵者的巢穴，他們（總主教）卻執意要我繳納龐大的稅金。

所以，今日我如此努力，日以繼夜以保加利亞文寫書。我如此罪孽深重，無法以這罪人之口，向眾人傳授有益的教誨，所以還望人們能讀讀拙作。

最後，索弗羅尼將這場造成鄂圖曼帝國秩序崩壞的混亂，視為等同黑死病的大災難，而自己所受的苦難禍根，全是希臘正教會總主教一手主導。單從自傳內容來看，索弗羅尼依舊生活在鄂圖曼帝國之中。

然而在另一方面，索弗羅尼相當堅持以保加利亞文教導孩子讀書寫字，以及以保加利亞文對信眾說教。這樣的行為，終將朝向民族自覺發展下去，超過對鄂圖曼帝國效忠的意念，培育出對保加利亞正教會、乃至保加利亞民族主義的忠誠之心。

困境三：中央集權體制鬆動

◎鄂圖曼中央集權體制的極限

十八世紀後半葉逐漸浮現檯面的第三大問題，是中央集權的官僚體制與軍事制度在各方面開始變質，產生了官職權益化和地方勢力抬頭的結果。

誠如前文，鄂圖曼帝國以伊斯坦堡為中心整頓各界官職人員體制，藉以實踐更有效率的管制。派遣至全國各地的高層軍人政治家、地方法官、財務官總是在觀望伊斯坦堡的動靜下工作，是協助中央集權帝國運轉的齒輪之一。

但是到了十八世紀後半葉，這樣的組織架構卻創造出一群名存實亡的龐大官僚，或許這也是難以避免的後果。取得官職任官之人，將待辦工作交給代理人處理的情況愈來愈普遍，部分官職遭人出售，從政府取得作為俸給替代方案的稅收承包權，被販賣給第三人的轉包商。這種趨勢出現在十七世紀，到了十八世紀末則已演變成難以挽回的局面。

地方的行政官職中，縣軍政官的職位連同其隨附的課稅權成為高位州軍政官的部分俸給，而失去其實質意義，實際的縣政行政與課稅由代理地方官（müteselllim）擔任。有些地方，還會另外設置督軍（voivode）或地方稅務官（muhassil）擔任課稅官員，分散權限。代理官員負責徵收繳納國庫的稅金，並將部分稅金支付給名目上的縣軍政官，同時確保自己的收入來源。這些職位後來都成為各地地方望族的囊中物。

同樣的情況，在宗教學者的世界影響更加深遠。這個時期，地方法官的業務多半由名為「奈夫」（nā'ib，音譯）的代理官員執行。高階宗教學者之下設有多個地方法官的職缺，他們將這些職位轉包出售，藉以取得額外收入。伊斯蘭經學院的教授職位也在販售或出租之列。代理官位之人雖然發揮了實質上的功能，但名列政府官員名冊的官員未能堅守本位，絕非好現象。這種官職的權益化，使那些少數富裕門第透過稅收承包的終身契約斂財，這是獨占官職及作為俸給隨附的課稅權所產生的惡果。

與此同時，掌管中央政府行政及權貴家政的書記官持續成長茁壯。書記官的養成承襲了傳統的學徒制度，廣大帝國內部所有通訊、決策、複雜的俸給流程以及地方的稅收承包制度的推展狀況等，長久以來都是透過他們龐大的事務作業而取得細緻的掌控。一七八五年時更在大宰相府內建立石造文庫，保管相關的各類文件。

從這個時代流傳下來的諸多資料顯示，在財務長官府及伊斯蘭導師公館等最大規模的政府機關當中，已發展出一套支援執行業務的官僚系統。一七九〇年左右，估計支領俸給的書記官總計有一千五百人至二千人，其中包含六百五十名財務官。

這些熟知實際業務人員的成長，或許可說是鄂圖曼帝國的最後一道壁壘。這些書記官想必已意識到官職實體化的必要性。但是，從幕後支援身分成長茁壯的書記官，要等到十九世紀新時代的到來後，才得以付諸行動。

◎地方望族

腐敗的官員集體掠奪政府稅收、減弱中央政府機能的局面，或許可說是鄂圖曼帝國的前近代官僚制度所迎向的終點。政府已經無法掌握實際參與勞動的人員名單。在這樣的現實下，地方社會中「實際參與勞動」的人們，透過名目上的稅收額度與實質徵收額度的差額積累財富，並將榨取到的資金投資在地方經濟活動上，從而興起並不斷茁壯。這種地方望族的崛起，是十八世紀後半葉鄂圖曼帝國社會的一大特徵。除了前文中所提安那托利亞西部的卡羅斯瑪諾洛家、迪雅巴克的塞札特家以外，以下將概觀鄂圖曼境內，看看究竟興起了哪些強力的地方望族。

安那托利亞西部、敘利亞沿岸及巴爾幹地區，因與歐洲通商貿易而取得飛躍發展的機會，於是這些地區紛紛興起了向西方發展的地方望族。在敘利亞地中海沿岸，出生於富裕農家的柴達尼家札希爾．阿爾烏瑪（Ẓāhir al-ʿUmar al-Zaydānī，音譯），以棉花輸出法國而發跡。雖然柴達尼家導入棉花專賣制度等先進的「近代」政策，但其勢力成長引起鄂圖曼政府戒備而遭到攻擊，最終導致柴達尼一族的當家於一七七五年戰死沙場。

在那之後，軍人傑扎爾．阿禾梅特．帕夏（Cezzar Ahmet Paşa）被任命為西頓（Sidon）州軍政官，取得權勢。傑扎爾．阿禾梅特．帕夏為波士尼亞人，曾在埃及卡茲達格里耶領袖阿里．貝伊的部隊底下受訓。傑扎爾軍隊成功擊退拿破崙對敘利亞的攻勢，在軍力方面，傑扎爾對該地已是不可缺少的一號人物。

相對地，在內陸方面則以傳統名門為發展核心。摩蘇爾作為伊拉克北方聯繫阿勒坡的經濟重鎮，是商人名門賈立力家族（al-Jalili family）的根據地，而且當地的歷任州軍政官多為賈立力家族成員。賈立力家透過經商之便，搜刮了許多稅收承包權，進而取得政治權力。

十八世紀中葉，阿茲姆家族（al-Azm family）以大馬士革為據點，擴展勢力。阿茲姆家族的來歷不明，但與伊斯坦堡高層關係深厚，十八世紀獨占敘利亞地方大馬士革州軍政官及管理麥加朝聖事宜的巡禮長等政府要職，大馬士革周邊各州的軍政官亦由阿茲姆家占據。同時，阿茲姆家分別與完全融入當地社會的新軍（本地新軍〔yerliyya〕）或中央另行派來的鄂圖曼軍（奴隸新軍〔kapi kullali〕）聯手，擴大對城市居民的影響力，此外捐贈大筆宗教捐款，保護朝聖巡禮的安危，取得民眾支持。然而，阿茲姆家的下場同樣悽慘，其當家在家族威勢最盛的時候遭政府處決。地方望族依賴官職的同時，他們的命運也掌控在政府手中。

十八世紀的巴爾幹各地，基督教徒商人透過和歐洲商人進行貿易而累積雄厚的財富。在這樣的時空背景下，處處可見大公（knez）、在地首長（kocabaşı）、地方騎兵軍領隊（çorbacı）等地方社會的基督教徒領袖以地方望族之姿興起的例子。然而，隨著地方望族間勢力鬥爭愈演愈烈，並因弱肉強食而出現淘汰時，那些具有稅收承包權或政府官職的穆斯林地方望族世家勢力便有愈發成長的趨勢。其原因之一是因為政府利用他們的軍事力量，因而助長了他們的聲勢。十九世紀初以主角之姿躍上政治歷史舞台的愛奧尼亞地方（希臘）的特佩德蘭利·阿里·帕夏（Tepedelenli Ali Paşa）、維丁帕茲萬特奧盧家族、或是以保加利亞魯賽（Ruse）為據點的阿朗達爾·穆斯塔法·帕夏（Alemdar Mustafa Paşa）等人，便是在這種局勢下登場的。

◎控制地方望族

關於地方望族的興起，政府所採取的應對態度其實相當複雜。利用身為臣子的軍人是早在十七世紀初自非正規兵以來的傳統。但正如「勸戒書」等多本書中所說，一般文人認為這是一種違反國家秩序的作法。然而，在無其他選擇的情況下，政府只能賦予得勢的地方望族官職並加以掌控，借用他們的力量。帝國利用地方望族，早在十七世紀末起便已開始，此現象到了十八世紀更為顯著。

但是自一七六〇年代開始，政府明顯表現出積極控管地方望族的態勢。設立名為「地方望族」職位的新公職，交由大宰相任命，就任的地方望族行為一旦不符合政府規定，便會接受處罰並沒收財產。政府還會使計讓地方望族之間相互較勁，命令某地方望族率軍征伐其他望族等，使望族彼此產生對立。然而此舉也創造出少數強大到足以倖存的地方望族勢力。

只不過鄂圖曼帝國若沒有地方望族軍隊的協助，卻也無法對外征戰，所以政府也不能完全削滅他們的勢力。尤其是一七八七年爆發的第二次俄土戰爭，鄂圖曼帝國幾乎是在安那托利亞三大名門的帶領之下，藉由地方望族私人軍隊的協助才得以進行戰爭。安那托利亞三大名門分別是安那托利亞西部的卡羅斯瑪諾洛家、中部的喬邦奧盧家（Çapanoğlu）、及東北部的加尼克里家（Canıklızâde）。

如同地方望族對鄂圖曼政府而言具有雙重意義一般，對當地社會來說，地方望族憑藉實力掌控地方實權，同樣也是恩威並行。地方望族之間的鬥爭，使地方社會傾頹，造成不少農民和城市居民因向他們借貸而欠下大筆債務。但與此同時，許多地方望族也會在當地興建清真寺及學校，捐款資助市場或驛站等，將他們的財富回饋給地方社會也是不爭的事實。儘管他們的動機不純，所行義舉是為了避免財產遭政府沒收，但就結果而論，他們對當地社會有所貢獻是不容置疑的。在中央官僚眼裡，地方望族或許是一群無知又粗暴的鄉巴佬，但事實上，地方望族的所作所為經常是在洞悉社會發展和國際局勢後所做出的最佳反應。歷經淘汰後，幾乎與地方政權實力相當的地方望族，掌控著各方面的資訊網絡，憑藉從中所獲得的豐富知識而崛起，並和政府唱反調。地方勢力的得勢絕非僅靠蠻力，還得在社會上累積足以凌駕中央政府的實力，才能擠身統治階層。

第一次俄土戰爭的衝擊

◎仰賴非正規兵的鄂圖曼軍隊

自從鄂圖曼帝國於一七三九年奪回貝爾格勒以後，便遠離歐洲諸勢力的是非圈。然而在這之後維持的三十年和平，反而導致新軍散漫，延遲了帝國彌補新軍缺口，投資在軍事上的機會。反觀同時代的歐洲（法國或俄羅斯等國），儘管戰爭負擔沉重，依舊努力提升國家的軍力，兩者形成強烈對比。或許，以「和平的代價」來形容這種情況不甚恰當，但無論如何，當鄂圖曼帝國因情勢所逼、被迫面對久違的戰爭時，帝國內部存在的各種矛盾全部一口氣浮現在檯面上，也是不爭的事實。

一七六八年，當帝國再也無法迴避與俄羅斯的戰爭時，各地望族遵照政府命令組織私人部隊整頓軍備。同時，政府亦召集新軍，向各地募集非正規兵（levend）。在和平的三十年間，新軍未受充分訓練，甚至有人說他們已變得與非正規兵相差無幾。這支部隊的真實情況，終將讓許多人意識到，鄂圖曼體制以軍隊為核心發展的極限。

非正規兵的招募委派各地法官與縣代理地方官於每縣招募五百至一千人入伍，雇用期間通常為八個月。期間除了可支領月薪，還有獎金及伙食費。雖然依規定武器必須自備，但估計政府也配給了許多武器給他們。

從安那托利亞與巴爾幹各地招募的非正規兵總數，據說高達二、三十萬之眾，為數相當龐大。由此可以看出，當時想在軍隊餬口的貧困百姓，看似無止境地聚集起來的模樣。由於穆斯林的身分是必要條件，所以非正規兵實際上多由土耳其人及阿爾巴尼亞人所構成。根據歷史資料記載，原本只準備了一萬人份的伙食，結果現場卻來了六十萬人。雖然這個數字不能完全相信，但這場戰役指明了帝國當時並未適當調整士兵的人數與配置。

此外，軍紀也是個大問題。非正規兵的指揮官多由地方望族擔任，對於倉促成立的軍隊，難以期待他們能嚴守紀律。如同前文索弗羅尼主教自傳中所言，非正規兵在前往戰場途中，只要經過村莊與城鎮，時常會進行掠奪，此舉在巴爾幹人民心中埋下了反鄂圖曼的情緒。雖然在俄羅斯的記錄中可以找到許多鄂圖曼非正規兵在戰場上英勇奮戰的證據，但與訓練有素的俄羅斯農民兵之間的差異卻是昭然若揭。

非正規兵在俄土戰爭中的表現，凸顯出他們必須接受訓練，才能鍛鍊成一批正規的軍隊，這便是一七九三年謝利姆三世設立新部隊（新秩序軍〔Nizam-ı Cedid〕）的主要方針。

◎戰爭始末

一七六八年爆發的第一次俄土戰爭，其開端源自俄羅斯沙皇葉卡捷琳娜二世（Yekaterina Alekseyevna）介入波蘭的政局，葉卡捷琳娜二世派遣她的前任貴族情人以波蘭王身分進入波蘭。並在同一時間，俄羅斯派出軍隊從黑海西岸前進至多瑙河，然而此舉惹惱了鄂圖曼帝國。以前曾負責整頓地方望族私人軍隊的大宰相穆辛札德．梅何美特．帕夏（Muhsinzade Mehmed Pasha）察覺到帝國準備不足因此反對開戰，然而卻遭革職，結果在一七六八年十月，鄂圖曼帝國正式對俄國宣戰。於是帝國開始招募前文提及的非正規兵，編制出一批臨時拼湊的大軍。

然而在多瑙河沿線的要塞防衛線未能發揮作用下，導致一七七〇年主要戰場轉移至卡爾塔爾（Kartal），鄂圖曼軍在這場戰役中元氣大傷，徹底潰敗。此次戰役中，俄軍以四萬兵力對抗鄂圖曼十至十五萬的大軍，儘管兵力懸殊，鄂圖曼軍依舊全軍覆沒，據說光是在橫渡多瑙河途中，帝國大軍便因恐慌而喪失二至四萬兵力。結果，摩爾多瓦與瓦拉幾亞兩地均遭俄軍攻陷。俄軍亦同時占據克里米亞半島。

此外，俄國的波羅的海艦隊獲得英國海軍支援，經由直布羅陀海峽直抵地中海，將停靠在愛琴海切希美（Çeşme）海港的鄂圖曼軍艦焚燒殆盡。葉卡捷琳娜二世宣布要征服伊斯坦堡的說詞，不再是痴人說夢。

戰爭期間，鄂圖曼軍就連以往擅長的軍餉補給及軍火供應也因延遲，造成傷害加劇。對於人數眾多的前線補給，也因物資補給要塞落入俄軍手中，讓局勢變得極度困難。

據悉，當時帝國整年度的一般預算平均為一千四百萬銀幣，但在這場戰爭中，四年之間單只現金部分，帝國就支出了三千二百萬銀幣，其中多半是用來支付非正規兵及新軍的費用。帝國在那段三十年和平期間累積下來的財富因而迅速見底，這讓帝國的財政瞬間陷入瀕臨破產的邊緣。

◎《庫楚克—凱納爾吉條約》

自一七七二年起，俄土兩國便持續進行和談交涉，最後以一七七四年鄂圖曼軍在保加利亞舒門（Şumnu）戰敗作為結尾，雙方簽訂《庫楚克—凱納爾吉條約》。俄羅斯為了應付不斷擴大的農民暴動，此時也不願戰爭持續下去。根據《庫楚克—凱納爾吉條約》，俄羅斯答應從鄂圖曼的領土內撤軍，但鄂圖曼帝國除了需要支付龐大的賠款，還得同意俄羅斯商船享有在黑海往來的權利，並承認俄羅斯對摩爾多瓦、瓦拉幾亞等地正教徒的保護權。此

切希美海戰　鄂圖曼海軍於 1770 年吃下敗仗。海軍博物館（伊斯坦堡）館藏。

外，克里米亞汗國擺脫鄂圖曼帝國屬國的身分，從此被認定為一個獨立的國家。

俄羅斯以此條約為由，於一七八三年併吞了克里米亞汗國。之後，俄羅斯擴大解釋第十四條條文：「容許俄羅斯帝國在（伊斯坦堡）加拉達地區的貝約魯（Beyoğlu）區，沿國道路線興建教會。該教會依俄羅斯採行希臘儀式宗旨，對一般信眾開放，受俄羅斯帝國大使永久保護，且外界一律不得干涉與妨礙」的內容，主張俄羅斯對鄂圖曼帝國全體正教徒具有保護權。這項條文日後成為俄羅斯在巴爾幹擴大勢力的證據。

◎俄土戰爭的啟示

鄂圖曼帝國在俄土戰爭中的失敗，無預期地曝露出帝國內部潛藏的結構性問題。當時的伊斯坦堡正迎來自阿何密三世時代後久違的文化盛世，然而俄土戰爭的敗北，彷彿一桶冷水當頭淋下。帝國從那時候才開始著手準備實質性的改革。參與實際政務的官員所準備的方案終於得以在一七八九年即位的謝利姆三世至馬木德二世統治的五十年間逐步實現。

以下，將結合前述三大「極限」，來討論俄土戰爭的結果。

一、在國際關係中維持領土的極限：

俄土戰爭凸顯出鄂圖曼帝國對克里米亞汗國、摩爾多瓦、瓦拉幾亞等三屬國的操控，在沿用舊制維持疆域的手法已達極限。鄂圖曼帝國想要維持其對屬國或遠方領土的統治，光靠指派可汗或公爵已顯不足，必需執行更直接了當的統治手段。

此外，戰爭已發展成國際性規模，俄羅斯與英國聯袂將艦隊送入愛琴海，埃及和黎巴嫩的地方望族勢力也與俄羅斯合作進軍敘利亞，並一路占領了大馬士革。戰後俄羅斯擴大解釋《庫楚克—凱納爾吉條約》條文的外交手腕，也是鄂圖曼帝國遠遜於俄國的地方。

二、統治正當性的動搖：

摩爾多瓦、瓦拉幾亞的人民對於接受與鄂圖曼帝國關係密切的希臘裔大商人（法納爾人）的支配相當反感，因此在這場戰爭中，他們十分歡迎俄羅斯勢力的到來，而俄羅斯也就這麼順水推舟了。不久，期盼俄羅斯援助的動向還擴散至希臘、塞爾維亞、保加利亞等地。為了與之抗衡，鄂圖曼帝國的當務之急，是重建確保屬國全力效忠蘇丹的全新架構。

三、中央集權體制鬆動：

軍事戰力的頹靡為鄂圖曼在俄土戰爭中敗北的直接原因，這點自不待言。比起魯緬柴夫（Rumyantsev）將軍麾下那群受過嚴格訓練的俄羅斯精銳部隊，鄂圖曼軍隊實在是相形見絀。面對這種情況，加強非正規兵的訓練與建立新式常備軍的必要性無庸置疑。有鑑於此，軍事改革便成了改革計劃的起點。於是，鄂圖曼及早在這場戰役期間著手整頓軍隊問題，重建指揮系統，而且一反常態地即使在冬季，司令部依舊堅守戰場。

另外在這場戰爭中，政府自始至終都過分仰賴安那托利亞、巴爾幹等地的地方望族。因此政府究竟該將他們吸收到中央內部，還是消滅他們，實屬最緊要的問題。在這之後，儘管有地方望族出任大宰相，最後卻演變成政府軍忙於四處消滅勢力龐大的地方望族的局面。不過這同時也是政府奪回地方望族手中握有的權力、重建中央集權體制必須歷經的過程。

蛻變為近代國家的五十年

◎建構新統治體制的課題

面對俄土戰爭的失敗，官僚政治家紛紛提出改革方案，開始在鄂圖曼帝國中央推動大型改革。此次改革的主導人分別是謝利姆三世與馬木德二世兩名蘇丹。他們提出的方針著重在找回對中央的向心力，樹立全新的中央集權體制。因為要排除外國干預、維持帝國架構並確保全體國民對國家效忠，首先必須克服的障礙，無疑是前文中所列舉的第三大極限——也就是傳統集權體制的問題所在，因此他們要重建國家的統治體系。

蘇丹與其親信亟欲重建振興統治體制，然而橫亙在眼前的阻礙，有在首都伊斯坦堡中擁有雄厚勢力的新軍，以及割據地方不受政府管轄的望族。然而政府對兩者的批判，恐怕是日後中央政府軍取得勝利後針對他們發出的偏見。誠如前文所述，首都的新軍和地方望族二大勢力在被統治的百姓社會中鞏固基礎，不斷成長壯大，他們的存在儼然已是國家及統治層無法完全吸收之在地財富和權益的守護者。這段中央政府四處掃蕩新軍與地方望族的五十年間，同時也是鄂圖曼帝國在被統治者巨大的犧牲下，自行推翻舊鄂圖曼體制，逐步改頭換面、成為近代鄂圖曼帝國的五十年。

這兩大勢力當中，新軍不僅在伊斯坦堡具有很大的影響力，更在各地融入當地社會，成為不服從中央命令的武裝團體，同時他們也是和城市工商業者關係密不可分的地痞。他們的反抗，不僅是出自維護身為軍人既有權益的動機，也有來自城市居民的切身要求，替市井小民反對增稅、外國商品流入、新奇時尚或針對風紀敗壞的道德抵制。新軍遭到廢除後，歐洲商品就開始流入鄂圖曼境內的現象，也可從這層關係中得到解釋。

如前文所述，對在地人來說，地方望族的存在價值也同樣具有雙層意義。而且每個地方望族都以維持自己的勢力為第一順位來採取行動，所以地方望族群體的行為，以整體來看缺乏一致的協調性。他們不僅相互鬥爭，更順應時勢改變面對政府的態度。他們唯一的共通點是，都對各地經濟利害關係敏銳無比，就算發生軍事衝突也要守住利益，是一群極具決策能力的「地方統治者」。

在這段體制轉換的五十年間，新軍及地方望族是當地人民身家財產和安全的實質保護者，鄂圖曼帝國在著手籌備清剿他們的同時，卻仍處在一個構築更穩固的新中央集權體制的路上，因此社會上呈現出相當不穩定的局面。與此同時，這也是一段無力對抗外國勢力的時期。帝國政府便是在這種內亂紛爭不斷，與國外政權干預交錯的情況下，宛如和所剩不多的時間賽跑一樣，馬不停蹄地推動中央集權改革。

◎「西歐化」的作法

在前近代鄂圖曼帝國當中，同樣以現代化為目標的，並非只有中央政府。在地方勢力中，有部分團體與中央政府行動一致，同樣利用對伊斯坦堡向心力的低落推動現代化革新，並藉此機會脫離鄂圖曼帝國體制。這些勢力有的是取得足以對抗鄂圖曼統治、追求實質的自治；他們之中有些更進一步編制現代化武裝部隊，戰勝帝國軍隊，有些取得國外政權的支援，兩者最終都完成自治的目的。

塞爾維亞及希臘緊接在前文提及的摩爾多瓦、瓦拉幾亞之後，受到「民族主義」意識形態的薰陶及國外政權的援助，二國也同樣都在早期階段便成功脫離鄂圖曼帝國，完成自治。至於在過去凝聚力就相當明確的埃及，也取得了實質上的自治。伊斯坦堡中央政府在對抗這些要求自治的運動時，也致力於推展軍事及統治制度的現代化與集權化。

這裡來談一下「西歐化」這件事。鄂圖曼帝國自建國以來便積極吸取歐洲技術，尤其是十八世紀與歐洲接觸機會大幅增加，而在敗給了引進西歐制度的俄羅斯後，促使鄂圖曼興起了改革的動機。如此看來「西歐後」對鄂圖曼帝國來說可謂是別無選擇。不論是帝國中樞，或地方的自治勢力，在「改革方法等於西歐化，又等於現代化」這點上彼此看法一致。

當西歐化的改革手段以實際方式呈現出來時，在被奪走既得權益的人群之中產生了令人不安的反動，他們以改革是「反伊斯蘭」的口號，表現出心中的不滿，並引發多起暴力事件。然而「反伊斯蘭」的言論並不是將矛頭指向改革手法源起於歐洲，而是指責改革的結果所帶來的不公平和不合法的情況。光看這些言論，很容易以為反抗勢力旨在要求恢復或重建伊斯蘭秩序，但這種觀點是有問題的。

◎軍事制度改革

謝利姆三世於一七八九年即位，時值第二次俄土戰爭期間。戰敗後，謝利姆三世即刻設立一支新軍隊，加強訓練，同時推動大砲等軍事技術的現代化革新。編制出一批足以抗衡俄軍等現代化軍隊的戰力，這是當時攸關國家存亡的關鍵。

謝利姆三世接連實施數項軍事改革措施，諸如聘請法國軍事顧問團隊、設立海軍與陸軍技術學院、翻譯西歐國家的軍事技術書籍、興建軍火工廠等，改革重點著重在強化砲兵隊以及創立一支新步兵部隊，謝利姆三世稱其為「新秩序軍」（一七九三年）。大砲製造的改良以及砲兵隊的重新編制進展順利，在軍事層面支撐起鄂圖曼日後改革的發展。

安那托利亞的地方望族協助政府編制新秩序軍的步兵部隊，並配合政府要求，提供穆斯林農民加入新秩序

謝利姆三世

軍，在伊斯坦堡郊外的非正規兵練兵場等地加強培訓。然而，擴大新秩序軍的進展緩慢。一八〇六年帝國駐屯在伊斯坦堡和安那托利亞地區的軍力雖達二萬人以上，但光是保加利亞的有力地方望族阿朗達爾．穆斯塔法．帕夏，便獨力訓練出三萬名精銳部隊，如此來看，帝國的軍力依舊稱不上完備。

謝利姆三世會在新秩序軍擴充一事上謹慎行事，是為了顧及來自同為步兵的新軍反抗。然而政府對新軍所採取的懷柔策略終告失敗，一八〇七年新軍帶頭發動軍人叛變，謝利姆三世被迫遜位，新秩序軍強遭解散。

儘管如此，舉國皆知步兵部隊改革的必要性，所以即使謝利姆三世遭遇廢黜，政府依舊嘗試重整新秩序軍，這次則由前文曾提及任職大宰相一職的阿朗達爾．穆斯塔法．帕夏一手主導。阿朗達爾率領大軍前進首都伊斯坦堡，策劃推舉謝利姆三世復位。雖然當阿朗達爾抵達伊斯坦堡時，幽禁中的謝利姆三世早已遇害，但他依舊彙整地方望族勢力的要求，於一八〇八年十月與他所擁戴的新蘇丹馬木德二世簽署《同盟誓約》，要求馬木德二世同意以地方望族保存勢力為前提推動革新。然而阿朗達爾．穆斯塔法．帕夏依舊於日後再度在新軍的叛變中慘遭殺害。

這起事件明白指出，包含各地的地方望族在內，一致認同現代化與西歐化是必要的改革方針。然而，究竟是在蘇丹專制的指揮下推動改革，還是將權限移交地方望族等地方勢力辦理，則是意見分歧。與此同時，新軍反對兩者意見，執意維持其身為親兵原有的既得權益。

繼位的馬木德二世也同樣嘗試編制新部隊，同時政府以與其他債權交換的方式回收前述已不具實質意義的新軍股分。藉由這些做法，廢除新軍的政治目標終於緩慢地獲得具體實踐。根據馬木德二世慎重準備的計劃推展，一八二六年按西歐體系編制而成的砲兵隊剿滅了首都的新軍，據說當時有約六千名新軍遇害。其後新軍體制撤廢，曾為新軍精神支柱的拜克塔什教團也因此遭到遣散關閉。

新軍改革原為帝國推動改革的首要課題，最終卻以廢除一途收場，若從新秩序軍創設以來細數，前後共歷時三十三年。因為維新的推遲，使鄂圖曼當局窮於應付後述帝國各地的獨立運動，只能草率應對。但如果換個觀點來

馬木德二世

看，可以知道新軍深耕社會，兩者關係之深厚可見一斑。這也彰顯出新軍對抗高層統治者由上往下推進革新的力量有多麼頑強不屈。鄂圖曼帝國再次將權力收回中央的行動，是一場與時間的抗戰，唯在這場戰役中，帝國並沒有獲得完全勝利。

新軍廢除後，馬木德二世另行編制一批新步兵軍隊，取名為穆罕默德常勝軍，在伊斯坦堡就編列駐紮達一萬二千名，並在首都與其他地方同步招募士兵，擴建軍隊。於是，鄂圖曼帝國中央的常備軍從此脫胎換骨，成為一支在人數及武器數量上足以與歐洲標準軍備並駕齊驅的隊伍，奠定鄂圖曼軍力的現代化基礎。

◎討伐地方望族勢力

帝國下一個目標便是掃蕩各地的地方望族。其中，掃除巴爾幹和安那托利亞地方望族勢力，於一八一〇年代後逐漸出現成效。前述的《同盟誓約》是地方望族勢力攀升至巔峰的象徵，但此次同盟最後因新軍叛變而破滅，躍居地方望族勢力領導人的阿朗達爾．穆斯塔法．帕夏遇害後，蘇丹逐一掃除其餘地方望族之路就此展開。

馬木德二世所採取的手段，其一是針對配合政府方針的有力地方望族子弟，賦予他們政府要職，將他們吸收至政府內部。此舉雖然讓不少地方望族以名門之姿存活下去，但已逐漸失去其地方上的根基。另一方面，對於違背政府做法的地方望族，則採取強硬手段，提出幾乎等同無理的要求，加重他們的負擔，凡忤逆者即視為叛賊，處以極刑。於是在一八二〇年代以前，安那托利亞及巴爾幹東南部的地方望族勢力已大半得到控制，剩下的僅是中小規模，不具對抗政府力量的在地勢力。隨之而來的，即是中央政府恢復對地方的統馭力。

至於勢力幾乎等同獨立國家的地方望族，為什麼會在短期間內被政府吸收呢？究其原因，一方面是因為單一的家族單位很難自憑武力對抗政府；其次是他們的勢力基礎來自稅收承包及政府官職，所以追根究柢，他們始終是鄂圖曼統治體制內的一分子，若要說他們是各地「民眾」的代表，卻又過度依賴政府。政府以「司馬昭之心」之姿來整頓地方望族，並在整理過去盤根錯節的稅收承包制時，動搖了地方望族的勢力基礎。

鄂圖曼政府以循序漸進的方式廢除稅收承包制。過去在立約人死後，政府會將合約暫時中斷的稅收承包再次列入承包契約競標行列，但此作法在謝利姆三世執政的一七九三年時便告中止，以求讓稅源所得回流國庫。一八一三年，只有地方行政官可以取得承包契約權。這項制度的變動，乍看下有利於位居地方行政官職的地方望族，但實際上卻發揮了讓地方望族成為真正中央政府官員的功效。一八三八年全面停止以稅收承包權充當官員俸給的慣例，於是稅收承包制在一八三九年《居爾哈尼文告》中，原則上正式廢除。

鄂圖曼政府推動制度改革的同時，更以武力討伐巴爾幹的有力地方望族。然而，這段過程卻使巴爾幹部分當地社會陷入極端不穩定的狀態，從而招致農民及城市居民蜂起反抗。塞爾維亞及希臘的獨立運動便是在這樣的動亂中產生。

◎塞爾維亞邁向自治公國

根據鄂圖曼帝國以往的思考邏輯，基督教徒人民因遵守鄂圖曼帝國正統伊斯蘭法統治而享有應有的保護。然而，十八世紀後半葉，基督教徒眾多的巴爾幹情勢變得極端動盪，嚴重動搖了帝國的統治。鄂圖曼政府認為，這樣的事態是源自各地興起的地方望族以及融入當地社會的新軍對民眾行使過度嚴苛的管理，使人民受難，從而引起群眾反抗及暴動所致。因此當局應採取之手段，便是殲滅「不法的」地方望族及新軍，設法恢復正統伊斯蘭法的統治。

實際上，鄂圖曼帝國就是從上述角度來解讀十九世紀初接連在塞爾維亞與希臘兩地發生的農民暴動。一八二二年，經過長期討伐，愛奧尼亞地方的地方望族特佩德蘭利·阿里·帕夏最後遭帝國殺害，他的首級被懸掛在托卡比皇宮入口處，一旁揭示著告示，論其罪狀：

「這名叛教徒，對摩里亞（Morea，伯羅奔尼薩半島的舊名）的異教徒（基督教徒）胡作非為，致使他們對穆斯林發動叛變，罪大惡極。」十六世紀末擔憂鄂圖曼統治陷入混亂的財務官薩洛尼基便曾經指控，一旦不法統治持續蔓延，基督教徒居民理當會轉向周邊基督教國家尋求協助，所以政府必須執行正規統治。這樣的統治觀念，依舊深植人心，未曾改變。

一八〇四年，塞爾維亞發生叛變（第一次塞爾維亞起義），當時的時代背景是貝爾格勒地方在整個十八世紀持續呈現一個政治與社會失序的狀態。十八世紀前半葉，塞爾維亞北部曾一度被奧地利統治二十年，之後才重回鄂圖曼帝國的懷抱。回歸後，大批新軍進駐貝爾格勒州，但他們不服從中央命令，許多新軍成為農村地主，欺壓基督教徒農民。一七九二年，政府為了挽回原有秩序，肅清貝爾格勒州所有的新軍，恢復直接統治，並支援塞爾維亞以傳統在地有力人士「大公」為首，組成居民組織。

遭到驅逐的新軍向保加利亞維丁（Vidin）的地方望族帕茲萬特奧盧家請求協助，於是政府趁此機會，決定討伐帕茲萬特奧盧家族，並於一七九八年派出八萬政府軍包圍維丁。然而，帕茲萬特奧盧家卻挺過了這次危機，後來恰巧發生法軍侵占埃及的事件，於是帕茲萬特奧盧當家獲政府赦免，鄂圖曼軍撤出維丁地方。

一八〇一年新軍重返貝爾格勒，與帕茲萬特奧盧家軍隊聯手於一八〇四年殺害貝爾格勒的大公及基督教神職人員，向謝利姆三世舉旗造反。此舉引發農民反抗，在貝爾格勒四周起義，並和波士尼亞派來的鄂圖曼軍聯合擊潰新軍勢力。

塞爾維亞起義前後持續十年。然而，隨著農民在該運動中取得勝利，這群塞爾維亞勢力轉而向鄂圖曼政府提出要求。政府雖然讓步，同意塞爾維亞成為帝國屬國之一，但塞爾維亞卻不予回應，並觀望著一八〇六年所爆發的俄土戰爭的進展。結果，農民起義持續到一八一三年，暫時遭到政府鎮壓。一八一五年發生第二次塞爾維亞起義，在歷經過這些動亂後，塞爾維亞取得了半獨立的地位。一八二九年在俄土戰爭結果所簽訂的《愛第尼條約》中，加入了塞爾維亞成立自治公國的文字。

◎希臘獨立

相較於十九世紀初爆發的塞爾維亞運動，希臘運動比其晚二十年發生，所處時空背景亦有極大的不同。希臘問題最終取決於俄羅斯、英國、法國等歐洲大國間的利害關係。而在這二十年間，歐洲列強干預希臘的方式愈來愈明目張膽。

政府出兵討伐特佩德蘭利·阿里·帕夏這名當時實力最強，且曾經實際管制阿爾巴尼亞與希臘的地方望族。就在雙方在希臘北部展開對決的時刻，伯羅奔尼薩半島順勢爆發叛亂。

一八二二年，特佩德蘭利．阿里．帕夏遭政府殺害，地方望族的征伐終於告一段落，但希臘的叛亂卻沒有停止。當時正逢廢除新軍期間，中央政府無暇撥出兵力壓制叛亂，便採用傳統手法，利用其他地方望族的軍力，委派埃及穆罕默德．阿里的軍隊代帝國平定希臘叛亂。一八二五年，穆罕默德．阿里派遣其子亞伯拉罕（Ibrahim）出征希臘，憑藉亞伯拉罕的手腕逆轉戰局，情勢漸漸變得有利於鄂圖曼。

然而，就在此時此刻，出現了前所未有的發展。俄羅斯出手援助希臘獨立，英國與法國因畏懼俄羅斯勢力擴展而介入。於是，一八二七年英國、法國和俄羅斯在「當事者」希臘缺席的情況下，於倫敦「決定」了希臘的自治。歐洲輿論向來對歐洲文明搖籃的希臘懷抱著獨特的情感，他們對於希臘自治的支持也確實產生影響。鄂圖曼帝國雖然否決了列強的要求，卻在納瓦里諾海戰（Battle of Navarino）落敗，再加上一八二八年俄軍攻進愛第尼，迫使鄂圖曼簽訂《愛第尼條約》，承認希臘為一個自治國（一八二九年）。然而英國卻聲明，希臘是受三國保護的獨立王國，並要求鄂圖曼同意（一八三〇年）。一八三二年根據該聲明，希臘迎來信仰天主教的巴伐利亞國王，成立希臘王國。就這樣希臘憑藉歐洲列強的力量，照著他們的意願實現了獨立。希臘獨立後，該國政治在整個十九世紀全然受歐洲列強所支配。

誠如以上，在鄂圖曼帝國各地發生的種種事件所引發的叛亂中，「只有」巴爾幹基督教徒所推動的運動被歐洲列強視為亟欲擺脫鄂圖曼帝國統治的民族主義運動，從而開啟該地接受援助的時代。列強利用「民族」作為焦點議題還有另一個目的，那便是阻止俄羅斯以保護正教徒為由而取得龐大權利。列強的干預，透過這些手法，一次又一次地左右著巴爾幹的動靜。

然而，希臘人並非僅居住在「希臘王國」這個當時已獨立的希臘人的國家之中。更正確地來說，希臘王國的希臘人僅占希臘母語人口中一小部分。塞爾維亞也面臨相同的境況。當民族主義的概念與具有國界的國家結合時，不論哪裡都會出現這樣的矛盾。在鄂圖曼帝國這片廣袤的土地上，長久以來巴爾幹從未將國家界線視為爭論焦點。在這裡，民族主義是極為危險的手段。透過歐洲列強的支援，巴爾幹各民族紛紛以「民族國家」之姿，走向自治或獨立的道路，並在那之後背負著前述的矛盾直至今日。

◎埃及自治

相較於上述巴爾幹的動向，在埃及憑實力取得實質獨立的穆罕默德·阿里具有更為強大的在地基礎，這是因為埃及原本就是一個政經統一的地區。穆罕默德．阿里原本是鄂圖曼軍人，隸屬於從鄂圖曼帝國派來的阿爾巴尼亞人非正規兵部隊。他不僅整治了拿破崙占領埃及（一七九八～一八〇一年）後的種種亂局，並於一八〇五年成為鄂圖曼帝國的埃及總督。穆罕默德．阿里在埃及握有實權，而且比中央政府更早推行各種現代化與西歐化政策，鞏固「近代國家埃及」的根基。

埃及可說是中央政府的參考典範，諸如一八一一年殲滅與伊斯坦堡新軍同樣握有非法權力的馬木路克軍，仿效西歐制度編制軍隊。藉由廢除稅收承包制，導入專賣制度等策略，整頓財政基礎。並設立一般初等及中等教育制度等。誠如後述，優先推動現代化與西歐化改革的埃及軍隊與鄂圖曼政府軍交戰時連戰連勝，證實其所採取的手法正確無誤。此外，穆罕默德．阿里於一八二二至二三年實施徵兵，徵召穆斯林與哥普特基督教（Coptic Christianity）教徒入伍，創造出超越宗教界線的政府軍。在這點上，儘管近代鄂圖曼帝國提出「平等統一穆斯林與非穆斯林」的遠景，並致力朝向該理論推進改革，但至始至終都未能完全落實。

穆罕默德．阿里在埃及不斷提振國力，並於一九二〇年進攻蘇丹國，將其據為埃及所有（一八二二年）。在此同時，穆罕默德．阿里利用其身為鄂圖曼帝國成員之便，依照帝國指示將其勢力擴展至埃及以外的地區，諸如一八一八年鎮壓阿拉伯半島的瓦哈比派叛亂，以及出兵壓制前述的希臘叛亂等等。

穆罕默德．阿里向帝國提出敘利亞的擁有權作為出兵征討的報償，但遭馬木德二世駁回，於是他於一八三一年派遣亞伯拉罕部隊征服敘利亞地方後，更在安那托利亞科尼亞大破帝國政府軍，一路進軍直抵安那托利亞西北部的庫塔雅（Kütahya）。馬木德二世意識到此役恐怕攸關帝國存亡，在危急下向歐洲諸國請求援助。此時俄羅斯做出實際回應，派兵支援。為表謝意，鄂圖曼帝國同意給予做為宿敵的俄羅斯擁有在博斯普魯斯海峽、達達尼爾海峽間的通航優先權。

亞伯拉罕軍隊為了避免與俄羅斯對立，暫時撤兵後退至敘利亞，接著於一八三九年再次發兵前進安那托利亞。然而，這次英國為了牽制俄羅斯，從旁介入。結果，一八四〇年四國簽訂《倫敦條約》，要求穆罕默德．阿里放棄占領敘利亞等地，而且只有埃及被限制在鄂圖曼帝國宗主權之下，成為世襲統治之區。

誠如前述，埃及比鄂圖曼帝國中央政府早一步採取行動，推動現代化與西歐化且成果顯著。然而，對外發展卻受制於歐洲列強間的利害關係，被迫屈服在鄂圖曼帝國的宗主權之下。之後，埃及順勢利用鄂圖曼帝國可能因歐洲列強而遭到瓦解的危機將計就計，反而成為鄂圖曼帝國外交談判的武器。至於埃及與其宗主國鄂圖曼帝國，從此在各個方面成為命運共同體。例如二者對歐洲諸國來說都具有高度的經濟利用價值，因此日後均成為英國經濟統治的地區之一。

◎歐洲經濟擴張

一八三八年鄂圖曼帝國與英國簽訂的《巴塔里曼條約》（*Treaty of Balta Liman*）通商條約，是英國經濟擴張的重大轉捩點。鄂圖曼帝國在陷入埃及軍進攻安那托利亞的緊急情況下，以經濟特權為交換條件，乞求英國伸手支援。

《巴塔里曼條約》是一項不平等條約，內容同意英國產品僅需繳納百分之三的關稅即可流通鄂圖曼市面，此後英國的工業產品便大舉流入帝國境內。從那之後，鄂圖曼帝國亦與歐洲各國簽訂類似的不平等條約。而且這些條約同樣適用於鄂圖曼宗主權之下的埃及，這對埃及帶來極為不利的影響。

原本，鄂圖曼帝國會在這個時期與英國簽訂通商條約，是希望在鄂埃交戰中能給埃及一棍。但在過程中，鄂圖曼帝國仿效歐洲諸國，學會了如何運用外交與經濟策略結合的技巧。

◎國內各項改革

一八二〇年代以後，從謝利姆三世開始朝現代化與西歐化實施的行政機構改革，因排除了地方望族與新軍等反抗中央政府的勢力，促使中央推行政策的自由度大幅增加，推進了改革的進展。同時，消滅反抗勢力也是改革動向帶有由「上」——有時是官僚主導、有時是蘇丹專制決定——而下推動特性的緣故。

首先在一八二九年時，除了宗教學者以外，官僚服飾全面改為西裝，廢除頭巾並採用源自北非傳入的毯帽（fez，土耳其帽）。鄂圖曼藉由這種外顯的形式，正式揮別過往的傳統。

一八三一年，鄂圖曼帝國在直轄地區實施人口調查。藉此政府取得以往在地權貴掌握的非官方資料，也就是有關徵稅及徵兵的基本資料。透過這些調查結果，於城市街區或各個農村選派正副區長或村長（mukhtar），使得鄂圖曼社會也開始產生變化。這些幹部與街區清真寺的伊瑪目一同作業，登記戶口、發放通行證並負責稅收分配，擔任政府與市民之間聯繫的窗口。過去新軍及地方望族在城鄉農村所發揮的非官方功能，已由政府公務人員取代。地方行政組織的重組與征討地方望族並列為十九世紀前半葉進展最為顯著的成果。

一八三四年，鄂圖曼政府以前述地方行政組織為基礎，於部分地區展開試驗性的資產與收入的相關調查，並於一八四五年在大部分直轄地再次實施相同調查，這次則是按收入限定調查對象。雖然，這項政策的目的在於根據資產及收入來公正執行個人課稅，但因資料收集不完整，未能按目標導入現代化的課稅系統。

此外，政府於一八三一年開始出版官報並大量印刷發行，在一八三四年完善郵務制等。多方證據顯示，鄂圖曼帝國開始穩定地實踐近代國家必備的各項要件。

為了培育全新型態的專家及官僚，政府也新設或重建帝國醫學校、陸軍士官學校、陸軍工程學校等教育單位。並於一八二七年，在官僚教育方面更導入留學制度。

中央政府架構主要仿效法國，整體改成現代化的樣貌。在一八三六至三八年，重組舊有組織，設立外務省、財務省、內務省等單位。針對宗教學者設置長老府，以伊斯蘭導師為首長，推動掌控司法的地方法官制度，建構宗教學者的近代官僚體系。所有的職務類別，明定全新的官員職位及職掌內容，並保證所有人能以薪俸——而非收賄或傭金——確保收入。

和其他歐洲諸國同樣地，鄂圖曼帝國政府經由一連貫的改革，儘管國內仍有諸多問題，卻開始展現出現代化的樣貌。

◎近代起跑線

誠如上述，在謝利姆三世、馬木德二世維新的五十年間，鄂圖曼帝國從一個「外交上被歐洲諸國孤立，由那些從中央政府取得各種權益的官員，根據伊斯蘭法與蘇丹法執行管理」的中央集權體制國家，蛻化成一個「以與歐洲對等的身分參與外交及戰爭，在依法規定之專制君主政體之下，創造本國『國民』」的現代化官僚國家。這種維新的理念，後來由改革派官僚外交官穆斯塔法・列西德・帕夏（Mustafa Reşid Paşa）起草，以《居爾哈尼文告》之名，在一八三九年繼馬木德二世之後即位的阿布杜勒麥吉德一世執政時公諸於世。

儘管有完成度及君主性格不同的差別，從鄂圖曼帝國脫離的埃及、希臘及塞爾維亞大致上也都曾擁有相同的理念。換言之，前近代鄂圖曼帝國之後誕生的諸國都是在面臨相同課題的情況下，站上了近代的起跑線。而且，其他亞洲諸國，諸如比這些國家晚五十年推行現代化改革的日本，也曾歷經相同的過程。比西歐諸國晚站在近代起跑線上的各國，都是背負著幾乎相似的課題，在十九世紀的怒濤之中乘風破浪。經過五十年的變革，鄂圖曼帝國終於成為一個「普通」的近代國家。

然而，在這五十年間，鄂圖曼帝國雖然在第三道課題「中央集權化」方面有明顯進展，但第一道課題之「面對國外政權的對應」上，卻因面臨對外壓力的大增而變得愈發困難。一八三〇年，面對法國踏出殖民統治的第一步，以武力侵占阿爾及利亞時，鄂圖曼帝國僅能提出書面抗議。而且，這些來自國外的影響波及帝國國內的諸「民族」，加速了鄂圖曼帝國作為一個統一國家的解體。面對眼前的困境，鄂圖曼帝國以《居爾哈尼文告》昭告天下，所有的民族、宗教都受到法律公正的保護，致力維持一個國家的整體，此乃對第二道課題「確保統治的正當性」的政治回應。

唯眾所皆知，這樣的努力最終未能取得成效。但是，這並不是前近代鄂圖曼帝國命中注定的結局。前近代鄂圖曼帝國在一九二二年亡國以前，一直是順應著當下時代潮流的方向，尋找最有效的解決方案一路努力過來的。那段期間大約是八十年，恰巧與日本自明治維新以來至第二次世界大戰戰敗為止的時間雷同。

結語

在「民族時代」的洪流裡

托卡比皇宮的外國使節

◎近二百年來的巴爾幹、安那托利亞和中東

前近代鄂圖曼帝國以獨特的架構組成統一，在其亡國後，隨之誕生了近代鄂圖曼帝國、巴爾幹諸國及埃及，這便是十九世紀前半葉巴爾幹、安那托利亞、中東的概況。當時，希臘、塞爾維亞及羅馬尼亞（摩爾多瓦、瓦拉幾亞）等地已經根據「民族」理念，達成自治或獨立，埃及則是朝向以埃及人為國民的民族國家邁進。

「民族時代」緊跟在鄂圖曼帝國這個「不屬於任何人的國家」之後到來。從此以後，直到二十一世紀的今日，巴爾幹、安那托利亞、中東在追求政治、社會、經濟現代化的同時，也在基於以宗教和語言為指標的「民族」原則下，努力完成建國的課題。

此外在「基於民族原則追求國家形成」的過程中，有時會犧牲社會、經濟的秩序及發展，甚至賠上人民的性命。結果，自巴爾幹民族運動發軔至今的二百年間，這片土地已經流淌過無數的鮮血，然而直到今天仍不見止血的跡象。在這二百年的現代化與民族主義的歷史洪流中，一九二二年近代鄂圖曼帝國的滅亡，不過是中場休息。若從長遠的歷史來看，十八世紀末傳統鄂圖曼秩序的告終可謂正是揭開這場「進步」和「流血」新時代的序幕。

◎近代鄂圖曼帝國的沿革

十九世紀前半葉，對於在巴爾幹、安那托利亞、中東擁有廣大領土的近代鄂圖曼帝國而言，如何定義近代國家的構成要素「國民」，以及如何確保「國民」效忠國家，是最艱難的問題。近代鄂圖曼帝國雖然克服了軍事及統治體制的種種課題，恢復國內秩序，但依舊是一個由不問民族的穆斯林菁英統治層管理穆斯林與非穆斯林等被統治者的國家，這和以民族為基調由同質的國民所構成的「國民族國家」剛好處於相反的兩個極端上。

在面對創造「國民」的議題時，近代鄂圖曼帝國曾有兩種發展的可能。其一是囊括所有生活在帝國境內的各個民族（巴爾幹諸民族、土耳其人、阿拉伯人）及多種宗教（穆斯林與非穆斯林）的人民，全部統一視為國民。因為構成成員早已當了數百年的鄂圖曼人民，讓他們換個身分，當鄂圖曼國民也不無可能。

近代鄂圖曼帝國再三申明一八三九年的《居爾哈尼文告》及一八五六年的《改革文告》（*Imperial Reform Edict*），據以創設各教派的社群憲法（Millet Constitution）以充實地方行政組織的用意，旨在踐履這項含括非穆斯林在內的「國民形成」的方法。這種統一多種族國民的方法，是以歐洲諸王室為模型，依法制定的專制君主政體，實質上是由位在君主之下、兼具功能性與親民性的官僚機構負責管理實際業務。但這些改革的推動雖然取得了一定的成果，卻和理想中的現實相差甚遠，再加上眼前巴爾幹人民為追求民族主義勝利而提出種種要求，以及在其背後支援的俄羅斯的武力威脅，這些改革終如黃粱一夢。

第二種方法，是重新理解國土的意義，將國土區分成形同殖民地的屬國與保護區以及宗主國的本土兩者，將後者的人民視為本國「國民」。歐洲列強通常是以這種構圖理解近代鄂圖曼帝國，認為近代鄂圖曼帝國是由「土耳其人」統治不同民族。不消說，這是歐洲列強擅自將自己規劃的藍圖套用在鄂圖曼帝國的一種看法。

那時，近代鄂圖曼帝國本身為了更有效率地掌控至今未能履行直接統治的地方，而開始採用殖民主義的統治手段。結果，近代鄂圖曼帝國的統治階層將自我定位在宗主國官僚，藐視那些被統治民族的情形也隨之浮現。

然而，近代鄂圖曼帝國中位居統治階層的鄂圖曼官僚雖以突厥人為主，卻也包含阿爾巴尼亞人、阿拉伯人等，儘管全為穆斯林，卻不限於突厥人。軍隊的情況雷同，成員同樣全數是包含各民族的穆斯林。所以，在鄂圖曼帝國統治層的自我意識下，無法將統治層侷限在突厥人。於是長久以來，鄂圖曼統治層被定義在一個包含阿拉伯人和阿爾巴尼亞人等伊斯蘭系諸民族的模糊範圍內。儘管土耳其其色彩逐漸增強，但是要完全將統治階層與突厥／土耳其人畫上等號十分困難，因為近代鄂圖曼帝國統治階層要拋棄的傳統實在是太多了。

但實際上近代鄂圖曼帝國執行殖民主義統治的對象主要是在阿拉伯地區。所以，十九世紀後半葉，阿拉伯知識分子中逐漸開始有人認為自己所處立場實為一種從屬關係。與之響應，近代鄂圖曼帝國統治層在「突厥人」當中追尋他們的民族根基的階段到來，也只是早晚的問題。於是，當長久以來構成鄂圖曼帝國的諸民族——包含土耳其人在內——開始追求自己的「國家」，而不再需要一個帝國作為通用平台時，近代鄂圖曼帝國迎來了滅亡。

◎巴爾幹諸國的動向

接著，我們來看巴爾幹的發展過程。十九世紀的巴爾幹，在近代鄂圖曼帝國以及從中獨立出來的諸國推動下，發展了現代化革命。

這段期間，巴爾幹因被鄂圖曼統治，各地不僅在維新時期（Tanzimat）受帝國所推行的各項政策波及，同時更應歐洲列強的強烈要求而實施革新，開放非穆斯林參與政治。於是，當地有力的基督教徒及聖職人員開始進入地方行政機構，更在一八七一年實施地方行政法，以選舉方式選出非穆斯林為代表，這些全都是制度改革的表現。

但是，基督教徒農民藉由改革取得發言權後，立刻將不滿指向地方上具有經濟優勢的穆斯林地主，這些控訴隨後在塞爾維亞、保加利亞、波士尼亞、赫塞哥維納（Herzegovina）等地，發展成反鄂圖曼帝國的農民暴動。

於是，鄂圖曼帝國境內不僅有農民暴動，同時還受那些既已達成自立的團體要求完全獨立等運動所脅迫，更必須面對列強介入，企圖將該地的重組導向有利於他們的方向發展。而實際上，問題的最後決定關鍵，是一八七七、七八年的俄土戰爭（俄羅斯—鄂圖曼）。戰後，鄂圖曼承認蒙特

《柏林條約》（1878 年）以後的巴爾幹

內哥羅、塞爾維亞、羅馬尼亞（摩爾多瓦、瓦拉幾亞）等國獨立，並同意保加利亞成立自治國（《聖斯特法諾條約》）。但是，這項俄羅斯與鄂圖曼帝國之間締結的條款，日後遭歐洲列強依利害關係加以修改。原本列在保加利亞範圍內的馬其頓地方，恢復成鄂圖曼帝國直轄地的身分，波士尼亞與赫塞哥維納則被奧地利所占據（《柏林條約》）。

接著在一九一二年爆發第一次巴爾幹戰爭，鄂圖曼帝國管轄中剩餘的巴爾幹領土遭希臘、保加利亞、塞爾維亞、蒙特內哥羅瓜分。於是，鄂圖曼帝國在巴爾幹的領土僅剩色雷斯地區。緊接著，保加利亞與希臘、塞爾維亞聯軍開戰（第二次巴爾幹戰爭），這場戰役不久後成為引爆第一次世界大戰的開端。至於在穆斯林占多數的阿爾巴尼亞，長久以來在鄂圖曼帝國境內展開一連追求自治的運動後，於巴爾幹戰爭期間伺機宣布獨立（一九一二年）。

不論是獨立或自治，各國所面臨的問題形形色色。在這之中，領導人才的不濟，是所有國家的共通問題。有人認為，鄂圖曼帝國的癥結點，是將基督教徒排除在領導階層以外。人材的培養與經驗累積都需要時間，這方面的缺乏，亦是巴爾幹日後政治不穩定的主因。

從「鄂圖曼帝國之中獨立」這項成就，對各國的多數民族而言是一場民族主義的勝利。然而，不論是哪一個國家，民族構成都極為龐雜，也因而衍生出了一連串相關的問題。各國意圖透過教育——尤其是歷史教育——來鞏固民族主義的論點，同時也助長了巴爾幹民族主義的排他主義傾向。但實際上，各國的民族及宗教分布相當複雜。

第一次世界大戰後，當時在「塞爾維亞人—克羅埃西亞人—斯洛維尼亞人王國」（自一九二九年起改為南斯拉夫）國內，三大民族以外的人口占百分之十五。在保加利亞，保加利亞人占了百分之八十七。但在羅馬尼亞，羅馬尼亞人僅占百分之六十三。阿爾巴尼亞人口由百分之六十九的穆斯林及百分之三十一的基督教徒組成，波士尼亞與赫塞哥維納的人口比例，則是正教徒占百分之四十三，穆斯林占百分之三十九，天主教徒占百分之十八。

另外，巴爾幹不穩定的政治與戰爭，引起了大量的人口流動。尤其，自從鄂圖曼帝國勢力從巴爾幹退出以後，光是一八七〇至一九〇〇年期間，便有一百萬穆斯林移民至安那托利亞，其中以突厥人居多。因為隨著鄂圖曼帝國撤出，被視為帝國一分子的穆斯林居民在巴爾幹的生活權利備受威脅。

◎土耳其民族主義與土耳其共和國

鄂圖曼帝國開始具體出現攸關日後土耳其共和國成立的「土耳其人的國家」形象，是在「統一進步委員會」成立的十九世紀末，該委員會於一九〇八年成功掀起「突厥青年」革命。如前述，十九世紀中葉，巴爾幹基督教徒獲得民族認同後加速反抗運動，近代鄂圖曼帝國則藉由提倡民族平等，致力拉攏巴爾幹基督教徒。然而，這些政策未能奏效，於是當巴爾幹基督教徒脫離帝國掌控的情勢逐漸明朗時，鄂圖曼帝國統治階層開始盡全力抓緊手中剩餘的安那托利亞及阿拉伯地區——也就是穆斯林的居住地區，並堅持到最後一刻。

當時，鄂圖曼帝國採取的方法有二。一是自稱穆斯林的共同體領袖——哈里發，此乃鄂圖曼向伊斯蘭世界全體主張權威的宣言。伊斯蘭世界的哈里發自從阿拔斯家族的哈里發因蒙古入侵而慘遭殺害以來（一二五八年），原本已銷聲匿跡。但後來馬木路克王朝擁戴一名自稱阿拔斯家族哈里發後裔的人物。保護其安全之後，哈里發一脈得以相承，直到馬木路克王朝滅亡。一五一七年謝利姆一世征服開羅後，曾一度將該名哈里發帶回伊斯坦堡（隨後又將他送回開羅）。這段軼事在十九世紀被改寫成哈里發之位已由鄂圖曼王室傳承下來、並成為阿布杜勒哈密德二世推行伊斯蘭主義政策的依據。

這樣的伊斯蘭主張，往往被視為既復古又不符時代潮流，但實際上，這可說是歐洲諸王室乃至日

阿布杜勒哈密德二世

本天皇宗室等，近代各家王權慣用的宗教「腳本」的鄂圖曼版。阿布杜勒哈密德二世同時在其他方面推行現代化與西歐化的政策，因為蘇丹―哈里發的論點並不與這些政策相牴觸。

伊斯蘭世界各地遭歐洲諸國猛烈攻勢，並不是沒有民情冀望鄂圖曼帝國出來領導他們。但蘇丹―哈里發的論點，原本是為了延長帝國壽命所提出，不具有實際的效用。這項為了取得阿拉伯地區人民效忠而祭出的政策，也隨著後述第二項方法的實施而逐漸喪失光環。

鄂圖曼帝國為了維持對阿拉伯世界的統治，所採取的第二項方法，是以殖民主義的方式來進一步加強對阿拉伯地區的統治。這樣的作法引起阿拉伯人民的反彈，反而促使阿拉伯人民族主義的生成。

阿拉伯民族主義萌芽的同時，鄂圖曼帝國也開始出現土耳其民族主義。正因為土耳其民族主義是一種將土耳其人以外的穆斯林排除在近代鄂圖曼帝國統治階層之外的主張，所以不到最後關頭，很難浮出檯面。然而，受到來自俄羅斯統治的中亞及高加索等地移民過來的知識分子的思想薰陶，以及帝國諸民族的民族主義啟蒙，土耳其民族主義的主張變得越來越強烈。

正因為這種「土耳其人」的主張是出自鄂圖曼帝國高層核心，因此以土耳其民族主義重寫鄂圖曼帝國的本質也變得不無可能，而這個可能性在一九〇八年的「突厥青年」革命中獲得實踐。於是，二十世紀的近代鄂圖曼帝國形象開始與「突厥人的國家」重疊。

然而，二十世紀的鄂圖曼帝國是在做出了龐大的犧牲後，才完全轉變為「突厥人的國家」。就算以簡單一句宣稱「安那托利亞是屬於土耳其人的」，那裡還住著許多亞美尼亞人或庫德人等非土耳其人的居民。換言之，土耳其民族主義的主張愈是明確，與現實情況的衝突就愈鮮明。

使鄂圖曼帝國徹底從歷史舞台退場，並另外揭開土耳其共和國序幕的導火線，是鄂圖曼帝國在第一次世界大戰中加入德國陣營的決定。鄂圖曼帝國因與俄羅斯關係密切而加入同盟國，在安那托利亞東部及阿拉伯地區敗給協約國軍隊，至此，鄂圖曼帝國的氣數已盡。根據一九二〇年的《塞弗勒條約》（*Treaty of Sèvres*），安那托利亞大半範圍遭歐洲列強瓜分，在地圖上決議將安那托利亞西部割讓給希臘，亞美尼亞建國，並在安那托利亞東南地區形成庫德人自治區。伊斯坦堡被英國等協約國軍隊占領，陷入「突厥人的國家」將被限縮在安那托利亞中部的困境。

面對眼前局勢，義勇軍在安那托利亞集結，高舉著土耳其民族主義的旗幟，大破亞美尼亞軍及希臘軍隊，阻止安那托利亞在地圖上任人宰割的事實。結果，新生的土耳其共和國根據《洛桑條約》（一九二三年）保有了安那托利亞全境以及直抵愛第尼的巴爾幹地區的所有權。這一系列的戰爭有別於以往的地方紛爭規模，土耳其付出了犧牲二百五十萬人的慘痛代價，讓原本有一百五十萬人口的亞美尼亞人銳減至不到十分之一，據說其中有六十萬至八十萬人死在戰場上。土耳其國建立後，在國民交換政策上，要求五十萬名穆斯林從希臘搬回土耳其，安那托利亞則有一百二十萬名基督教徒迫遷希臘。不過，上述各項人數至今仍有爭議。

該運動領導人穆斯塔法．凱末爾（Mustafa Kemal），一邊利用近代鄂圖曼帝國所培育出來的人力資源，一邊推動抹煞鄂圖曼帝國存在的政策。土耳其共和國最具代表性的施政方針，便是藉由否定伊斯蘭的象徵及其政治功能來摒棄伊斯蘭。

「能說自己是土耳其人的人民最有福氣」的標語，正是一九三三年凱末爾強打的口號。雖然這句話是對土耳其人發出的宣言，但對於生活在土耳其共和國國境地帶的非土耳其人而言，想必也能理解成敦促同化的口號。從鄂圖曼帝國誕生的各個繼承國，以一種極為嚴苛的

穆斯塔法．凱末爾　土耳其共和國第一任總統（攝於 1936 年）。

手段，驅使著國家創造鄂圖曼帝國所無法實踐的同質「國民」。

◎阿拉伯地區的發展

在近代鄂圖曼帝國滅亡以前，阿拉伯地區除了埃及和北非以外，大半受鄂圖曼統治。但理所當然的，阿拉伯並非團結統一的地區。如前所述，敘利亞與北伊拉克為鄂圖曼帝國的直轄地，至於這兩地以外的地區，在過去就與伊斯坦堡維持著若有似無的關係。

十九世紀近代鄂圖曼帝國開始對阿拉伯地區加強治理。面對巴爾幹與埃及等地的叛變，鄂圖曼帝國亟欲落實對剩餘疆土的支配權。於是，政府在以往僅進行間接管理的地區重新設置行政區，並從中央派遣行政官。一八三一年驅逐巴格達領導人達烏特．帕夏（Daut Pasha），中斷哈桑帕夏王朝的統治。一八三五年利比亞的卡拉曼里王朝發生動亂，帝國乘機奪取該地，實施直接治理等。這些都是鄂圖曼帝國實際作為的表現。接著在一八四三年將黎巴嫩山岳地帶納入直接管轄，嘗試對馬龍派（Maronites）基督教徒及伊斯蘭教什葉派的德魯茲派（Druze）教徒進行實質統治。另外還與英國爭奪阿拉伯半島，並於一八七二年再次統治葉門。

這樣的直接統治及強化管制，在十九世紀末阿布杜勒哈密德二世時代更為顯著。從鄂圖曼政府在這段期間的施政當中，可以看出一套殖民主義的慣用公式，將這些地區視為伊斯坦堡文明鞭長莫及的蠻荒之地，帝國再以一副救世主之姿現身，援助該地開化文明。十九世紀的鄂圖曼帝國常被誤以為是受歐洲列強欺壓的軟弱病夫，但對於受其統治的阿拉伯地區而言，鄂圖曼帝國同時也是一個執行帝國主義統治的主體政權。

鄂圖曼帝國這些舉動，當然引起了在地有力人士及阿拉伯知識分子的反抗。尤其是進入二十世紀以後，鄂

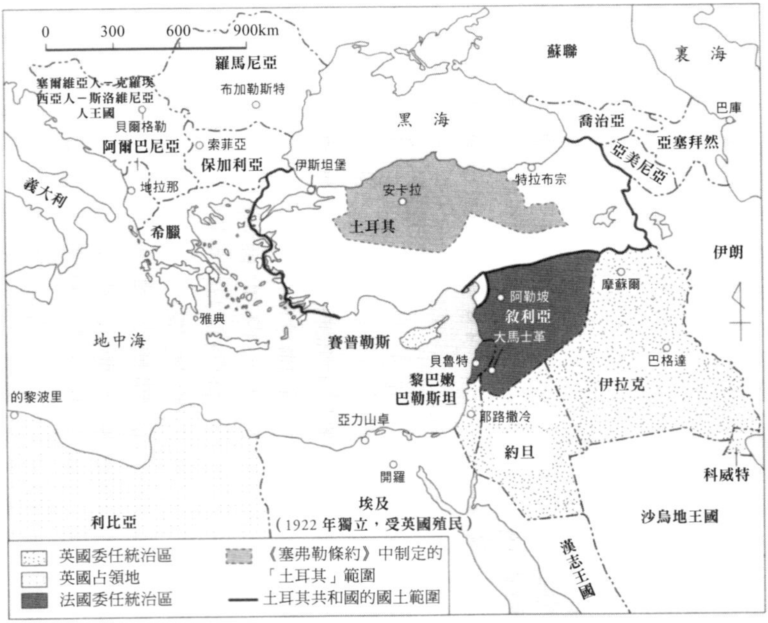

鄂圖曼帝國滅亡後的巴爾幹、安納托利亞、阿拉伯地區

圖曼帝國的統治愈來愈傾向「土耳其化」，於是在阿拉伯地區開始出現從鄂圖曼帝國獨立的具體運動。

第一次世界大戰便是在這樣的情勢下爆發的。英國為了牽制在阿拉伯半島處於敵對立場的鄂圖曼帝國，利用阿拉伯人的獨立運動，承諾戰後阿拉伯得以獨立（《胡賽因—麥克馬洪協定》〔*Husayn-McMahon Correspondence*〕），來唆使阿拉伯對鄂圖曼帝國群起叛變（一九一六年）。但在鄂圖曼帝國崩潰後，英國一筆勾銷前述協定，與法國一同執行委任統治，實質瓜分了阿拉伯地區。當時根據英法兩國國力及情勢所需而人為畫出的國界，規定了今日所見伊拉克、科威特、巴勒斯坦、約旦、敘利亞、黎巴嫩、埃及等國的「阿拉伯諸國體制」[1]。

於是，近代鄂圖曼帝國生疏不擅長的殖民地統治，由道地的殖民統治專家——歐洲列強——接手過去，這段期間在阿拉伯各地發生的民族主義運動則遭列強以武力鎮壓。

另一方面，自一八八〇年左右起，猶太人便陸續從俄羅斯等歐洲諸國移民至巴勒斯坦。第一次世界大戰結束以前，據說已有六萬名的猶太移民遷居該地。英國以一種與《胡賽因—麥克馬洪協定》相互矛盾的形式給予猶太人興建國家的承諾（《巴福宣言》〔*Balfour Declaration*〕），更成為猶太人進一步大舉移民的誘因（一九一七年）。英國無視於移民現況與當地社會所做出來的承諾，成為巴勒斯坦今日懸而未決的問題起點。

◎鄂圖曼帝國的記憶

一九二二年，凱末爾所領導的土耳其大國民議會決定將蘇丹制與哈里發制一分為二，蘇丹政權就此崩潰，鄂圖曼帝國滅亡，哈里發之位也在一九二四年廢除。鄂圖曼王室成員遭土耳其共和國政權驅逐海外，分散在歐洲諸國及印度等地；一九七四年以前，土耳其政府甚至不准王室男子入境。一名傳聞是阿布杜勒哈密德二世之孫、繼承奧斯曼當家之位的人物，後來在巴黎的墓園裡工作，而他於一九九四年逝於尼斯的消息，也曾在土耳其報章引來不少討論。但這些消息的熱議，多半不過是現代土耳其人對那些生活在海外的鄂圖曼王室末裔心生好奇所產生的現象。如今鄂圖曼王室只是一個充滿懷舊的話題而已，對土耳其民族主義國家的土耳其人來說，他們的存在顯得突兀又奇特。

鄂圖曼帝國的過往早已遙不可及，但在政治的各種場面上利用鄂圖曼帝國的歷史背景來借題發揮的行為卻從未停歇。例如，當初土耳其共和國加入歐盟時，在政治家進行評論或發表贊成與否的宣傳活動上，將土耳其與曾為歐洲一大威脅的鄂圖曼帝國畫上等號早已成為慣用手法。同時，不只是土耳其，凡是從鄂圖曼帝國誕生的各個國家，現在也仍然活在「民族時代」之下。而且正因為「民族時代」所面臨的問題錯綜複雜，使得鄂圖曼帝國至今依舊被迫扮演著始作俑者的角色。

至於以前屬於鄂圖曼帝國統治的地區，在今天民族紛爭依舊層出不窮的情況下，就不用再多做說明了。諸如巴爾幹地區舊南斯拉夫各地的紛爭（尤其是波士尼亞或科索沃等地的紛爭）、土耳其與伊拉克的「庫德人」問題、黎巴嫩的教派對立等等，都只是問題的冰山一角。如前所述，看不見解決出口的巴勒斯坦問題，也是始於鄂圖曼帝國時期。想要在不可能以單一教派或民族構成國家的舊鄂圖曼帝國範圍內打造一個本質均等的民族國家幻想，時至今日依舊不斷散播著不幸的種子。

將現在的問題根源，往前追溯到始於十四世紀、終於十八世紀末的鄂圖曼帝國的傳統體制，然後做出通盤徹底的理解，無疑是重要且不可或缺的工作。畢竟，在人口構成、社會結構、統治傳統及文化交流等各面向，過去的種種理當會影響現在的發展。但是，絕不能將之用來當作強化近代各民族立場的道具，因為前近代鄂圖曼帝國，是一個與民族概念扯不上關係的國家。正因為鄂圖曼帝國的歷史長久以來一直被後繼諸國的民族國家利用來發展本國的民族主義，所以在這方面我們必須更加小心謹慎——如何使鄂圖曼帝國不受近代民族主義所束縛，以其本身的價值尋求歷史定位，依然是一項艱鉅的任務。

與此同時，活在「民族時代」之中的現代巴爾幹、安那托利亞和中東一帶的人民是鄂圖曼帝國後代子孫，則是毋庸置疑的事實。假設過去的記憶真的具有創造「未來」的力量，那麼巴爾幹、安那托利亞、中東地區的人們以往所共同擁有的鄂圖曼帝國的記憶，絕非毫無意義。他們共享的時間橫跨了五百年。筆者衷心期盼，未來的某一日，這個事實能夠成為巴爾幹、安那托利亞、中東民眾引以為傲的共同記憶傳承下去。

1 「阿拉伯諸國體制」，是出自日本伊斯蘭研究學者板垣雄三的用語，指稱一戰至二戰期間，列強以帝國主義支配的架構，替中東各國畫分國界的一套系統，亦稱「中東諸國體制」。

學術文庫本後記

本書為二〇〇八年發行之《鄂圖曼帝國五百年的和平》的文庫本。文庫本的內容雖有部分細節加以更動，但基本上與二〇〇八年的精裝版本相同。這段時間內，各界已發表了諸多研究成果，但遺憾的是筆者無法即刻反映在本書中，還望日後能有其他機會再向讀者報告。此外，卷尾的參考文獻僅列出二〇〇八年後以日文出版的該領域專業書籍。

本書於二〇〇八年出版後，筆者收到來自各界的感想及問題。「五百年指的是從哪一年到哪一年？」便是其中一個問題。本書原本是以十四、十五、十六、十七、十八世紀這五百年為主軸執筆寫作，文中提到的「不屬於任何人的國家」鄂圖曼帝國，在十九世紀初民族主義時代到來之前就結束了。接下來的十九世紀，是屬於民族主義時代的近代鄂圖曼帝國，可視作另一個體制，以另一種「國家」來看待它的歷史軌跡，此乃筆者的個人見解。

近代鄂圖曼帝國是國祚持續了五百年的鄂圖曼帝國亡國後的眾多繼承國家之一。當然，在思考今日懸而未決的巴爾幹、中東地區問題時，作為探討的出發點，我們必須深入理解鄂圖曼帝國與近代鄂圖曼帝國。但從鄂圖曼帝國的角度切入當下這些區域的國家時，做為最基本的原則，必須有意識地清楚界定，我們究竟是在講述哪一個時代的鄂圖曼帝國。

本書中定義的五百年以十六世紀末發生的變化為界，區分成前後兩大時期。一般而言，前半段歷史較為大眾耳熟能詳，亦時常出現在高中歷史課本中，不過本書將重點放在後半段，此一較不為人所知的時代。B. Tezcan在二〇一〇年出版的研究書籍《第二鄂圖曼帝國》（*The Second Ottomon Empire*）一書中，也曾主張我們在理解鄂圖曼帝國時，應該強調後半段時期在世界歷史上的重要性。但若想要清楚扼要地說明後半段的歷史，仍存在一定的難度，因為支撐起帝國後半時期的稅收承包制及錄用制度，依舊有著諸多不明之處。分析鄂圖曼官僚機構分工明細背後的龐大系統，以及了解生活在其中人們所共有的文化，仍是今後研究的重要課題。

順帶一提，筆者在文庫本預計出版前，曾重讀了一遍精裝本的內容。當時筆者在卷尾寫下的小小願望，今天別說是實現，反而變得越來越不切實際，讓筆者深感遺憾。二〇〇八年距今不過短短八年，中東地區所發生的種種事情實在太過慘烈。二〇一〇年發生在中東各地的「阿拉伯之春」運動的失敗、敘利亞和伊拉克等地的動亂、打著「新鄂圖曼主義」土耳其外交的觸礁、IS（所謂的「伊斯蘭國」）的出現以及庫德族問題等，無不是錯綜複雜的棘手問題。現在，敘利亞難民四處顛沛流離，逃向鄰近富饒的歐洲，他們的背後緊跟著死神的陰影。同時，歐洲各地的穆斯林也變得越來越難以生存。這段期間所犧牲的生命和被破壞的歷史遺跡不計其數。

這樣的混亂，當然與遙遠的鄂圖曼帝國毫無關聯，而是長久累積下來的社會矛盾，以及日本也參與其中的現代國際關係角力相爭所帶來的後果。雖然生活在現代的我們，能向從前鄂圖曼帝國的共榮體制直接學習的東西並不多，但正是在這樣嚴峻的狀態下，才能看出其珍貴性。我們正處在巨變的洪流中，筆者衷心期盼和平及新秩序誕生的那一天早日到來。

二〇一六年四月十日
林佳世子

大法官（mufti）

宗教學者擔任之職位，針對生活及宗教上的各種疑問，依照伊斯蘭法做出司法判例（fatwā）。

被管理階層（reaya）

指農民、遊牧民、工匠、商人等負有納稅義務的鄂圖曼人民，與管理階層（askeri）為相反概念。

宗教基金（vakıf）

伊斯蘭的宗教捐獻制度，同時亦指信徒捐獻的財產。

部門（divan）
一，會議，尤指御前會議。二，詩集。

童子充軍（devşirme）
主要在巴爾幹農村不定期舉辦的常備軍士兵的強制徵收。

帕夏（Paşa）
鄂圖曼帝國對軍人的尊稱。

後宮（harem）
由妻子等組成家族成員的名稱，同時在住宅方面，指後宮成員平日生活起居的空間。在鄂圖曼王室，後宮位在宮殿一隅，宮中住有蘇丹的母后（Valide Sultan）、替蘇丹誕下王子的女性（哈瑟奇〔Haseki〕）、其他女性、王子、黑人宦官等人。自15世紀以後，奧斯曼家族的蘇丹不再與鄰近諸國締結政治婚姻，於是，奧斯曼家族後宮變成主要由來自巴爾幹或高加索地方等地具奴隸身分的女性所組成。蘇丹交替時，慣例上，舊蘇丹的後宮成員必須遷居他處，搬至舊宮殿（Eski Saray）居住。

齊米（Dhimmī）
非穆斯林。伊斯蘭法中，與穆斯林做區別之基督教徒、猶太教徒，負有繳納丁稅的義務。

行政法典（qānūn-nāmeh）
法令集。為了方便執行蘇丹所制定之法律而適當彙整的書冊。蘇丹法與伊斯蘭法並存，一般稱作世俗法、制定法。16世紀有各方面集成，諸如以縣為單位根據課稅調查製作的地方法令集、涉及國家治理的統治法令集等等。唯，整體來看，不具備一完整體系。

伊斯蘭經學院（madrasa）
高等學校，主要推行法學教育。

社群制度（millet）
鄂圖曼帝國依希臘正教會及亞美尼亞教會等宗教派系單位，掌握非穆斯林情況的制度。18世紀中葉隨著希臘正教會推行中央集權體制而成立。

Sultan」。

蘇丹哈里發

此為鄂圖曼帝國蘇丹同時身兼哈里發身分的論點。16 世紀，成為伊斯蘭世界霸主的鄂圖曼帝國，雖然有潛力也有實力做此聲明，但具體提出「哈里發」稱號的，據說是始於 18 世紀末的阿布杜勒哈密德一世。19 世紀末，在阿布杜勒哈密德二世時期，用於宣傳泛伊斯蘭主義。

屬國

擁有世襲首長，必須對鄂圖曼帝國繳納貢金，屬於接受間接支配的國家。

大宰相（Sadr-ı Azam）

位居眾宰相之首，蘇丹的全權代理人。就任時，受賜刻有蘇丹花押（tuğra）之符璽，以蘇丹代理身分主導御前會議。15 世紀後半以後，多指派軍官擔任。

地方法官

宗教學者任職的司法職位。主導地方法庭，郡（ḳażā）之行政單位首長，負責司法、行政等事宜。

稅收承包制

將課稅所得稅收的作業委託特定個人，並命其預先繳納部分稅收的制度。在鄂圖曼帝國，初期是用於徵收礦山及關稅的稅金，到了 16 世紀末，其範圍擴大至一般農村整體。17 世末，稅收承包的終身契約獲政府許可，成為首都與地方兩地產生社會變遷的主要原因。

課稅調查

稅收帳本（tahrir defterleri）。15、16 世紀針對實施提馬爾制地區進行的納稅戶口調查。課稅調查帳本主要調查村中戶數、農產作物、納稅慣例等，並根據帳本資料，將提馬爾授予西帕希騎兵，乃了解當時鄂圖曼帝國社會的珍貴歷史資料。

分封制（timar）

將徵收農村稅金的課稅權分給西帕希騎兵作為交換，要求他們履行服役的制度。

御前會議（divan-ı hümayun）
相當於鄂圖曼帝國內閣會議，由大宰相主導。17 世紀以前，慣例在托卡比皇宮外廷開會。

西帕希騎兵（Sipahi）
在提馬爾制度之下，以授予提馬爾換取報酬而任職軍務的騎兵。自行備馬及武器等前往戰場，受縣軍政官及州軍政官等人指揮，組成西帕希騎兵軍隊。平時擔任村長，向農民徵收稅金。

伊斯蘭導師（Şeyẖülislām）
直譯為「伊斯蘭長老」。原指鄂圖曼帝國首都伊斯坦堡中的穆夫提（mufti），自 16 世紀中葉以後，職等超過軍事法官，成為宗教學者的最高職位。伊斯蘭導師定出的法源判斷經常為政治目的所利用。

傑拉里（Celali）
在安那托利亞引起叛亂的軍人、遊牧民、農民等諸勢力的總稱。

州軍政官
稱貝勒貝伊（beylerbey）或省長（wāli）。負責鄂圖曼帝國直轄區各州的軍事與行政業務。17 世紀以後，其行政職責變得尤為重要。

人丁稅（cizye）
根據伊斯蘭法，規定非穆斯林繳納的稅金。17 世紀以前是以團體為單位徵收，並委託各宗教團體進行分配。

蘇非主義教團
本團體主要信奉聖者及其血統，且會舉行各種宗教儀式。多半以特克（tekke，音譯）、扎維亞（zāwiya，音譯）等修道場為集會地點，擁有豐富的宗教捐獻財產。

蘇丹（Sultan）
鄂圖曼帝國君主的頭銜。自鄂圖曼帝國開始成為一般通稱君主的普通名詞，本書中亦僅限該定義使用。不過，蘇丹一詞以前也會用來尊稱君主以外、包含軍官及女性等在內的王公貴族。例如，蘇里曼一世之妻許蕾姆妃的原文為「Hürrem Sultan」（許蕾姆蘇丹），蘇丹的母后（皇太后）為「Valide

釋，成為歐洲列強經濟入侵的依據。

蘇丹僕人（kapıkulu）
透過少年充軍及其他方法徵收，後被分配為蘇丹所用的軍人。

宦官
在蘇丹宮廷及其他富裕階層府邸服侍的已去勢男性。在鄂圖曼宮廷，有負責教育管理內侍的白人宦官及打理後宮女性起居的黑人宦官。其中的黑人宦官長，身為蘇丹個人的親信，握有極大權限。

「誅殺兄弟」
為了防範繼位爭奪於未然，新即位的蘇丹有誅殺其他在世兄弟（甚至牽連其家族）的慣例。1603 年阿何密一世即位時未予以執行，自此以後此習慣就此消失。

紅帽軍（Qizilbash）
伊朗薩法維王朝的遊牧民兵，以及與其產生共鳴的安那托利亞遊牧民，因其頭飾之故而被世人稱作紅頭（紅帽）。

軍事法官（Kazasker）
宗教學者所擔任的法官之最高位階，亦能出席御前會議。

縣軍政官／縣令（Sancakbeyi）
在州軍政官之下，掌管縣（sancak）的軍事、行政業務的軍官。16 世紀末以前，蘇丹的眾多王子也會任此職位，累積治理經驗。

公國（Beylik）
突厥裔遊牧民勢力移居安那托利亞後誕生的小國家。

內侍（iç oğlan）
宮中童僕。蘇丹僕人中，在蘇丹宮廷接受教育的菁英候補。負責打理蘇丹個人的大小事宜，有時甚至與諸位王子一起受訓。內侍的最高位階，有持刀護衛（silahdâr）或私室長（hâs-odabaşı）。成長成青年後便會出宮，被指派擔任軍人各項職位。

鄂圖曼帝國用語集

地方望族（âyân）
在城市及農村具有影響力的在地有權人士。特別指 18 世紀，因稅收承包制普及而隨之取得政府官職授予、更透過集結土地而興起的地方名士階層。

輕騎兵（akıncı）
參加掠奪戰的軍人，主要活躍在鄂圖曼帝國初期，以戰利品收入維生。

管理階層（askeri）
鄂圖曼帝國的統治階層，由軍人、宗教學者官僚、書記官僚這三大職業組成。因服侍蘇丹而取得免稅特權，與被管理階層（reaya）為相對的概念。

新軍（Janissaries）
誕生於 14 世紀後半葉的常備步兵。15、16 世紀，備有火器的武裝設備，構成少數的精銳近衛部隊，鞏固蘇丹政權。17、18 世紀開始駐紮地方城市，其身分也開始出現世襲、在地化的趨勢，最後慢慢融入城市裡的被統治階層，成為為民喉舌的代表。1826 年廢除。

宗教學者（ulamā）
伊斯蘭知識分子。在鄂圖曼帝國受制定的伊斯蘭經學堂接受教育，而以官僚身分活躍於司法界、教育界。

先生（Efendi）
對鄂圖曼帝國宗教學者及書記官僚等人的尊稱。

加齊（gâzî）
聖戰騎兵。原本意指推廣伊斯蘭教的聖戰（ġazwah）戰士，不過鄂圖曼帝國初期亦用以指稱掠奪戰的參與者。

通商特權（capitulation）
16 世紀以來，鄂圖曼政府施予歐洲諸國通商上的特權。18 世紀以後遭擴大解

Peçevi İbrahim Efendi, *Tarîh-i Peçevî*, Enderun Kitabevi, 1980.
M.Şeker, *Gelibolulu Mustafa 'Alî ve Mevâ'idü'n-nefâis Fî-kavâ'idi'l-Mecâlis*. Türk Tarih Kurumu, 1997.

◎第 7 章

A. F. Bilkan, *Nābi Divanı* II. Milli Eğitim Bakanlığı, 1997.
Abdülbâki Gölpınarlı (haz), *Nedim Divanı* İnkılâp Kitabevi, 2004.

◎第 8 章

Vraça'lı Sofroni, *Osmanlı'da Bir Papaz: Günahkâr Sofroni'nin Çileli Hayat Hikâyesi 1739-1813*, Kitap Yayınevi, 2003.

Middle East, Columbia Univ. Press, 1996.

※ 以下為本文中引文之主要資料 ※

◎第 1 章

・イブン・バットゥータ『大旅行記 3』家島彦一譯注 平凡社東洋文庫 1998

Aşık Paşazâde, *Omanoğulari 'nin Tarihi*, K.Yavuz & M.A.Y. Saraç haz., Istanbul, 2003.

◎第 2 章

H. Înalcik haz., *Hicrî 835 Tarihli Sûret-i Defter-i Sancak-i Arvanid*, Türk Tarih Kurumu, 1954.

◎第 4 章

O. G. de Busbecq, *The Turkish Letters of Ogier Ghiselin de Busbecq*, E. S. Forster tr., Louisiana State Univ. Press, 2005 (reprint).

Hayretî, *Dîvan*, M. Çavuşoğlu & M. A. Tanyeri haz., İstanbul Üniv. Edebiyat Fakültesi Yayınları, 1981.

M. Çavuşoğlu, "16. Yüzyılda Yaşamış Bir Kadın Şair, Nisâyî," *Tarih Enstitüsü Dergisi* No. 9, 1978.

A. A. Şentürk, *Osmanlı Şiiri Antolojisi*, Yapı Kredi Yayınları, 1999.

Ş. Turan, "Şehzade Bayezid'in, Babası Kanuni Sultan Süleyman'a Gönderdiği Mektuplar," *Tarih Vesikaları*, No. 1, 1955.

◎第 5 章

Y. Yücel, *Osmanlı Devlet Teşkilâtına dair Kaynaklar*, Türk Tarih Kurumu, 1988.

Tarih-i Selânikî. M. İpşirli (haz.), Türk Tarih Kurumu, 1989.

Şentürk, *ibid.*

・清水保尚「16 世紀待つオスマン朝におけるムカーターの監理・運営に関する一考察」『アジア・アフリカ言語文化研究』58 号、1999

◎第 6 章

Evliyâ Çelebi Seyahatnâmesi: V. Kitap, Y. Dağlı, S. A. Kahraman ve İ. Sezgin (haz.), Yapı Kredi Yayınları, 2001.

Başbakanlık Osmanlı Arşivi, Tapu Tahrir Defterleri no. 1040.

Lady Mary Wortley Montagu, *The Turkish Embassy Letters*, Virago, 1994 (reprint).

Ö. L. Barkan & E. H. Ayverdi (haz.), *İstanbul Vakıfları Tahrîr Defteri : 953 (1546) Târîhli*, İstanbul Fetih Cemiyeti, 1970.

Abdülkadir Karahan (haz.), *Nef'î Divanı*, Ankara, 1986 (reprint).

Şentürk, *ibid.*

• W. G. Andrews, N. Black & M. Kalpaklı ed. and tr., *Ottoman Lyric Poetry: An Anthology*, Univ. of Texas Press, 1997.
• S. Faroqhi, *The Ottoman Empire and the World Around It*, I. B. Tauris, 2004.
• S. Faroghi, *Subjects of the Sultan: Culture and Daily Life in the Ottoman Empire*, I. B. Tauris, 2000.
• R. Dankoff, *An Ottoman Mentality: The World of Evliya Çelebi*, Brill, 2004.
• E. Yi, *Guild Dynamics in Seventeenth-Century Istanbul: Fluidity and Leverage*, Brill, 2004.
• Y. Nagata, *Tarihte Ayânlar: Karaosmanoğulları üzerinde bir Inceleme*, Türk Tarih Kurumu, 1997.

◎關於女性

• P. Leslie, *The Imperial Harem: Women and Sovereignty in the Ottoman Empire*, Oxford Univ. Press, 1993.
• L. Thys-Şenocak, *Ottoman Women Builders: The Architectural Patronage of Hadice Turhan Sultan*, Ashgate Pub. Co., 2006.
• M. C. Zilfi ed., *Women in the Ottoman Empire: Middle Eastern Women in the Early Modern Era*, Brill, 1997.
• C. K. Neumann & S. Faroqhi eds., *Ottoman Costumes: From Textile to Identity*, Eren, 2004.

◎關於近代鄂圖曼帝國及其遺產

• 秋葉淳・橋本伸也編『近代・イスラームの教育社会史—オスマン帝国からの展望』（叢書・比較教育社会史）昭和堂 2014
• 新井政美『トルコ近現代史』みすず書房 2001
• 新井政美『オスマン帝国はなぜ崩壊したのか』青土社 2009
• 佐々木紳『オスマン憲政への道』東京大学出版会 2014
• 藤波伸嘉『オスマン帝国と立憲政—青年トルコ革命における政治、宗教、共同体』名古屋大学出版会 2011
• R. Kasaba ed., *Turkey in the Modern World* (The Cambridge History of Turkey, Vol. 4), Cambridge Univ. Press, 2008.
• M. Ş. Hanioğlu, *A Brief History of the Late Ottoman Empire*, Princeton Univ. Press, 2008.
• S. J. Shaw, *Between Old and New: The Ottoman Empire under Sultan Selim III, 1789-1807*, Harvard Univ. Press, 1971.
• D. Quataert, *Ottoman Manufacturing in the Age of the Industrial Revolution*, Cambridge Univ. Press, 1993.
• L. C. Brown ed., *Imperial Legacy: The Ottoman Imprint on the Balkans and the*

◎涉及後期鄂圖曼帝國統治階層之研究
• 永田雄三『前近代トルコの地方名士—カラオスマンオウル家の研究』刀水書房 2009
• C. H. Fleischer, *Bureaucrat and Intellectual in the Ottoman Empire: The Historian Mustafa Ali (1541-1600)*, Princeton Univ. Press, 1986.
• I. M. Kunt, *The Sultan's Servants: The Transformation of Ottoman Provincial Government, 1550-1650*, Columbia Univ. Press, 1983.
• Rifa'at Abou El-Haj, *Formation of the Modern State: The Ottoman Empire, Sixteenth to Eighteenth Centuries*, State Univ. of New York Press, 1991.
• G. Piterberg, *An Ottoman Tragedy : History and Historiography at Play*, Univ. of California Press, 2003.
• M. C. Zilfi, *The Politics of Piety: The Ottoman Ulema in the Postclassical Age (1600-1800)*, Bibliotheca Islamica, Minneapolis, 1988.
• C. Findley, *Bureaucratic Reform in the Ottoman Empire: The Sublime Porte, 1789-1922*, Princeton Univ. Press, 1980.

◎關於稅制及其所造成的社會變遷
• L. T. Darling, *Revenue-Raising and Legitimacy, Tax Collection and Finance Administration in the Ottoman Empire, 1560-1660*, Brill, 1996
• A. Salzmann, *Tocqueville in the Ottoman Empire: Rival Paths to the Modern State*, Brill, 2003.

◎關於軍事體制
• R. Murphy, *Ottoman Warfare, 1500-1700*, Rutgers Univ. Press, 1999.
• V. H. Aksan, *Ottoman Wars 1700-1870*, Pearson Longman, 2007.
• G. Ágoston, *Guns for the Sultan: Military Power and the Weapons Industry in the Ottoman Empire*, Cambridge Univ. Press, 2005.
• M. L. Stein, *Guarding the Frontier: Ottoman Border Forts and Garrisons in Europe*, I. B. Tauris, 2007

◎關於文化及社會結構
• 坂本勉『イスタンブル交易圏とイラン—世界経済における近代中東の交易ネットワーク』慶應義塾大学出版会 2015
• 澤井一彰「オスマン朝の食糧危機と穀物供給— 16 世紀後半の東地中海世界」山川出版社 2015
• W. G. Andrews and M. Kalpakli, *The Age of Beloveds, Love and the Beloved in Early-Modern Ottoman and European Culture and Society*, Duke Univ. Press, 2005.

◎關於鄂圖曼國家早期歷史

- 小笠原弘幸『イスラーム世界における王朝起源論の生成と変容—古典期オスマン帝国の系譜伝承をめぐって』刀水書房 2014
- C. Imber, *The Ottoman Empire, 1300-1481*, Isis, 1990.
- C. Kafadar, *Between Two Worlds: The Construction of the Ottoman State*, Univ. of California Press, 1995.
- H. Lowry, *The Nature of the Early Ottoman State*, State Univ. of New York Press, 2003.
- R. P. Lindner, *Explorations in Ottoman Prehistory*, Univ. of Michigan Press, 2007.
- E. A. Zachariadou ed., *The Via Egnatia under Ottoman Rule (1380-1699)*, Crete Univ. Press, 1996.

◎關於 15、16 世紀前期鄂圖曼帝國整體面向

- H. Inalcık, *The Ottoman Empire, The Classical Age*, Praeger Publishers, 1973.
- H. Inalcık & D. Quataert ed., *An Economic and Social History of the Ottoman Empire*, Vol. 1: 1300-1600, Cambridge Univ. Press, 1997 (first published in 1994).
- H. Inalcık & C. Kafadar eds., *Süleyman the Second and his Time*, Isis, 1993.
- M. Greene, *A Shared World: Christians and Muslims in the Early Modern Mediterranean*, Princeton Univ. Press, 2000.
- G. Necipoğlu, *Architecture, Ceremonial and Power: The Topkapi Palace in the Fifteenth and Sixteenth Centuries*, Architectural History Foundation (New York), 1991.

◎關於 17、18 世紀後期鄂圖曼帝國整體面向

- 鈴木董『オスマン帝国の権力とエリート』東京大学出版社 1993
- S. Faroqhi ed., *The Later Ottoman Empire, 1603-1839*, (The Cambridge History of Turkey, Vol. 3) Cambridge Univ. Press, 2006.
- H. Inalcık & D. Quataert ed., *An Economic and Social History of the Ottoman Empire*, Vol. 2: 1600-1914. Cambridge Univ. Press, 1997 (first published in 1994).
- V. H. Aksan & D. Goffman eds., *The Early Modern Ottomans: Remapping the Empire*, Cambridge Univ. Press, 2007.
- B. Tezcan & K. K. Barbir eds., *Identity and Identity Formation in the Ottoman World*, The Univ. of Wisconsin Press, 2007.
- D. Sajdi ed., *Ottoman Tulips, Ottoman Coffee: Leisure and Lifestyle in the Eighteenth Century*, I. B. Tauris, 2007.

◎關於鄂圖曼帝國的巴爾幹地區

- 柴宜弘編『バルカン史』（新版世界各国史 18）山川出版社 1998
- 井上浩一・栗生沢猛夫『ビザンツとスラヴ』（世界の歴史 11）中央公論社 1998
- 河野淳『ハプスブルクとオスマン帝国—歴史を変えた〈政治〉の発明』講談社選書メチエ 471 2010
- 佐原徹哉『近代バルカン都市社会史—多元主義空間における宗教とエスニシティ』刀水書房 2003
- B. McGowan, *Economic Life in Ottoman Europe*, Cambridge Univ. Press, 1981.
- F. Adanir & S. Faroqhi eds., *The Ottomans and the Balkans: A Discussion of Historiography*, Brill, 2002.
- A. Minkov, *Conversion to Islam in the Balkans: Kisve Bahası Petitions and Ottoman Social Life, 1670-1730*, Brill, 2004.

◎關於鄂圖曼帝國的阿拉伯地區

- 佐藤次高編『西アジア史 I アラブ』（新版世界各国史 8）山川出版社 2002
- M. W. Daly ed., *Modern Egypt, from 1517 to the End of the Twentieth Century* (The Cambridge History of Egypt Vol. 2), Cambridge Univ. Press, 1998.
- J. Hathaway, *The Politics of Households in Ottoman Egypt: The Rise of the Qazdağlıs*, Cambridge Univ. Press, 1997.
- J. Hathaway, *The Arab Lands under Ottoman Rule, 1516-1800*, Pearson Longman, 2008.
- D. R. Khoury, *State and Provincial Society in the Ottoman Empire: Mosul, 1540-1834*, Cambridge Univ. Press, 1997.

◎鄂圖曼帝國史的研究入門書籍及通史專業書籍

- C. Finkel, *Osman's Dream: The Story of the Ottoman Empire, 1300-1923*, J. Murray, 2005.
- C. Imber, *The Ottoman Empire, 1300-1650: The Structure of Power*, Palgrave Macmillan, 2002.
- Ş. Pamuk, *A Monetary History of the Ottoman Empire*, Cambridge Univ. Press, 2000.
- S. Faroqhi, *Approaching Ottoman History: An Introduction to the Sources*, Cambridge Univ. Press, 1999.
- D. Quataert, *The Ottoman Empire, 1700-1922*, Cambridge Univ. Press, 2002.
- B. Tezcan, *The Second Ottoman Empire: Political and Social Transformation in the Early Modern World*, Cambridge Univ. Press, 2010.

參考文獻

僅列出近年以日文或英文發行的主要書籍。

◎掌握鄂圖曼帝國通史及全貌

- 永田雄二編『西アジア史 II イラン・トルコ』(新版世界各国史 9)山川出版社 2002
- 永田雄三・羽田正『成熟のイスラーム社会』(世界の歴史 15)中公文庫 2008
- 鈴木董『オスマン帝国―イスラム世界の「柔らかい専制」』講談社現代新書 1992
- 新井政美『オスマン vs. ヨーロッパ―〈トルコの脅威〉とは何だったのか』講談社選書メチエ 237 2002
- 林佳世子『オスマン帝国の時代』(世界史リブレット 19)山川出版社 1997

◎涉及鄂圖曼帝國的特色及文化各個面向、特定時代

- アンドレ・クロー『スレイマン大帝とその時代』濱田正美譯 法政大学出版局 1992
- 鈴木董『図説　イスタンブル歴史散歩』河出書房新社 1993
- 鈴木董編『オスマン帝国史の諸相』山川出版社 2012
- 永田雄三・江川ひかり『世紀末イスタンブルの演劇空間―都市社会史の視点から』白帝社 2015
- 野中恵子『世界遺産 イスタンブール歴史の旅』小学館 2002
- テレーズ・ビタール『オスマン帝国の栄光』(「知の再発見」双書 51)鈴木董監製、富樫櫻子譯 創元社 1995

◎關於鄂圖曼帝國以前的安那托利亞及巴爾幹

- 根津由喜夫『ビザンツ―幻影の世界帝国』講談社選書メチエ 154 1999
- ジョナサン・ハリス『ビザンツ帝国の最期』井上浩一譯 白水社 2013
- S. Vryonis, Jr., *The Decline of Medieval Hellenism in Asia Minor and the Process of Islamization from the Eleventh through the Fifteenth Century*, Univ. of California Press, 1971.
- M. Hendy, *Studies in the Byzantine Monetary Economy c. 300 - 1450*, Cambridge Univ. Press, 1985.
- D. M. Nicol, *The Last Centuries of Byzantium, 1261-1453*, Cambridge Univ. Press, 1993 (2nd ed.).

西曆	鄂圖曼帝國相關事蹟	日本及世界
1908年	「突厥青年」革命。第二次推行憲政。奧地利合併波士尼亞與赫塞哥維納。保加利亞獨立。希臘吞併克里特島。	
1911年	義大利占領利比亞而引發義土戰爭。	
1912年	第一次巴爾幹戰爭；同年，阿爾巴尼亞獨立。	中華民國成立。
1914年	第一次世界大戰（～1918），鄂圖曼帝國與保加利亞加入同盟國。	
1915年	因《亞美尼亞人迫遷令》，安那托利亞的亞美尼亞人遭受巨大的非人道迫害。	
1916年	英法等國簽訂《賽克斯—皮科協定》。	
1917年		俄羅斯革命。
1918年	塞爾維亞人—克羅埃西亞人—斯洛維尼亞人王國建立。	
1919年		巴黎和會，成立國際聯盟。
1920年	聯軍攻占伊斯坦堡。簽訂《塞弗勒條約》。根據聖雷摩會議，決定巴勒斯坦與伊拉克由英國委任統治，黎巴嫩與敘利亞則由法國委任統治。	
1921年	伊本·沙烏地家族統治阿拉伯半島。	
1922年	鄂圖曼帝國亡國。英國發表《埃及獨立宣言》。	
1923年	《洛桑條約》。在洛桑會議上達成希臘與土耳其兩地間的居民交換協定。土耳其共和國建國。	關東大地震。
1924年	廢止哈里發制度。	

西曆	鄂圖曼帝國相關事蹟	日本及世界
1818年	穆罕默德·阿里軍鎮壓瓦哈比派。	
1821年	希臘各地發生叛變。	
1822年	鄂圖曼政府軍殺害特佩德蘭利·阿里·帕夏。	
1825年	穆罕默德·阿里出兵希臘。	
1826年	廢止新軍，另行編制西方體系的穆罕默德常勝軍。	
1828年	第四次俄土戰爭（～1829年）。	
1829年	與俄羅斯簽署《愛第尼條約》，承認希臘獨立，塞爾維亞成為自治公國。摩爾多瓦和瓦拉幾亞取得自治權。	
1830年	希臘獨立獲國際承認，1832年建立王國。法國征服阿爾及利亞。	
1831年	穆罕默德·阿里征服敘利亞地方。	
1835年	鄂圖曼帝國將利比亞列入直接統治地區。	
1837年		英國維多利亞女王即位。
1838年	與英國簽訂《巴塔里曼通商條約》。	
1839年	穆罕默德·阿里再次進軍安那托利亞。同年馬木德二世去世。阿布杜勒麥吉德一世在位期間頒布《居爾哈尼文告》。	
1840年	四國簽訂《倫敦條約》，承認穆罕默德·阿里在鄂圖曼帝國宗主權之下取得世襲統治埃及的權力。	鴉片戰爭（～1842年）。
1843年	鄂圖曼帝國直接統治黎巴嫩山岳地帶。	
1853年	克里米亞戰爭（～1856年）	
1856年	政府頒布《改革文告》。	
1861年		美國爆發南北戰爭（～1865年）。
1876年	阿布杜勒哈密德二世即位，頒布米德哈憲法，翌年開始推行憲政制度。	
1877年	第五次俄土戰爭（～1878年）。	日本西南戰爭。
1878年	中止憲法。阿布杜勒哈密德二世專制政治起步。簽訂《柏林條約》。塞爾維亞、蒙特內哥羅、羅馬尼亞獨立。保加利亞建立自治公國。	
1880年左右	猶太人開始移居巴勒斯坦。	
1881年	法國吞併突尼西亞。	
1889年	「突厥青年」展開活動。	
1904年		日俄戰爭（～1905年）。

西曆	鄂圖曼帝國相關事蹟	日本及世界
1718年	據《帕薩羅維茲條約》，喪失貝爾格勒周邊領土；達瑪德・伊柏拉罕・帕夏就任大宰相。	
1722年	薩達巴德離宮完竣，日夜笙歌，迎來所謂的鬱金香時期。	
1724年	伊朗戰役。薩法維朝滅亡後，與阿富汗奈迪爾沙阿軍隊交戰（～1746年）。	
1728年	伊柏拉罕・繆特菲利卡設立印刷廠。	
1730年	帕特羅納・哈里爾叛亂。同年詩人內丁去世。	
1730年左右	埃及卡茲達格里耶勢力崛起。	
1732年		北美建立十三州殖民地。
1739年	藉《貝爾格勒條約》奪回貝爾格勒。	
1740年	法國取得改版的通商特權。	
1760年左右	鄂圖曼政府正式策動地方望族控制計劃。	
1768年	第一次俄土戰爭（～1774年）。	
1770年	切希美海戰遭俄羅斯艦隊擊潰。	
1774年	簽訂《庫楚克—凱納爾吉條約》。	
1776年		美國獨立宣言。
1783年	克里米亞汗國被俄羅斯併吞。	
1787年	第二次俄土戰爭（～1792年）。於《雅夕和約》中承認俄羅斯合併克里米亞汗國。	
1789年	謝利姆三世即位。	法國大革命。
1793年	設立西歐體系的新秩序軍。	
1798年	拿破崙占據埃及（～1801年）	
1802年	破壞瓦哈比派、南伊拉克什葉派的聖地，翌年統治麥加。	
1804年	第一次塞爾維亞起義。	
1805年	穆罕默德・阿里晉升埃及總督。	特拉法加海戰，英國獲勝。
1806年	第三次俄土戰爭（～1812年）。	
1807年	謝利姆三世遭廢黜，不久後被殺害。	英國廢止奴隸貿易。
1808年	馬木德二世即位，與原為地方望族的大宰相阿朗達爾・穆斯塔法・帕夏簽訂《同盟誓約》，但不久後大宰相遇害。	
1811年	穆罕默德・阿里編制西歐體系軍隊。	
1813年		拿破崙在萊比錫戰役中戰敗。
1815年	第二次塞爾維亞起義（塞爾維亞建立自治公國）。	

西曆	鄂圖曼帝國相關事蹟	日本及世界
1575年		日本長篠之戰。
1578年	與薩法維朝之間爆發爭奪高加索與亞塞拜然之戰（～1590年），曾一度占領高加索及亞塞拜然，完成東方領土最大的創舉。	
1587年	薩法維朝阿拔斯一世即位，依序奪回高加索與亞塞拜然。	
1588年		英國攻破西班牙無敵艦隊。
1589年	反對貨幣重鑄的常備軍發動叛變。	
1593年	與奧地利哈布斯堡家族爆發「長期戰爭」（～1606年，雙方於吉托瓦托洛克議和）。	
1590年代	實施財政改革各項政策；安那托利亞發生卡拉·亞茲苢之亂等的傑拉里叛亂（～1608年）。	
1600年	詩人阿布都巴基去世。	日本關原之戰。
1606年	敘利亞發生居布拉特家族之亂。	
1620年		清教徒遷居北美。
1622年	新軍反叛，殺害奧斯曼二世；爆發阿巴札·梅何美特·帕夏叛變。	
1636年		後金將國號定為大清（～1912年）。
1638年	穆拉德四世遠征巴格達並再度成功征服。	
1639年	與薩法維朝簽訂《卡斯爾許林條約》。	
17世紀前半葉	蘇丹的母后等女性發言權力大增。	
1656年	庫普魯律·梅何美特·帕夏任職大宰相，致力恢復帝國秩序。	
1657年	解除威尼斯封鎖伊斯坦堡的危機。	
1660年		英國王政復辟。
1669年	征服克里特島。	
1672年	從波蘭奪得波多利亞地方，締造出鄂圖曼帝國歐洲最大版圖。	
1683年	第二次圍攻維也納失敗。	
1690年	新貨幣庫魯許流通市場。	
1695年	稅收承包的終身契約制度開始。	
1696年	俄羅斯奪得黑海內陸的亞速夫地區。	
1699年	簽訂《卡洛維茲條約》，將匈牙利、外西凡尼亞割讓給哈布斯堡家族。	
1701年		西班牙王位繼承戰爭（～1714年）。
1711年	在《普魯特條約》從俄羅斯手中奪回亞速夫。	

西曆	鄂圖曼帝國相關事蹟	日本及世界
1514年	在查爾德蘭之戰，打敗薩法維朝。	
1515年	征服安那托利亞東部與南部。	
1516年	征服敘利亞。	
1517年	征服埃及。馬木路克朝滅亡。成為麥加、麥地那統治者。	馬丁路德宗教改革。
1519年	地中海海盜海雷丁歸順鄂圖曼帝國。	
1520年	蘇雷曼一世即位。	
1521年	征服貝爾格勒。	
1522年	征服羅德島。	
1524年	埃及發生叛變，翌年公布鄂圖曼法。	
1526年	親薩法維派紅帽軍叛變。同年莫哈赤一役攻破匈牙利軍。	
1529年	圍攻維也納。	
1532年		皮薩羅征服印加帝國。
1534年	海雷丁就任海軍總督。蘇雷曼一世藉由伊朗、伊拉克遠征，征服巴格達。	
1537年	導入宗教學者的任官資格制度。	
1538年	普雷維札海戰，鄂圖曼艦隊擊潰威尼斯、西班牙聯合艦隊，並遠征印度西岸古吉拉特的第烏。	
1541年	於匈牙利實施分封制度。	
1543年	與法國一同攻打尼斯。	
1549年		聖方濟沙勿略航行至鹿兒島，基督教傳入日本。
1552年	鄂圖曼艦隊遠征荷莫茲失敗。	
1553年左右	猶太人大富豪約瑟夫·納西移居伊斯坦堡。	
1555年	與薩法維朝締結《阿馬斯雅和約》。	
1557年	建築家錫南完成蘇雷曼尼耶清真寺。	
1558年		英國女皇伊莉莎白一世登基。
1559年	眾王子爆發蘇丹繼位爭奪。	
1566年	在遠征匈牙利途中，蘇雷曼一世過世，謝利姆二世即位。	
1567年	葉門發生什葉·宰迪派叛亂。	
1569年	大宰相索庫魯·梅何美特·帕夏擬定頓河—伏爾加河運河計劃。	
1571年	在勒潘托外海的海戰中，敗給威尼斯·哈布斯堡家族等的聯合艦隊。	
1574年	奪回突尼斯，突尼西亞淪為屬國。	

西曆	鄂圖曼帝國相關事蹟	日本及世界
1381年	拜占庭帝國成為奧斯曼公國的屬國。	
1389年	科索沃之戰，大破塞爾維亞與波士尼亞聯軍。穆拉德一世去世；巴耶濟德一世即位。	
1390年	巴耶濟德一世遠征安那托利亞。	
1392年	塞爾維亞成為屬國。	
1396年	保加利亞受奧斯曼公國直接統治。在尼科堡擊潰匈牙利王親率的十字軍。	
1402年	安卡拉戰役中敗給帖木兒軍，奧斯曼公國瓦解。	
1413年	梅赫梅德一世再次統一奧斯曼公國。	
1421年	穆拉德二世即位。	
1438年		阿布雷希特二世成為神聖羅馬帝國皇帝，開創哈布斯堡王朝（～1806年）。
1441年左右	外西凡尼亞諸侯匈雅提・亞諾什大展身手。	
1444年	穆拉德二世於瓦納擊破匈雅提・亞諾什率領的十字軍。	
1451年	梅赫梅德二世即位。	
1453年	征服君士坦丁堡。	
1457年	於伊斯坦堡興建市場等設施。	
1460年	併吞伯羅奔尼薩半島。	
1461年	消滅翠比松王國。	
1467年		日本發生應仁之亂。 卡斯提雅與亞拉岡合併，創立西班牙王國。
1469年	擊潰白羊王朝，統治安那托利亞中部。	
1475年	克里米亞汗國成為屬國。	
1479年	威尼斯畫家詹提勒・貝里尼暫居伊斯坦堡。	
1481年	巴耶濟德二世即位。奪位失敗的胞弟傑姆，輾轉流亡於歐洲各勢力間（～1495年）。	
1491年	鄂圖曼帝國與馬木路克朝議和。	
1492年	接納來自西班牙等國的猶太教徒。	
1498年		達文西發表《最後的晚餐》。
1501年	薩法維朝成立。	
1511年	親薩法維派的紅帽軍叛亂。	
1512年	謝利姆一世即位。	
1513年		西班牙人巴爾波發現太平洋。

年表

西曆	鄂圖曼帝國相關事蹟	日本及世界
11世紀初	突厥裔遊牧民開始入侵。	
1057年		拜占庭帝國建立科穆寧王朝。
1071年	馬拉茲吉特（曼茲科特）之戰。	
1077年	羅姆蘇丹國建國。	
1176年	密列奧塞法隆之戰。	
1192年		源賴朝成為征夷大將軍。
1204年	第四次十字軍建立拉丁王國。	
1215年		英國頒布《大憲章》（Magna Carta）。
13世紀前半葉	羅姆蘇丹國全盛期。	
1243年	苛色達格戰役中，蒙古軍大破羅姆蘇丹國。	
1261年	拜占庭帝國收復君士坦丁堡。	
1281年		蒙古襲擊日本。
1302年	巴菲烏斯戰役，奧斯曼勢力崛起。	
1324年左右	奧爾汗即位。	
1326年	攻占布爾沙。	
1329年	貝勒卡儂之戰攻破拜占庭軍隊。	
1331年	征服尼西亞（伊茲尼克）。 塞爾維亞王史蒂芬・杜山即位。	
1332年左右	伊本・巴杜達旅行至安那托利亞。	
1339年		英法百年戰爭（～1453年）。
1345年左右	兼併卡雷西公國。	
1352年	前進巴爾幹，不久後統治包含加利波利在內的海峽沿岸地區。	
1355年	史蒂芬・杜山駕崩。	
1362年	穆拉德一世即位。	
1362年左右	奪得阿德里安堡（愛第尼）。	
1368年		朱元璋於應天府建立明朝。

興亡的世界史 11

鄂圖曼帝國五百年的和平

跳脫土耳其視角的非伊斯蘭帝國

オスマン帝国500年の平和

鄂圖曼帝國五百年的和平：跳脫土耳其視角的非伊斯蘭帝國
林佳世子著／林姿呈譯／
初版／新北市／八旗文化出版／
遠足文化發行／二〇一九年六月
譯自：オスマン帝国 500 年の平和
ISBN 978-957-8654-66-2（精裝）

一、歷史 二、鄂圖曼帝國

735.122
108006701

作者 林佳世子
日文版編輯委員 青柳正規、陣內秀信、杉山正明、福井憲彥
譯者 林姿呈

總編輯 富察
責任編輯 穆通安、洪源鴻
特約編輯 林巍翰
企劃 蔡慧華

封面設計 莊謹銘
排版設計 宸遠彩藝
彩頁地圖繪製 青刊社地圖工作室（黃清琦）

社長 郭重興
發行人兼出版總監 曾大福

出版發行 八旗文化／遠足文化事業股份有限公司
地址 新北市新店區民權路 108-2 號 9 樓
電話 〇二～二二一八～一四一七
傳真 〇二～八六六七～一〇六五
客服專線 〇八〇〇～二二一～〇二九
信箱 gusa0601@gmail.com
臉書 facebook.com/gusapublishing
部落格 gusapublishing.blogspot.com

法律顧問 華洋法律事務所／蘇文生律師
印刷 成陽印刷股份有限公司

出版日期 二〇一九年六月（初版一刷）
二〇二一年八月（初版五刷）

定價 五五〇元整